2021—2022年 浙江省中小幼教育科学研究质量报告

浙江省教育科学规划领导小组办公室 / 组　编
沈佳乐 / 主　编
杨雪临 / 执行主编

2021—2022 NIAN
ZHEJIANGSHENG ZHONG-XIAO-YOU
JIAOYU KEXUE YANJIU
ZHILIANG BAOGAO

北京师范大学出版集团
BEIJING NORMAL UNIVERSITY PUBLISHING GROUP
北京师范大学出版社

图书在版编目(CIP)数据

2021—2022年浙江省中小幼教育科学研究质量报告 / 沈佳乐, 杨雪临主编. -- 北京：北京师范大学出版社, 2024. -- ISBN 978-7-303-30182-9

Ⅰ. G632.0；G610

中国国家版本馆CIP数据核字第2024B7F417号

图书意见反馈　　zhijiao@bnupg.com
营销中心电话　　010-58802755　58800035
编辑部电话　　　010-58807363

ZHEJIANGSHENG ZHONG-XIAO-YOU JIAOYU KEXUE YANJIU ZHILIANG BAOGAO(2021—2022)

出版发行：北京师范大学出版社　www.bnupg.com
　　　　　北京市西城区新街口外大街12-3号
　　　　　邮政编码：100088
印　　刷：北京虎彩文化传播有限公司
经　　销：全国新华书店
开　　本：787 mm×1092 mm　1/16
印　　张：18.25
字　　数：257千字
版　　次：2024年10月第1版
印　　次：2024年10月第1次印刷
定　　价：52.80元

策划编辑：易　新　张　沫　　责任编辑：易　新　张　沫
美术编辑：焦　丽　　　　　　　装帧设计：焦　丽
责任校对：郑淑莉　　　　　　　责任印制：马　洁　赵　龙

版权所有　侵权必究
反盗版、侵权举报电话：010-58800697
北京读者服务部电话：010-58808104
外埠邮购电话：010-58808083
本书如有印装质量问题，请与印制管理部联系调换。
印制管理部电话：010-58800608

前　言

教育兴则国家兴，教育强则国家强。教育发展的不竭动力，来源于教育领域的综合改革。浙江省的教育改革一直走在全国前列，尤其是在以中学、小学、幼儿园为主体的中等教育、初等教育和学前教育三个领域（以下简称中小幼），这与中小幼领域教育科学研究的繁荣发展是密切相关的。浙江省教育科学规划领导小组办公室（以下简称浙江省教科规划办）通过课题立项、成果评审等方式为中小幼教育改革提供孵化和成果展示的平台，近年来全省范围内涌现了一批优秀成果。在过去的工作中，我们也曾通过微信公众号、推广会等平台向广大教育科研工作者作过推介，但仍有基层老师大呼"不过瘾"，一是由于这种方式将成果"速食化"，老师们容易不得精髓，二是由于这种方式难免将内容碎片化，无法完整地呈现省内教育科研全貌。

因此，我们想以年度报告的形式系统介绍浙江省中小幼教育科研的热点、趋势、区域特色和成果案例，为教育科研工作者提供经验支持。

《2021—2022年浙江省中小幼教育科学研究质量报告》中呈现的数据来源于浙江省教科规划办在2021年1月1日至2022年12月31日开展的主要工作。其实，浙江省教科规划办的职能涵盖了高校、地市中小学、教研机构、科研机构等单位教育科研工作的统筹、规划等多个方面。但这一次我们并没有将高校的教科研成果纳入报告，因为高校的专业类别相对复杂，我们无法取得相关的数据，自然也无法为读者呈现客观的展示或者分析。而中小幼领域的教科研情况我们掌握得相对全面，因此本报告主要围绕中小幼领域展开，内容安排如下。

第一章主要介绍了2021—2022年浙江省中小幼教育科研整体情况与特点，包括这两年间的浙江省教育科学规划课题、教育科研优秀成果奖、教育科研先进集体和先进个人等系列评比的情况，一方面，以量化的方法对课题立项、课题成果及研究团队获奖等情况进行了不同维度的统计与分析;另一方面,通过质性研究的方法对研究主题进行了分析与整理。

第二章主要介绍了2021—2022年浙江省11个地市的中小幼教育科研情况,包括各个地市教育科研管理机构的工作职能、各地市教育科研的特征与研究热点以及推动本地市教育科研发展的典型工作经验,展现了各具特色的地市教育科研管理模式与发展态势。

基于前两章的内容,在第三章中,本报告对浙江省中小幼教育科研的发展进行了总结与展望,梳理了两年间浙江省在中小幼教育科研领域取得的成绩,剖析了已有的研究在研究主题、研究内容和研究方法上存在的问题与不足,并为中小幼教育科研人员提供了优化选题、深化研究和强化成效的,具有针对性、实效性和可操作性的建议。

为了展现更为生动和具体的教育科研样貌,在本报告的最后,编写团队遴选了五项获浙江省教育科学研究优秀成果奖一等奖的作品进行展示,希望用"原汁原味"的案例为读者呈现最真实的教育科研成果,使读者能够近距离感受这些一线教育科研人员对教育改革的理解与实践。本书所选案例均未做大幅修改,同时,编写团队还以批注的方式对这些案例进行了讨论,以展示案例中值得学习与借鉴的长处和有待完善与提升的地方。

报告内容十分丰富,非单枪匹马所能功成。本次的编写团队中不仅有浙江省教科规划办的全体人员,也有浙江省11个地市教育科研管理单位的人员,还包括了一批无私分享研究成果的一线教育科研人员,衷心感谢他们为本报告的最终呈现作出的贡献(排名按照编写内容呈现顺序)。

浙江省教育科学规划领导小组办公室	沈佳乐 杨雪临 周芫 陈侃
杭州市教育科学研究院	阮青青
宁波市教育科学研究所	朱芳籽
温州市教育教学研究院	凌华君

金华市教育教学研究中心	陈芸
台州市教育监测与科学研究院	郑赞
绍兴市教育教学研究院	俞英
嘉兴教育学院	管建林
湖州市教育科学研究中心	吴悦
衢州市教育局教研室	郭云凤
丽水市教育教学研究院	尚映汝
舟山教育学院	杨苗苗
嘉兴教育学院	朱军一 王羽左 吴丽萍 管建林 严昕 朱术磊
金华市教育教学研究中心	张国红 谢迎春 陈旭军 陈中华 杨亚坤
杭州市上城区教育学院	邵虹 吕琼华 黄建 章剑 冯骏驰 赵虹
宁波市宁海县中心幼儿园	严珊珊 伍佩佩 杨一 金珍珍 王薇 蔡蕙惠
温州道尔顿小学	张滨雁 范怡红 潘怡澍 祝捷 陈哲 彭丽雅

总体而言，本报告是浙江省教育科研成果推广的一次探索和尝试，倘使能为教育科研同人们提供些许帮助，也算是一次成功的尝试，是对编写团队成员的莫大的鼓舞。如若有幸，未来我们将把此类报告作为浙江省教育科研成果推广工作的一种惯例延续下去。

由于团队力量有限，本报告不能面面俱到地呈现浙江省中小幼教育科研的全部情况，报告的体例、内容与形式尚存在着诸多不足，敬请各位专家和广大读者批评指正。

目 录

第一章 2021—2022 年浙江省中小幼教育科学研究发展状况 /1
第一节 浙江省教育科学研究院重要研究成果 /1
第二节 浙江省中小幼教育科学研究概况 /3
第三节 浙江省中小幼教育科学研究特色展示 /9
第四节 浙江省中小幼教育科学规划课题热词分析 /20

第二章 2021—2022 年浙江省各地市教育科学研究发展状况 /27
第一节 2021—2022 年杭州市教育科研工作情况介绍 /27
第二节 2021—2022 年宁波市教育科研工作情况介绍 /33
第三节 2021—2022 年温州市教育科研工作情况介绍 /38
第四节 2021—2022 年金华市教育科研工作情况介绍 /50
第五节 2021—2022 年台州市教育科研工作情况介绍 /53
第六节 2021—2022 年绍兴市教育科研工作情况介绍 /56
第七节 2021—2022 年嘉兴市教育科研工作情况介绍 /61
第八节 2021—2022 年湖州市教育科研工作情况介绍 /66
第九节 2021—2022 年衢州市教育科研工作情况介绍 /71
第十节 2021—2022 年丽水市教育科研工作情况介绍 /75
第十一节 2021—2022 年舟山市教育科研工作情况介绍 /79

第三章 2021—2022 年浙江省中小幼教育科学研究总结与展望 /84
第一节 浙江省中小幼教育科学研究发展总结 /84
第二节 浙江省中小幼教育科学研究改善方向 /86

第四章　2020—2021年浙江省教育科研优秀成果展示及讨论　/89

第一节　2020年度浙江省教育科学研究优秀成果奖一等奖获奖作品（1）　/89

第二节　2020年度浙江省教育科学研究优秀成果奖一等奖获奖作品（2）　/109

第三节　2021年度浙江省教育科学研究优秀成果奖一等奖获奖作品（1）　/150

第四节　2021年度浙江省教育科学研究优秀成果奖一等奖获奖作品（2）　/191

第五节　2021年度浙江省教育科学研究优秀成果奖一等奖获奖作品（3）　/237

附　录　2020—2021年浙江省教育科学研究优秀成果案例索引　/280

第一章
2021—2022 年浙江省中小幼教育科学研究发展状况

2021 年是我国"十四五"规划的开局之年。这一年，浙江省成为首个共同富裕示范区建设省份，浙江省的教育也随之迎来了发展的窗口期。这一年，中共中央办公厅、国务院办公厅印发了《关于进一步减轻义务教育阶段学生作业负担和校外培训负担的意见》，教育格局亟待重整与革新。机遇与挑战并存之下，浙江中小幼教育科研也乘着改革之风蓬勃发展。

第一节 浙江省教育科学研究院重要研究成果

一、共同富裕

2021 年 5 月，《中共中央 国务院关于支持浙江高质量发展建设共同富裕示范区的意见》印发。为完成这一重大战略任务，浙江省积极响应，于同年 7 月发布《浙江高质量发展建设共同富裕示范区实施方案（2021—2025 年）》，对共同富裕示范区的建设进行了系统部署，其中，教育占据重要篇幅。为充分发挥教育科研服务行政决策的重要职能作用，浙江省教育科学研究院（以下简称浙江省教科院）围绕实现共同富裕和教育助力共同富裕展开了调查和理论研究。

为更好地发挥教育在推进共同富裕中的作用，浙江省教科院从共同富裕背景下学习贯彻习近平新时代中国特色社会主义思想、教育治理现代化、高质量教育体系建设的路径和机制等三个方面开展研究，完成了社会建设基础理论研究子课题。

立足浙江省的人力资源优势与劣势，浙江省教科院分析了劳动力人口人力资本提升的重点人群、重点区域，构建了学历与技能"双提升"的超常规普惠性人力资本提升行动框架，罗列出此过程中存在的问题和相应政策，完成了对普惠性人力资本提升子课题的研究。

二、"双减"

2021年7月，中共中央办公厅、国务院办公厅印发《关于进一步减轻义务教育阶段学生作业负担和校外培训负担的意见》。为全面贯彻落实"双减"政策，同年8月，浙江省发布《浙江省进一步减轻义务教育阶段学生作业负担和校外培训负担实施方案》（以下简称实施方案），在提高学校教育教学质量、规范管理校外服务等方面进行了详尽和全面的部署。在政策引领和实施方案的指导下，浙江省义务教育阶段各级各类学校和教育组织在实践中积极探索，形成了一批"双减"优秀成果。

为更好地服务基层教育改革，巩固浙江省"双减"成果，扩大"双减"优秀经验的影响力和辐射范围，在"双减"政策发布一周年之际，浙江省教科院牵头举办了浙江"双减"年度十佳样本评展活动，组织专家对82项"双减"优秀实践案例进行遴选，确定10项案例为浙江省"双减"年度十佳样本。2022年7月，《浙江日报》和《钱江晚报》先后刊登了围绕该活动的系列报道。

三、中高职一体化

2019年2月，国务院印发了《国家职业教育改革实施方案》，明确指出：职业教育与普通教育是两种不同教育类型，具有同等重要地位。此后，强化职业教育的类型特色、构建现代职业教育体系成为我国职业教育发展的重要战略目标。2021年，中共中央办公厅、国务院办公厅印发的《关于推动现代职业教育高质量发展的意见》进一步指出，要一体化设计职业教育人才培养体系，推动各层次职业教育专业设置、培养目标、课程体系、培养方案衔接，支持在培养周期长、技能要求高的专业领域实现长学制培养。

为推进不同层次职业教育纵向贯通，2021年6月，浙江省教育厅印发《浙江省职业教育"十四五"发展规划》，明确提出中高职一体化人才培养行动计划。为落实这一计划，浙江省教科院积极争取多方资源，有力调动学校积极性和主动性,顺利推进了中高职一体化课程改革任务,开发了《浙江省中高职一体化指导手册》,完成了 30 个专业的需求调研报告、专业现状调研报告和职业能力标准研制,形成了具有示范引领作用的工作成果,引起了教育界权威媒体的持续关注,中国教育报刊社等媒体专门派工作团队到我省进行深度采访调研。2022 年 9 月 23 日,《中国教育报》头版头条的"教改先锋重大典型报道"栏目报道了我省中高职一体化课程改革的实践经验。

第二节　浙江省中小幼教育科学研究概况

浙江省教育科学规划领导小组办公室(简称省教科规划办)接受浙江省教育厅和浙江省教育科学研究院的领导,向上对接全国教育科学规划领导小组办公室,向下对接浙江省 11 个地市的教育科学规划领导小组办公室。省教科规划办在三级科研管理制度下开展主要业务工作,体系结构如图 1-1 所示。

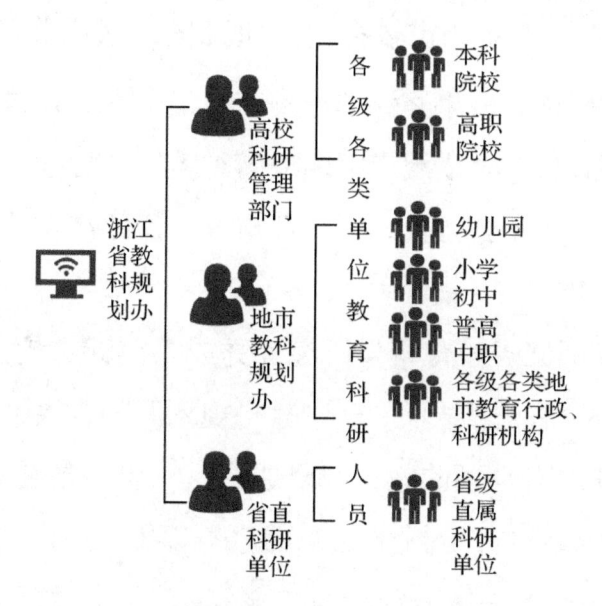

图 1-1　浙江省教科规划办三级管理体系示意图

省教科规划办的主要职能有:

(1)对浙江省教育科学发展事业进行整体规划,指导省、市级教育科学研究规划工作;

(2)组织管理浙江省各类教育科学规划课题申报、立项、中期验收与结题工作；

(3)组织管理浙江省教育科学优秀成果奖和教育科研先进集体、先进个人的申报与评选工作；

(4)组织全省教育科研服务与交流活动，推广浙江省教育科研成果；

(5)完成全国教育科学规划领导小组办公室派发的各项任务。

基于主要业务工作，浙江省教科规划办试图探查全省教育科研发展状况，从以下几方面总结中小幼教育科学研究概况：

(1)2020—2021年浙江省教育科学研究优秀成果奖评奖情况；

(2)2019—2020年浙江省教育科学研究先进集体、先进个人评奖情况；

(3)2021—2022年浙江省教育科学规划课题立项情况。

一、2020—2021年浙江省教育科学研究优秀成果奖评奖情况

浙江省教育科研优秀成果奖评选通常在每年7—12月进行，地市教科规划办、高校及省级直属单位依照申报名额向省教科规划办申报，省教科规划办组织资格审核、学术不端检测、活页评审、会议评审和结果公示，并公布最终获奖名单。

2020—2021年浙江省教育科学研究优秀成果奖评选范围包括2019年9月1日至2022年8月30日结项的全国教科规划课题成果、浙江省教科规划课题成果以及个别地市立项的教育科研成果。从申报数量来看，2020年和2021年地市申报的数量均占到全省总量的70%以上；从评选结果来看，2020年和2021年地市获奖的占比分别为86.9%和79.9%，如图1-2所示。由此可见，浙江省教育科研的优秀成果并非"一家独大"，而是"遍地开花"，各地市都积极地参与到教育改革的进程中，为全省教育水平的提升保驾护航。

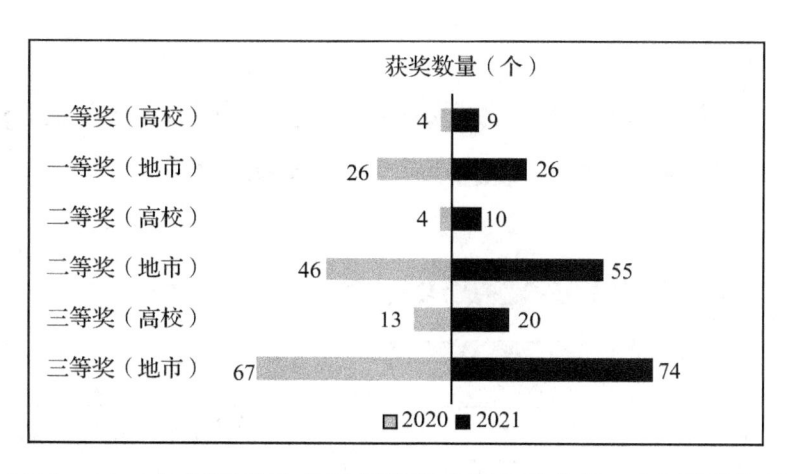

奖项	2020	2021
一等奖（高校）	4	9
一等奖（地市）	26	26
二等奖（高校）	4	10
二等奖（地市）	46	55
三等奖（高校）	13	20
三等奖（地市）	67	74

图 1-2　2020—2021 年浙江省教育科研优秀成果奖获奖情况（直属单位计入地市）

二、2019—2020 年浙江省教育科学研究先进集体和先进个人评奖情况

浙江省教育科学研究（以下简称浙江省教科研）先进集体和先进个人每两年评选一次，地市教科规划办、高校及省级直属单位依照申报名额和奖励名额向省教科规划办申报，省教科规划办组织资格审核、专家评审和结果公示，并公布先进集体、先进个人名单。

为贯彻落实《深化新时代教育评价改革总体方案》，近年来，浙江省教科规划办不断推进教育科研评价改革，积极推行"代表作"评价制度，从课题立项、论文发表、获奖奖项和成果推广应用等方面对集体和个人进行多维评价，摒除"唯论文、唯项目、唯奖项、唯职称、唯帽子"的"五唯"风气。

2019—2020 年浙江省教科研先进集体和先进个人的评选主要面向 2019 年 9 月 1 日至 2021 年 8 月 31 日在教育科研工作中有突出表现的教育科研单位和教育科研人员。包含省直单位在内，共有 91 个地市教育科研单位获得"浙江省教科研先进集体"称号，140 名地市教育科研人员获得"浙江省教科研先进个人"称号，如图 1-3 所示。作为教育改革的有力推动者，11 个地市的教育科研人员为浙江省教育科研事业的整体发展与进步作出了重要贡献。

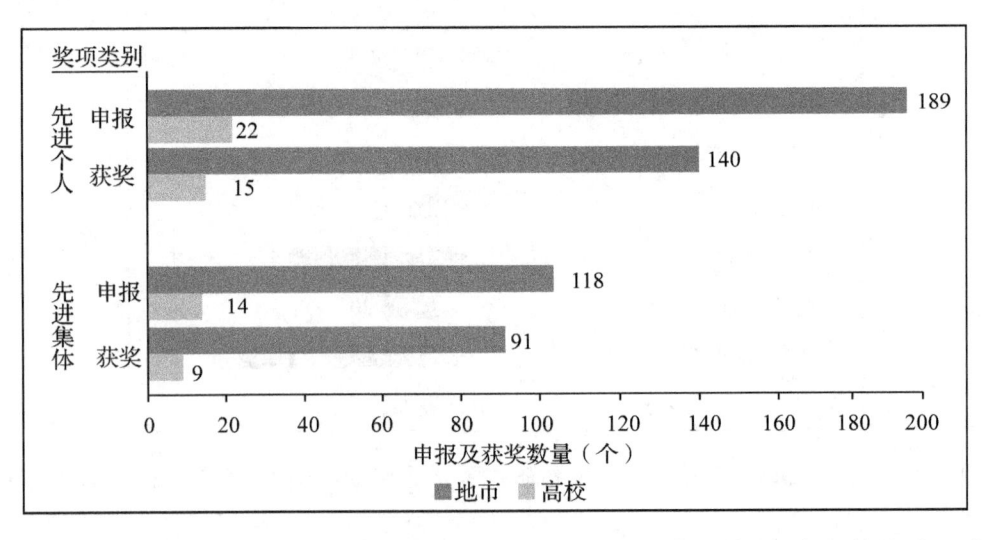

```
奖项类别
先进个人  申报  189  22
          获奖  140  15
先进集体  申报  118  14
          获奖   91   9
         申报及获奖数量（个）
         ■ 地市    高校
```

图1-3　2019—2020年浙江省教科研先进集体和先进个人获奖情况(直属单位计入地市)

三、2021—2022年浙江省教育科学规划课题立项情况

依据《浙江省教育科学规划研究课题管理办法》，浙江省教育科学规划课题分为重点课题、年度一般课题和各类专项课题。重点课题每两年申报一次，年度一般课题一年一申报，二者均向全省教育科研人员开放。省教科规划办根据政策出台、理论发展和实践情况，对各类专项课题的研究主题、面向人员、申报与管理方式进行机动调整。

综合2021—2022年立项情况(图1-4)，浙江省教育科学规划课题呈现以下特点与发展趋势。

(1)从课题立项数量来看，自"十四五"以来，浙江省教科规划课题立项总量呈现持续上升的趋势。一方面，全省教育科研人员积极申报传统类型课题，2021年和2022年一般课题立项数量较上一年分别有1.7%和6.6%的增幅。另一方面，专项课题池容量不断扩大，在常规的体卫艺专项课题以外，2022年度其他专项课题立项数量达到216个，几乎是上一年度其他专项课题数量的20倍，占当年立项课题总量的20.3%。

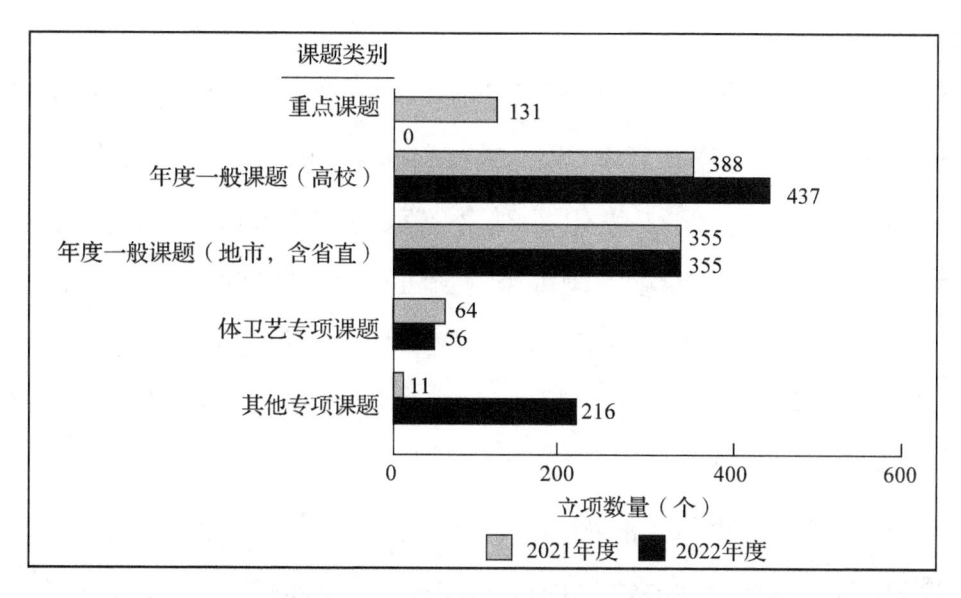

```
课题类别
重点课题           131
                  0
年度一般课题(高校)       388
                      437
年度一般课题(地市,含省直)   355
                    355
体卫艺专项课题    64
               56
其他专项课题    11
             216
        0    200    400    600
              立项数量(个)
         ■ 2021年度  ■ 2022年度
```

图 1-4　2021—2022 年浙江省教育科学规划课题立项情况(直属单位计入地市)

表 1-1　2022 年度浙江省教育科学规划专项课题立项情况

类别	体卫艺专项	中高职一体化专项	党建专项	共同富裕专项	"双减"专项	职业教育教师教学创新团队专项
申报方式	随年度课题一起申报	单独申报	随年度课题一起申报	随年度课题一起申报	认定性申报	单独申报
申报主体	地市教育科研人员	高职院校、中职院校等联合申报	地市教育科研人员	山区26县①教育科研人员	地市及省直单位教育科研人员	省级首批50个职业教育教师教学创新团队
属性	常规性专项课题	首次设置的重大课题	首次设置	首次设置	首次设置	首次设置

---

① 山区 26 县，指因资源禀赋和发展条件的限制，目前处于浙江省域发展中的相对"短板"的 26 个县(市、区)，分别是淳安县、永嘉县、平阳县、苍南县、文成县、泰顺县、武义县、磐安县、柯城区、衢江区、常山县、开化县、龙游县、江山市、三门县、天台县、仙居县、莲都区、青田县、缙云县、遂昌县、松阳县、云和县、庆元县、景宁畲族自治县、龙泉市。

(2)从课题类型来看,近年来,浙江省教科规划办以设置各类专项课题的方式积极适应教育新政策和科研新趋势。2020年,省教科规划办在国内首创"疫情与教育"和"防疫与复学"两大教育科研专项课题,在省内外引起巨大反响,受到广泛好评。2021年和2022年省教科规划办延续了设立专项的做法,尤其是2022年度,专项课题种类为浙江省教科规划课题设立以来的历史最多,达到6类,分别为体卫艺专项、中高职一体化专项、党建专项、共同富裕专项、"双减"专项(认定性课题①)和职业教育教师教学创新团队专项,如表1-1所示。

为向现代职业教育体系的构建提供"浙江方案",2022年,在浙江省教育厅的领导和浙江省教科院的统筹规划下,浙江省教科规划办首次开展了中高职一体化课程改革重大课题申报工作,最终确立了30项重大课题,这30项课题分别针对职业教育的30个专业开展中高职一体化课程改革研究。每项重大课题均由高职院校牵头,另有中职学校主持重大课题下设的子课题,以此使中职学校、技工学院、高职院校、行业企业、职业教育科研机构共同参与改革,调动起全省职业教育科研人员的积极性。这是中高职一体化改革在全国范围内的首次尝试,延续了浙江省教育科研工作引领职业教育改革发展的传统。

(3)从课题申报主体(表1-2)来看,在2021年度和2022年度立项的浙江省教科规划课题中,地市立项的课题数分别占到总立项数的51.0%和56.1%。为满足地市人员日益增长的教育科研需求,浙江省教科规划办开辟了多样化的赛道:2022年的6类专项课题中,有3类专门面向地市;"双减"专项中仅1项由省直单位承担,其余均由地市人员承担;创新团队专项的50个省级团队中纳入了多个地市的中职学校;大量来自各地市的中职学校参与

---

① 认定性课题:不同于传统课题的"申报—立项—开展课题工作—获得课题成果—结题"流程,认定性课题直接将课题成果作为申报材料进行申报,一旦通过评审,就被认定为省级教育科学规划课题,并同时结题。认定性课题的设立旨在提高教育科研响应政策需求的效率,是对教育科研管理创新机制的探索。

中高职一体化课改重大课题，部分主持子课题。这些举措都为地市教育科研人员提供了更多承担课题、参与课题的机会。

表1-2 2021—2022年部分主体浙江省教育科学规划课题立项情况

年份	主体	课题类型	立项数量	主体	课题类型	立项数量
2021	高校	年度重点课题	67	地市	年度重点课题	63
					年度一般课题	336
		年度一般课题	388		体卫艺专项	64
					党建专项	11
2022	高校	年度一般课题	437	地市	年度一般课题	329
					"双减"专项	153
					体卫艺专项	56
		创新团队专项（高职）	18		共同富裕专项	27
					党建专项	16
					创新团队专项（中职）	2

第三节 浙江省中小幼教育科学研究特色展示

一、研究组织

在2021—2022年地市立项的浙江省教育科学规划课题中，从研究组织的角度来看：教育行政部门申报45项，占比约4.26%；科研机构申报的课题总数为152项，占比约14.38%；各类学校申报课题总数为860项，占比约81.36%。

（一）教育行政部门

教育行政部门指各地市教育局。在2021—2022年教育行政部门申报的课题中，把"教师"作为研究对象的课题占比超过10%，这些课题以"教师教学能力研究""教师专业发展路径研究"等为主要方向。此外，从聚类分析图（图1-5）中可以发现，具有统筹视角的"区域""县域"研究出现频次较高，在各类研究组织中体现出鲜明特征。同时,"区域"与"实践""推进"等关键词联系紧密。以上统计分析结果说明,省内各地市教育行政部门关心教师发展,具有统筹规划能力和脚踏实地的实干意识。

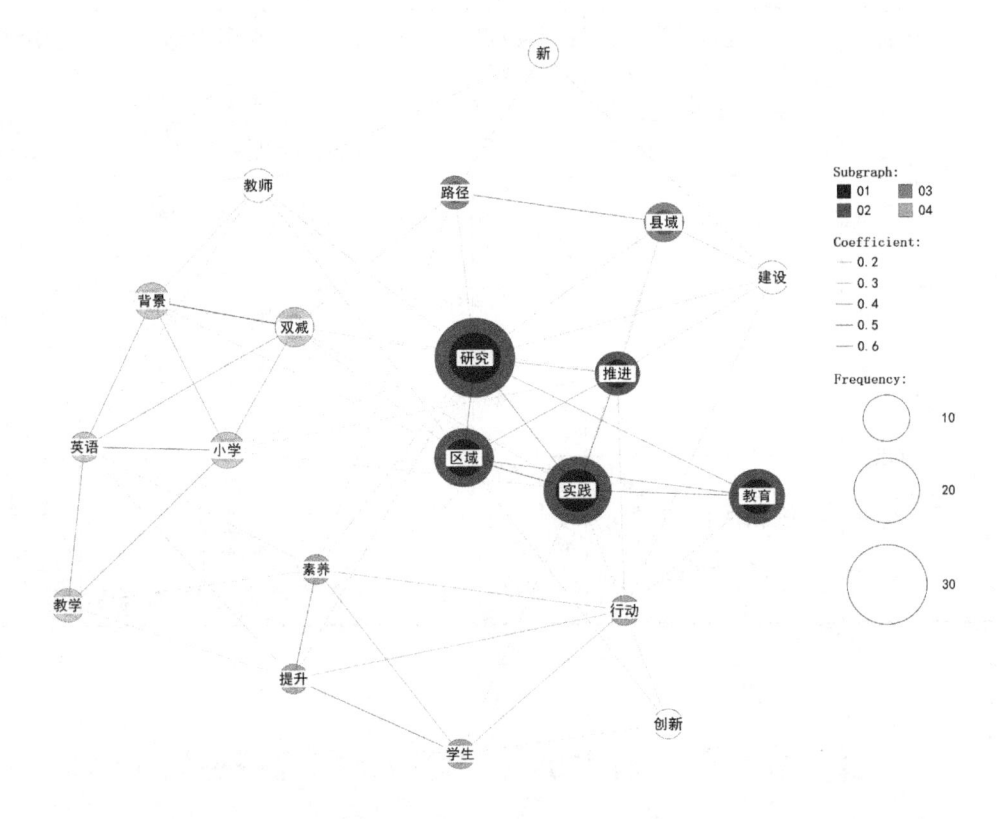

图 1-5　2021—2022 年地市教育行政部门立项课题的文本共现网络图①

(二)科研机构

科研机构包括各教师进修学校和各地市科研机构。在 2021—2022 年科研机构申报的课题中,"区域""实践"作为高频词汇出现,如图 1-6 所示。在区域视角下探寻研究主题,是科研机构的研究最为显著的特点。

科研机构整体研究领域分布广泛,主题选择较为分散,涵盖学科教学、

---

①文本共现网络图,是利用 KH Coder 3.0 进行文本层次的聚类分析得到的。其中"Subgraph"表示为识别出的分类,用不同颜色(灰度)表示不同类型;"Coefficient"用不同线型的连接线表现词汇之间的关联性,关联性越大,连接线越粗;"Frequency"为频次,词汇在文本中出现频次的多少直接反映在图中词汇所在圆圈的大小上。

项目化学习等范畴。此外，课题的主题紧扣"双减"、校本课程、劳动教育等热点。例如，很多课题以"'双减'背景下作业管理/设计的研究""中小学劳动教育的区域推进研究"等为题开展。研究的学段主要集中在小学和初中(占比接近40%)，而有关中等职业学校、普通高中的研究占比不足5%。

虽然教育行政部门和科研机构申报的课题中均较高频地出现"区域"视角的研究，占比分别为56%(教育行政部门)和32%(科研机构)，但两者研究的侧重点不同：教育行政部门更聚焦"模型建构""教研"等体系，偏向结合"共同富裕""党建"等政策进行课题研究；科研机构则更侧重"作业管理""校本课程"等实际操作层面的变革。

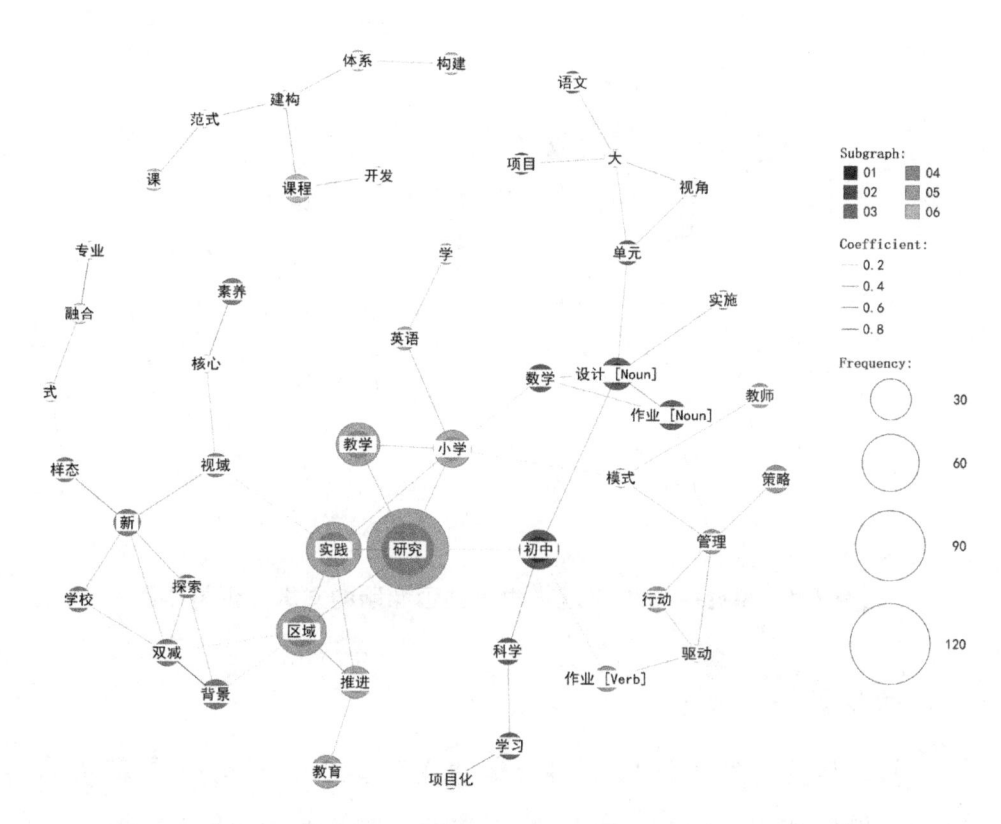

图 1-6　2021—2022 年地市科研机构立项课题的文本共现网络图

（三）学校

研究组织中的"学校"是指除教育行政部门和科研机构外的所有学校单位，在各类地市课题的申报中占据主导地位。从整体的主题分布上看，在

2021—2022年学校申报的课题中,"课程""双减""作业""设计""项目"等关键词高频出现,如图1-7所示。

与教育行政部门和科研机构相比,学校立项的课题采取更聚焦的视角,会对特定的学段和学科课程进行研究。在选题维度上,学校立项的课题常立足校情,对主题内容进行探索深挖。

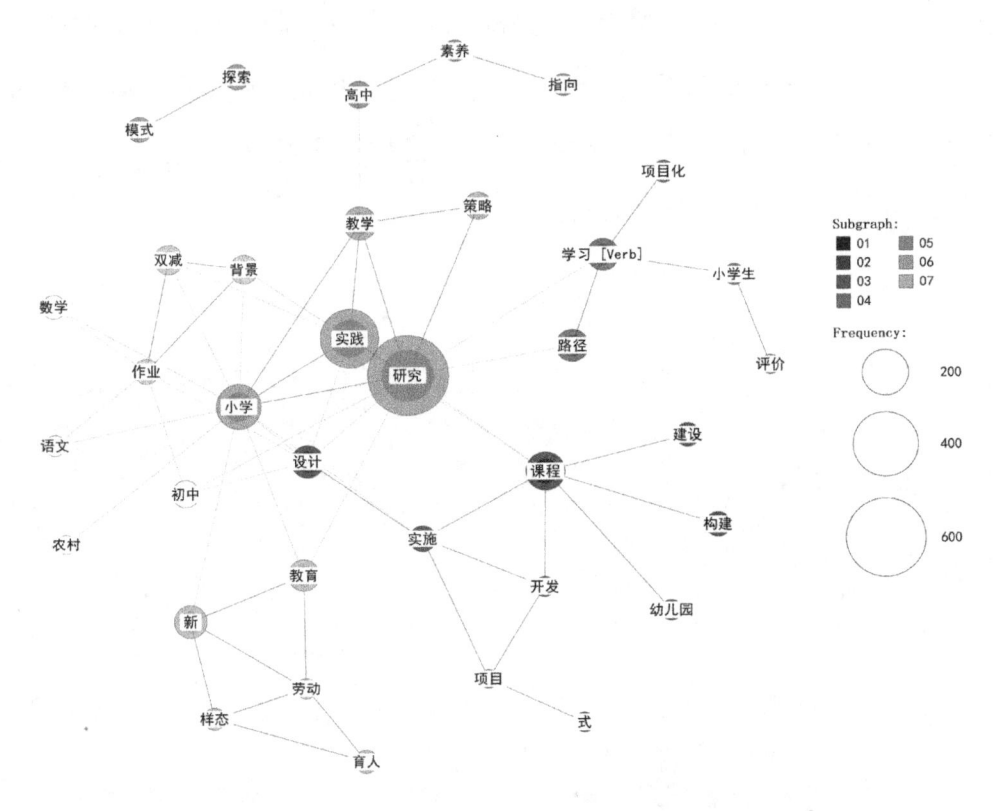

图1-7 2021—2022年地市学校立项课题的文本共现网络图

二、教育类型

职业教育与普通教育作为两种不同类型的教育,具有同等重要的地位。在由地市申报的浙江省教育科学规划课题中,职业教育(中职)和普通教育表现出较为明显的类型特征。因此,本报告将职业教育(中职)和普通教育分开来讨论,相关课题比较如图1-8所示。

职业教育(中职)和普通教育相关课题的研究具有一定的相似之处。首先,相关课题都运用了较为科学的研究方法,都基于一定的原则进行了系统的研究,保证了研究的质量和研究结果的可信度。其次,相关课题在研究的主题上存在部分重叠,都围绕教学方法、教学设计、教师发展、教育评价、教育技术等主题展开,说明二者在教育改革和发展的重要内容和方向上是共通的。

职业教育(中职)和普通教育相关课题在研究对象、研究内容等方面存在区别。在研究对象方面,普通教育相关课题的研究对象主要是中小学教育领域的学生、教师、家长、学校等。而中等职业教育相关课题的研究对象除了职业教育领域的学生、教师、家长、学校外,还涵盖了相关的企业和行业。在研究内容上,普通教育相关课题更关注知识体系的建立、思维和综合素质的培养,而中等职业教育的相关课题更注重职业技能的培养,如职业评价能力、职业素养、职业生涯规划能力等的培养,同时也更注重实践教学、职业实训等方面。这些不同点反映了两种类型教育的不同目标和特点,对二者开展的有针对性的研究有效地促进了两类教育的协同发展。

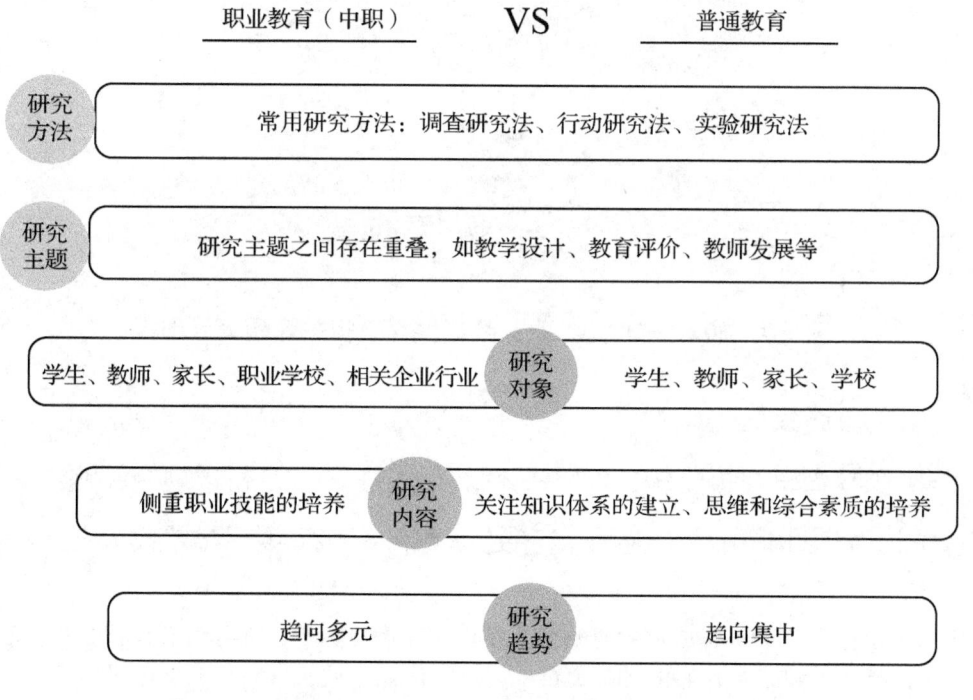

职业教育(中职)	VS	普通教育
研究方法	常用研究方法:调查研究法、行动研究法、实验研究法	
研究主题	研究主题之间存在重叠,如教学设计、教育评价、教师发展等	
学生、教师、家长、职业学校、相关企业行业	研究对象	学生、教师、家长、学校
侧重职业技能的培养	研究内容	关注知识体系的建立、思维和综合素质的培养
趋向多元	研究趋势	趋向集中

图 1-8 职业教育(中职)与普通教育相关课题的比较

（一）职业教育

中职教育是职业教育的重要组成部分，也是我国高中阶段教育的重要形式。2021—2022年浙江省中职学段教育科学规划课题研究呈多元化特点。通过聚类分析可以发现，中职教育相关研究的研究主题不是集中在某一方面，而是形成了多个研究聚类（图1-9），如策略研究、实践应用研究等，涵盖了人才培养、课程体系、创业教育、中高职一体化等热点，反映了中职教育的发展需求和改革方向。中职教育相关研究也更多地针对中职教育中的具体专业和具体课程展开探索，如建筑课程的体系重构、汽车维修专业的实训模式改革等，更具针对性和实用性，关注如何培养学生的专业技能和就业竞争力、如何提高专业课程的质量和效果等问题。

图1-9　2021—2022年职业教育（中职）相关课题词云图①

（二）普通教育

与中职教育研究相比较，2021—2022年浙江省教育科学规划课题中关于普通教育的研究（图1-10），主题和内容更为集中。2021年"双减"政策发布后，普

---

①词云图：利用WordCloud可视化工具提取相关课题标题，进行词云计量分析和可视化处理，删除无意义词汇后，取出现频次在前100的词汇，再根据词频高低，将词汇用不同大小的字体呈现，这样作出的图为词云图。其中，词频越高，词汇字体越大。

通教育领域的课题研究便围绕着"双减"展开，旨在回答如何切实减轻学生课业负担和校外培训负担、如何有效促进学生全面发展等问题。"双减"背景下的作业改革、课后服务研究和课堂教学改善成为研究热点，相关研究集中讨论了如何合理设计作业、提供多样化的课后服务、优化课堂教学过程等问题，"培养学生核心素养"成为普通教育相关研究的重要导向，体现了普通教育的价值取向和目标导向。

"课程开发""教育均衡发展""育人模式""教育综合改革（跨学科）"和"教师发展"也是2021—2022年普通教育领域的课题所关注的重点，反映了普通教育的内涵建设和外部支持情况。这些课题旨在回答如何构建符合时代要求和学生需求的课程体系，如何缩小城乡、区域、校际之间的教育差距，如何形成有特色、有温度的育人模式，如何实施跨学科的综合改革，如何提升教师的专业能力和职业幸福感等问题。

此外，在2021—2022年普通教育领域课题中，关于"城乡共同体"和乡村教育教学的研究关注如何搭建城乡之间的互动平台、如何利用乡村资源开展特色教育、如何提高乡村学校的办学质量和吸引力等问题，在扩大优质教育资源覆盖面、促进教育公平、实现教育均衡发展等方面起到了重要作用。

图 1-10　2021—2022年普通教育相关课题词云图

三、学段分析

据统计，在2021—2022年地市申报立项的浙江省教育科学规划课题中，学校作为申报单位共立项课题860项，如图1-11所示，幼儿园立项课题109项，占比12.67%；小学立项课题379项，占比44.07%；初中立项课题99项，占比11.51%；普通高中立项课题113项，占比13.14%；中等职业学校立项课题89项，占比10.35%；九年、十二年一贯制及完全中学共立项课题60项，占比6.98%。

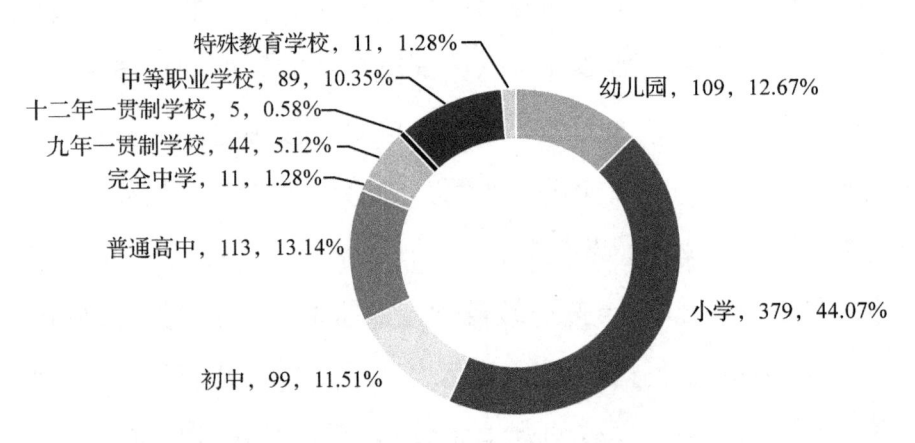

图1-11　2021—2022年学校立项课题学段分布

（一）学前段

学前段是学生启蒙和基本素养培养的重要阶段。对学前段相关的109项课题进行分析发现，学前段教育研究表现出以下几个特点：其一，研究突出强调课程开发和设置，以游戏为主要形式，将乡土资源、社区资源、艺术资源、家长资源等各种资源融入课程，以丰富幼儿园的教育内容和环境，激发幼儿学习的兴趣和主动性，提高幼儿园的办学特色和质量；其二，研究关注深度学习和幼儿多元化发展领域的融合，以促进幼儿的全面发展，研究致力于将对幼儿的情感、态度、能力、知识和技能的培养渗透并融合在探究、创造、合作、反思等过程中，使幼儿的身体素质、审美情趣、道德品质、实践能力得到充分发展，培养和塑造幼儿的学习能力和价值观，从而帮助幼儿更好地适应社会发展的需要。

（二）小学段

从课题立项情况来看，小学教师参与教育科研的积极性极高。2021—2022年小学阶段相关的规划课题共有379项，占地市学校立项规划课题总数的44.07%。这些课题的研究主题较为集中，主要关注"'双减'改革""课程开发""劳动教育""项目化学习""党建"等方面。值得一提的是，在以"'双减'改革"为主题的课题领域，小学阶段的相关课题数量是最多的。省内的小学教师展开了多样化、丰富的实践，特别是在课后服务研究方面，探索了不同的组织模式、内容设计、评价方式等，为"双减"政策的实施提供了有益的经验和参考。这些课题不仅体现了省内的小学教师对当前教育改革的关注和思考，也展示了他们对提高教育质量、促进学生全面发展的责任和担当。同时，小学教师在课程开发、劳动教育、项目化学习等方面也有不少创新性的探索，例如，结合地方特色开发具有时代意义和实践价值的德育、美育课程；将劳动教育与生活技能、社会责任、创新精神等结合，培养学生的实践能力和综合素养；运用项目化学习的策略激发学生的主动性和创造性，提升学生的跨学科综合能力和问题解决能力。这些探索为小学教育改革的推进提供了新的思路和方法。

（三）初中段

2021—2022年初中学校立项的研究课题具有明显的学科特征，涵盖了多个学科领域，其中，数学、科学、语文、历史、社会等学科是研究的主要内容。

这些研究课题主要聚焦于基础学科作业减负和课程教学设计，这也反映了初中阶段教学的实际需求和教师的关注点。省内的初中教师在基础学科作业减负方面，主要关注如何合理安排作业量和难度、如何提高作业的有效性和针对性、如何利用作业提高学生的自主学习和反思能力等问题。在课程教学设计方面，主要关注如何设计符合学生特点和需求的课程内容和教学方法、如何激发学生的学习兴趣和动机、如何培养学生的核心素养和基本能力等问题。此外,"跨学科""美育"等研究主题也得到部分教师的重视,在这两个方面,教师主要关注如何打破学科壁垒、实现多元化的知识整合和创新,如何培养学生的审美意识、激发其创造力,如何拓宽学生的视野、提升其人文素养等,体现了省内初中教师的全面育人和知识整合的意识。这些课题的研究也为提高教育质量、推动学科发展作出了积极的贡献。

总而言之,我省初中段的教育科研课题研究反映了教师对于提高学科教学质量和效果的追求和探索,也体现了他们为适应新课程改革和新教育理念作出的努力和实践。

(四)高中[①]段

相较于初中,2021—2022年普通高中学段教科规划课题研究的主题呈现出多样化的特点,涉及课程与教材、学习方式、学生心理等多个方面。其中,校本化课程实施、跨学科学习、主题式学习等是省内普通高中教师研究的热点领域。在校本化课程实施方面,相关课题主要关注如何根据学校特色和学生需求选择和开发适合的课程与教材、如何评价课程与教材的质量和实施效果、如何提高课程与教材的质量和实施效果等。在跨学科学习和主题式学习方面,相关课题主要关注如何设计有意义和有价值的跨学科、主题式学习项目,如何组织和指导学生进行跨学科学习和主题式学习,如何评估跨学科和主题式学习的过程和成果等。这些研究课题旨在提高学生的学习兴趣和学习效果,促进学生全面发展,反映了省内普通高中教师对于新高考改革和新课程标准的探索和实践。

此外,对学生心理危机的预防和干预也是高中学段的一大研究主题,相关课题主要关注如何识别和分析学生心理危机的表现和原因、如何采取有效

---

① 高中包括普通高中和职业高中,职业高中(中等职业学校)的科研课题情况在前文中已有介绍,此处仅讨论普通高中。

的预防和干预措施、如何建立健全心理危机管理机制等，体现了教师对于学生个性化发展和心理健康的重视和关怀。普通高中段丰富的研究方向源自教师们不断的探索与创新，这些探索不仅适应了时代发展的需要，还能为学生提供更加全面、多元化的教育。

（五）一贯制

一贯制学校对教育教学改革的探索具有系统化、完整化的特点。2021—2022年一贯制学校和完全学校立项的教育科学规划课题共有60项，其中23项是对全学段教育教学改革的研究，以一体化视角进行的校本化课程研究约占38.33%。这些课题涉及课程设置、教学模式、评价方式、学生发展等方面，旨在发挥一贯制教育的特色和优势，促进学生的全面发展。除"双减"改革热点外，教师能力发展、学习方式变革是一贯制学校的研究热点。一贯制学校注重培养教师的专业素养和创新能力，提供多元化的教师培训支持，激发教师的工作热情和主动性。同时，一贯制学校更多地关注学生的主体性和个性化，引导学生主动参与、合作探究、自主选择、反思评价，培养学生的综合素养和核心能力。

（六）特殊教育

特殊教育是国民教育体系的重要组成部分，但2021—2022年立项的课题中相关研究仅有11项，其中，融合教育是特殊教育课题研究中最受关注的研究方向。2021年，教育部等部门制定的《"十四五"特殊教育发展提升行动计划》明确提出"融合教育全面推进"的教育目标。相关研究者对国家政策的积极响应，有助于推动特殊教育的发展。因此，仍需要继续加强特殊教育研究，提高教育教学水平，为特殊教育学生提供更好的教育环境和资源，促进其全面发展。

第四节　浙江省中小幼教育科学规划课题热词分析

一、2020—2022年规划课题热词变化趋势

表1-3　2020—2022年浙江省教育科学规划课题热词汇总表

年份	2022	2021	2020
课题热词	1."双减"	1.校本课程	1.防疫与复学
	2.素养导向	2.素养导向	2.素养导向
	3.共同富裕	3.深度学习	3.心理健康
	4.项目化学习	4.项目化学习	4.教师专业发展
	5.劳动教育	5.评价改革	5.线上教育
	6.教师专业发展	6.劳动教育	6.劳动教育
	7.校本课程	7.教师专业发展	7.德育
	8.党建	8.乡村教育	8.校本课程
	9.体育美育	9.党建	9.项目化学习
	10.深度学习	10.混合教育	10.乡村教育

注：课题热词按照出现频率从高到低排序。

（一）特征一：稳定与变动

从这三年规划课题热词的汇总（表1-3）来看，课题热词在这三年间变化较大。

产生热词变化的原因是多样的。从整体角度看，主要有两个原因。一是政策导向。例如，"双减"政策在2021年7月正式发布实施，在2022年规划课题的主题中，"双减"跃升至热词第一位。二是实际教学需求变化。在2020年规划课题中，"线上教育"是研究的热点，而后演变出"（线上线下）混合教育"，同样是受需求变化的影响，至2022年，相关研究的热度大幅下降。

从变化幅度来看，在这三年的规划课题中，存在一些变化显著的主题。例如，"深度学习"这一主题在2020年初显势头，2021年成为热点，而后在

2022 年热度明显降低，总体频次呈现出先上升后下降的趋势。而部分主题一直保持较高频的出现，在三年内呈现稳定态势，例如"素养导向""教师专业发展""劳动教育"等。这些主题是规划课题的经典议题，在现代化教育发展的不同阶段，研究的内容、角度、侧重点会有所不同，总体频次在这三年内波动较小。

（二）特征二：升格和演变

共同富裕专项课题设立后，以乡村教育为研究对象的课题，更多地从共同富裕的角度出发，并且呈现出热度持续上升的趋势。这一案例说明，三年内的部分热词之间存在逻辑和内容上的关联，并呈现出升格和演变的趋势。

二、2022 年规划课题热词解析

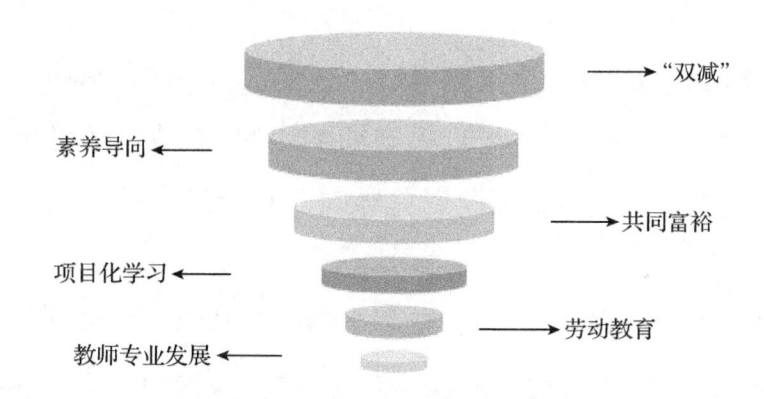

图 1-12　2022 年浙江省教育科学规划课题部分热词展示图

（一）"双减"

"双减"是 2022 年浙江省教育科研的第一大热词(图 1-12)。2021 年 7 月，中共中央办公厅、国务院办公厅印发了《关于进一步减轻义务教育阶段学生作业负担和校外培训负担的意见》，"双减"成为一线教师的关注热点。为了鼓励广大教育工作者把研究成果应用到落实"双减"工作中去，浙江省教科规划办在年度规划课题中设立了"双减"专项认定性课题，获得了各地区的教育部门和中小学校的积极响应。2022 年立项的教育科学规划课题中，以"双减"为研究主题的课题有 179 项，其中以小学作为申报单位的课题占比最高

(53.07%)，其次是教育科研机构和行政机构(15.08%)、初中(12.29%)和一贯制学校(8.89%)，也有少数的学前阶段和高中阶段的教育工作者探讨该主题。不同学段研究的关注点也有所不同，小学阶段更倾向于关注如何提升课后服务水平，初中阶段则主要关注如何减轻学生作业负担、提高学习效果。

值得一提的是，在"双减"的落实中，农村学校展现出积极的态度，共有69项"双减"专项认定性课题来自农村学校，约占认定性课题总数的38.55%，为教育的均衡优质发展提供了有力的支持。

（二）素养导向

素养导向是2022年教育科研的热点之一。素养是人在特定情境中综合运用知识、技能和态度解决问题的高级能力与人性能力。[①] 素养中蕴含着对学习和学会学习的新理解，素养培养是让学生在情境中获得生长性经验，再进行创造性运用的过程。素养导向是当前关注的"双减""项目化学习""翻转课堂"等研究主题的出发点，因此素养导向的教育理念被持续、广泛地运用到教育研究中。

素养导向的教育教学改革涉及各个学段。其中，在学前教育阶段，素养导向的课题研究主要关注幼儿的品德、认知、情感和行为习惯等方面，小学阶段的课题主要关注学生的文化素养、思想道德实践能力和团队协作能力等方面，初中阶段的课题更关注学生的学科核心素养、社会实践素养等，高中阶段的课题则聚焦于学生的艺术素养、创新素养等方面。此外，还有一些素养导向的课题关注跨学段、跨学科的综合素养培养，在核心素养导向下对跨学科、项目化学习进行探索。

（三）共同富裕

2021年5月，中共中央、国务院印发《关于支持浙江高质量发展建设共同富裕示范区的意见》。同年7月，《浙江高质量发展建设共同富裕示范区实

[①] 张华. 论核心素养的内涵[J]. 全球教育展望，2016，45（4）：10-24.

施方案(2021—2025年)》正式发布,对教育共富进行了详细的战略部署。教育共富离不开教育科研的推动,为响应政策号召,浙江省教科规划办设立了共同富裕专项课题。"共同富裕"成为2021年浙江省教育科研的新兴热词。

在2022年浙江省教育科学规划课题中,明确以共同富裕为研究主题或背景的地市课题占到地市总课题的5%,主要由中小学校(51.72%)、教育科研机构(27.59%)和中职学校(20.69%)承担,研究内容各有侧重。相较于中小学校在共富视角下对教学实践、育人路径、教师发展和学校建设等问题的全方位关注,教育科研机构更聚焦于县域范围内的教师专业发展,研究也主要围绕教师共同体建设展开。而中职学校则重在研究人才培养和区域振兴以及二者之间的联系,中职学校也是三类研究主体中唯一将研究目光投向跨省域合作的,研究角度和内容具有类型教育的特色。

(四)项目化学习

近年来,项目化学习是中小学教师教育科研的一大热点。2019年6月,中共中央、国务院印发了《关于深化教育教学改革全面提高义务教育质量的意见》,明确提出:探索基于学科的课程综合化教学,开展研究型、项目化、合作式学习。

从项目化学习的课程样态来看,2022年规划课题中出现的课程样态有学科项目化学习、跨学科项目化学习、微项目化学习。其中,项目化学习被较多地运用在美育、德育和劳动教育领域,而运用在基础学科领域的项目化学习更多地出现在小学等低学段中。如何将项目化学习常态化运用在高学段的基础科学领域,仍待进一步探索。此外,2022年的项目化学习课题关注项目化学习的评价改革,围绕过程性评价和增值性评价开展了研究。

(五)劳动教育

2020年,中共中央、国务院发布了《关于全面加强新时代大中小学劳动教育的意见》,把劳动教育纳入人才培养全过程,贯通大中小学各学段,贯穿家庭、学校、社会各方面,将劳动教育纳入中小学国家课程方案和职业院校、普通高等学校人才培养方案，将劳动教育的重要性提升到了新的高度。

在2022年规划课题中，劳动教育相关的课题占比为4%。从研究主体来看，近70%的课题来自小学，内容主要为相关课程的开发。此外，将劳动教育与"双减"（课后服务）结合的研究课题的出现频次较高。

（六）教师专业发展

教师作为教育三要素中关键的一环，一直备受关注。2018年，中共中央、国务院发布的《全面深化新时代教师队伍建设改革的意见》指出，教师队伍建设应"遵循教育规律和教师成长发展规律"，"加强师德师风建设，培养高素质教师队伍"。

2022年规划课题中，教师专业发展的相关课题立项数占比达4%。从研究主体来看，由科研机构和小学申报的课题数量超过了总数的一半。此外，从研究内容来看，相关课题主要基于"双减"、区域、共富等理念或视角，以培养教师专业能力和教学技能为目标。

（七）校本课程

校本课程和园本课程的开发与实施是长期广受浙江省教育科研人员欢迎的教育议题，始终在省教科规划课题及省教育科研优秀成果中占有一席之地，甚至成为2021年立项课题中占比最高的研究主题——每6~7个课题中就有1个是针对校本课程展开研究的。在2022年立项课题中，相关课题占比虽有下降，但依然占到11.68%，而占比下降可能是受2021年重大教育政策频出、教育科研新热点分流等的影响。

对校本课程和园本课程的研究不仅受到全省11个地市教育科研人员的一致关注，也获得从幼儿园到中职、普高的全学段教育科研人员的青睐。2022年省教科规划课题中，关于校本课程和园本课程的研究主要关注以下方面：

(1)基于地方特色和学校特色的课程开发；

(2)基于"双减"要求的课后服务体系构建；

(3)国家课程与核心素养指导下的校本探索；

(4)跨学科、学科整合的视角在校本课程和园本课程开发中的运用。

（八）党建

在浙江省教育厅的指导下，2021年省教科规划课题首次设立党建专项课题，受到地市教育科研人员的广泛好评。浙江是中国革命红船的起航地，深植红色根脉，遍布红色足迹，同时也是"新时代全面展示中国特色社会主义制度优越性的重要窗口"，具有开展红色教育的深厚基础。因此，在2022年教科规划课题中，除了继续设立的党建专项课题外，一般课题和其他专项课题中也涌现出许多以党建为主要研究方向的项目，中小幼大思政一体化、红色课程构建、学生思政素养提升等是此类课题的切入点。可以预见的是，设立党建专项课题、开展以党建为主题的教育科研的影响将是深远而持久的。

（九）体育美育

体育、卫生、艺术(体卫艺)专项课题是目前省教科规划专项课题中设立时间最长的，在2020—2022年省教科规划课题中，体卫艺课题平均立项数量约为61项，为中小学校弱势学科的教育科研人员提供了更多参与研究的机会，也提升了省教育科研的均衡性和全面性。

2020年10月，中共中央办公厅、国务院办公厅印发了《关于全面加强和改进新时代学校体育工作的意见》和《关于全面加强和改进新时代学校美育工作的意见》。受此影响，越来越多的教育科研人员开始关注体育和美育领域。在2022年省教科规划一般课题中，体育和美育成为各个学段的研究热点。

此外，体育和美育也是教育科研人员开展其他专项课题的抓手，"双减"专项课题中，体育和美育是拓展课后服务的重点内容；共同富裕专项课题中，体育和美育是县域、山区学校丰富教育资源、促进学生全面发展的重要方向。

（十）深度学习

深度学习是一种主动地寻求联系与理解、寻找模型与证据以达到高水平认知的学习方式，是落实核心素养培养的有效路径。深度学习能够满足当下的教育需求，改变传统的"满堂灌"教学模式，促进学生的全面发展。2014年，教育部基础教育课程教材发展中心启动了"深度学习"教学改进项目。

从时间维度来看，自2019年至2022年，"深度学习"主题在年度教育科研课题中出现频次的变化，呈现为先增加后逐步减少的趋势，并随着其他新热点的出现，逐渐淡出研究热点舞台。

除此之外，"深度学习"主题具有覆盖学段广、横跨学科多的特点：研究范围涵盖幼儿园、小学、初中、高中学段；研究内容包括语文（阅读）、数学、科学、英语等学科。"深度学习"主题主要通过区域统筹整体项目推进，研究主体中有三分之一为教育行政部门或科研单位。

总而言之，"十大热词"作为浙江省中小幼教育科研的年度印记，既反映了教育科研人员关心关切的热点，也呈现了这一年中小幼教育领域关注的焦点。通过分析规划课题热词在多年间的变化，我们可以在一定程度上预测浙江省中小幼教育科研的未来发展趋势——在有组织科研与自由探究中稳步前行。

第二章
2021—2022 年浙江省各地市教育科学研究发展状况

第一节　2021—2022 年杭州市教育科研工作情况介绍

一、管理机构介绍

杭州市教育科学规划领导小组是杭州市教育科学研究管理的领导机构，下设杭州市教育科学规划领导小组办公室(以下简称杭州市教科规划办)，杭州市教科规划办设在杭州市教育科学研究院，负责日常管理工作。其主要职责如下。

(1)根据全国、省规划办的工作要求和杭州市教育改革与发展的实际需要，负责市教育科学规划领导小组制订的各项制度、办法的具体实施。

(2)组织杭州市市级教育科研课题的申报、论证、立项和科研成果的鉴定、评审，组织杭州市市级教育科研先进集体、先进个人的评选，组织杭州市内省规划课题、省科研成果、省教育科研先进集体、省教育科研先进个人评选等的初评、推荐，受省规划办委托对省级规划课题进行检查和成果鉴定。

(3)根据杭州市教育科研发展规划，对县(市、区)和社区学院、直属学校等单位进行课题申报、成果总结等方面的指导；组织教育科研动态、信息等方面的学术介绍、交流活动；根据学校、教师的需要，对其在课题研究中遇到的困难提供指导和帮助。

(4)协调落实全国、省教科规划办和市级教育行政部门、科研部门的各项科研任务；协调县(市、区)和社区学院、直属学校等单位的科研工作。

二、教育科研情况分析

（一）分布特征

1. 课题类型分布情况

杭州市教育科研课题包括重大课题、综合课题、专项课题、教师小课题和教师教育课题。两年来的立项情况如表 2-1 所示。

表 2-1　2021—2022 年杭州市教育科研课题立项情况

课题类别	重大课题	综合课题	专项课题	教师小课题	教师教育课题
设立类型	三年一次	常规性课题	常规性课题	常规性课题	2022 年首次设立
申报时间	设立当年 4 月	每年 4 月	每年 4 月	每年 4 月	每年 4 月
申报对象	杭州市教育系统的各类单位及个人			市辖区内从事一线教育教学的教师	市辖区内教师培训机构、中小学、幼儿园及市属高校
立项数量（2021）	15	261	155	530	—
立项数量（2022）	—	242	183	554	222

2. 学段分布情况

杭州市教育科研课题的申报面向全市各级各类学校及直属单位，申报主体涵盖全市幼儿园、中小学校、中等职业学校、教育科研机构、继续教育机构、教育行政部门等。2021—2022 年申报主体学段分布情况如图 2-1 和图 2-2 所示。

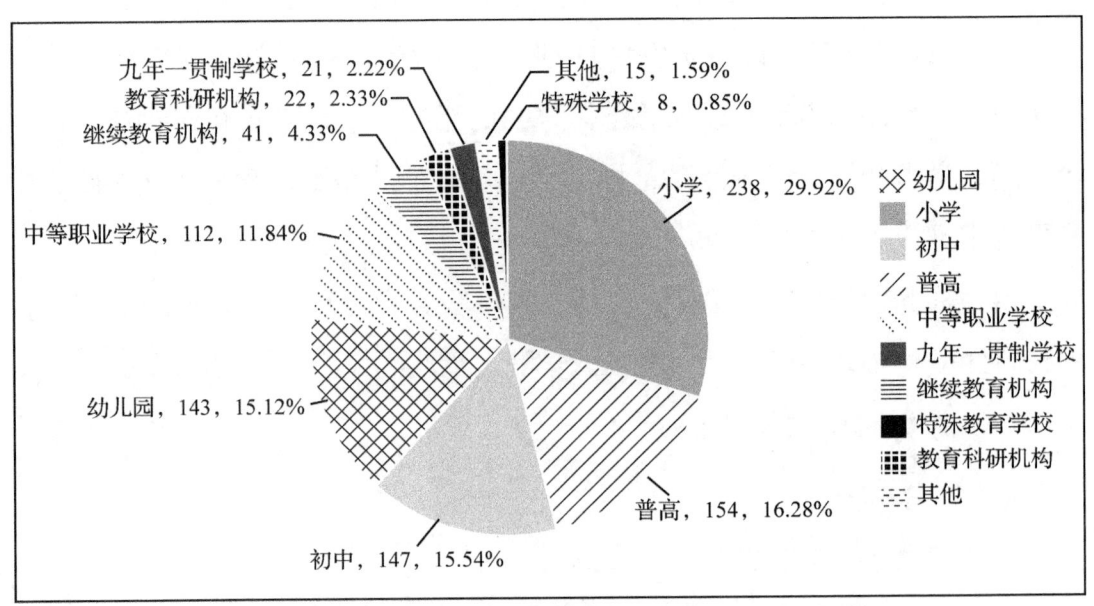

图 2-1　2021 年杭州市教育科研立项课题研究主体分布

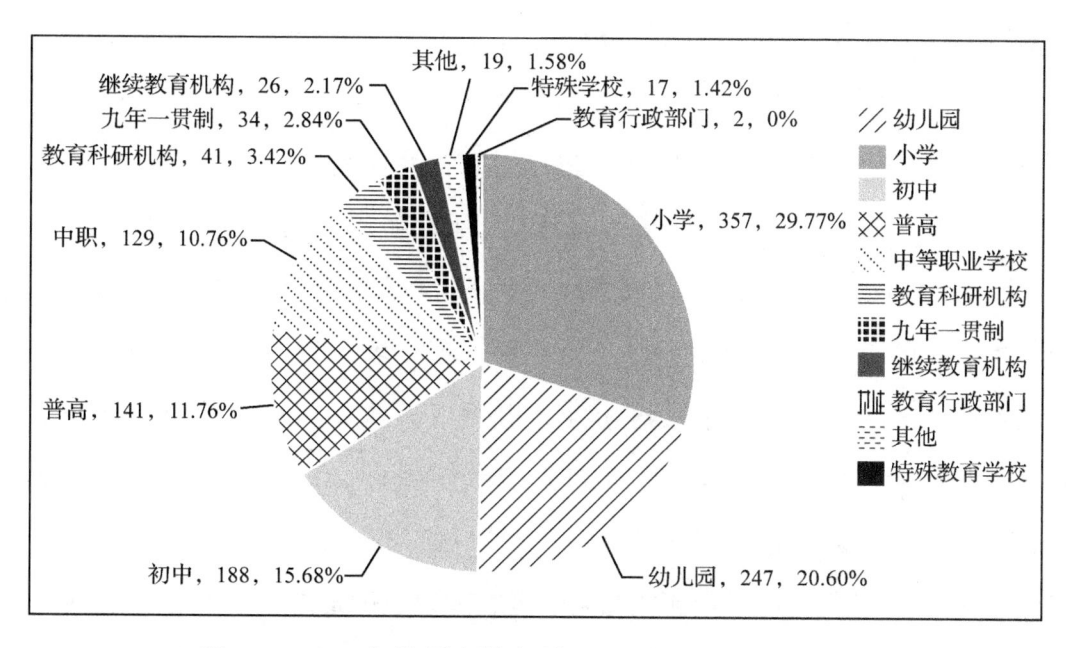

图 2-2 2022 年杭州市教育科研立项课题研究主体分布

（二）热点分析

1. 公办初中提质强校行动

2020 年 3 月，《杭州市公办初中提质强校行动实施方案》出台，该方案实施后，杭州市教育局确定了首批 55 所试点学校，并将 55 所试点学校根据项目方向、城乡分布等分成 5 个联盟组，为每个联盟组配备了理论导师和实践导师。在 2021—2022 年杭州市教育科研课题申报时，杭州市教科规划办设立了"公办初中提质强校"专项课题，以课题研究引领学校开展提质强校行动。在此过程中，围绕以生为本、教学方式变革、新型学习组织建设、师生核心素养养成、学科思维建立等现代化教育教学理念，杭州市教科规划办组织了系列活动，包括"学习目标达成的教学设计"说课比赛、"基于单元教学的作业设计"研讨活动、"基于学科的项目化学习"研讨活动等。2022 年，杭州市教科规划办在试点学校中开展基于学科的项目化学习研究专题，推动试点学校将科学精神、人文涵养、实践创新能力、自主学习能力等培养目标和学科教学、单元教学、主题教学、学期教学等教学模式结合，开展协同攻关研究，协助学校制定教学改革专项的评估指标，以评价为指引，使组织形式、课题研究成果及相关经验性做法以最适合学校实际情况的方式保留下来，一校一策，从制度和组织形式上促进学校内部治理现代化。

2. 全国首个教师家庭教育指导能力评定规范制定

为贯彻落实习近平总书记关于家庭教育的重要讲话精神，加快推进《中华人民共和国家庭教育促进法》《浙江省家庭教育促进条例》的实施，有效提升学校教师的家庭教育指导能力，助力家长履行家庭教育主体责任，在杭州市教育局的领导下，杭州市教育学会、杭州市教育局家长学校总校与浙江省产品与工程标准化协会联合制定了杭州市《教师家庭教育指导能力评定规范》（以下简称《规范》），标准编号为 T/ZS 0292—2022。《规范》于2022年8月22日在全国团体标准信息平台正式发布。《规范》属全国首例，主要围绕专业伦理、专业知识和专业能力三个维度，梳理出多项教师家庭教育指导能力的基本要求；根据专业能力要求，将教师的家庭指导能力划分为初级、中级和高级三个等级，并为各等级的四项能力设置了不同的权重。《规范》主要体现四方面的特性：一是指导性，明确规定了教师家庭教育指导能力的基本内容与要求，为杭州市"十四五"期间乃至更长时间范围内教师家庭教育的规范奠定了基础；二是双重性，《规范》所指的教师包含两种身份——直接面向家长进行家庭教育指导的教师和开展家庭教育指导培训工作的教师；三是对标性，《规范》为杭州市中小学、幼儿园教师自我评估家庭教育指导能力提供了对标依据；四是先行性，《规范》率先提出教师家庭教育指导能力评定规范，规范家庭教育指导师培训，为同行研究教师家庭教育指导提供了范本。《规范》发布后，受到中央电视台、中国新闻社、中国教育报、浙江教育报、浙江日报、杭州日报、浙江教育科技频道等媒体的关注和报道。

3. 学生综合素质评价改革

实行综合素质评价是全面贯彻党的教育方针、落实立德树人根本任务的必然要求，是深入推进素质教育的重要途径，是促进学生全面发展和个性成长的重要抓手。为深入贯彻落实中共中央、国务院《深化新时代教育评价改革总体方案》，杭州市着力推进学生综合素质评价试点工作：一是系统梳理，提炼区域综合素质评价典型；二是整体设计，构建市域综合素质评价方案；三是动态实施，开展区域综合素质评价测评。通过四位一体的形式推进相应实践：一是"量体裁衣"，一体化构建学生综合素质评价体系；二是多维积淀，系统化推进学生综合素质数据采集与分析；三是技术赋能，集成化构建学生综合素质评价平台；四是评价量化，导航式应用学生综合素质评价反馈数据。这些顶层设计为学校提供了教育评价改革实践的有力支撑与保障，有效地推动了促进学生全面发展、构建良好教育生态的改革目标的实现。

三、典型工作经验

（一）杭州市教育科研重大课题研究项目

杭州市重大课题首次于2012年设立，是对杭州市教育改革发展过程中的重点问题、难点问题和热点问题进行研究的课题，研究周期为三年。到2022年，杭州市已圆满完成三届重大课题项目，2021年第四届重大课题也已进入研究周期。重大课题由杭州市教育科学规划领导小组办公室全程管理，杭州市教科规划办建立了一套完整规范的管理体系，包括立项审核、过程管理和成果检验。课题立项后，杭州市教育科学研究院会为每项课题配备一位指导专家，市教科院、课题承担学校和指导专家三方围绕着总体目标，本着权利与义务对等的原则，明确三方的职责和权利后签订协议。在研究过程中，市教科院会在每学期末组织重大课题研究交流活动，并派团队在课题研究第二年进行课题研究现场走访。课题研究第三年进入研究专著出版周期，各个课题承担学校必须在课题研究结束时出版专著。经过三年的研究周期，市教科院会统一对课题研究成果进行验收，并为验收合格的成果组织成果发布会，通过专著发布、展板展示、主题报告、互动交流等形式展示重大课题优秀研究成果。重大课题研究极大地发挥了教育科研为教育教学服务的功能，引领了杭州市教育改革创新。

（二）建设杭州市教育科研标兵工作室

为加强中小幼教育科研队伍建设，提升教育科研人员的专业水平和整体素质，杭州市教科院组建了杭州市教育科研标兵工作室。科研标兵在杭州市教育科研先进个人的基础上评选，获"科研标兵"称号的老师可以申请组建科研标兵工作室，成为工作室领衔人。为规范教育科研标兵工作室的建设和管理，杭州市教科规划办出台了《杭州市教育科研标兵工作室规程(试行)》(以下简称《规程》)。《规程》规定，标兵工作室由1名领衔人和6~8名在职教科室主任或科研骨干组成，以领衔人姓名命名，工作室成员可跨校和跨县(区、市)招募；工作室实行任期制，三年为一个周期。2021年，第一届20个工作室圆满完成三年工作周期，取得了丰硕的成果。2022年，第二届28个杭州市教育科研标兵工作室成立，新的三年征程拉开了序幕。杭州市通过建设标兵工作室，发挥教育科研标兵的专业引领作用。标兵工作室的领衔人是杭州市教育科研的"排头兵"，带领着一批批的教师走上科研之路，从而为杭州市打造了一支高水平的中小学教育科研队伍。

（三）组建杭州市教育科研共富联盟

为全面落实《中共中央 国务院关于支持浙江高质量发展建设共同富裕示范区的意见》，更好地发挥教育科研在推进杭州市山区四县(特指临安区、桐庐县、建德市、淳安县)教育优质均衡发展的作用，2022年杭州市教科院组建了杭州市教育科研共富联盟，通过城区携手，实施城区与山区四县一对一结对帮扶，围绕需求，整合资源，点面结合，共同营造良好的教育科研氛围，培育山区四县科研特色项目，促进山区教育科研骨干团队成长，实现山区四县教育科研共富。共富联盟涵盖了杭州市13个县(市、区)的教科室(所)、社区学院、直属学校、中小学及幼儿园，通过跨县(市、区)的结对，这些单位与山区四县组成发展共同体，开展科研帮扶。在共富联盟成立仪式上，上城区与淳安县、拱墅区与桐庐县、西湖区与临安区、萧山区与建德市分别签署了科研共富联盟协议。组建杭州市教育科研共富联盟是推动杭州教育领域共同富裕的重要举措，杭州市教科院是推进共同富裕和省域现代化的参与者、实践者、推动者和智囊团，共富联盟的建立能够为杭州教育高质量发展提供更加开阔的思路和更加有益的借鉴。

第二节 2021—2022年宁波市教育科研工作情况介绍

一、管理机构介绍

宁波市教育科学规划领导小组办公室（简称宁波市教科规划办）接受宁波市教育局的领导，向上对接浙江省教育科学规划领导小组办公室，向下对接宁波市12个县（市、区）的教育科学规划领导小组办公室，主要职能有：

(1)开展教育政策和教育改革发展的综合研究以及教育重大问题的对策研究，为教育行政部门提供教育信息传达和决策咨询服务；

(2)开展各类教育理论研究与实践活动，普及教育科研相关的知识、技术和方法，服务与推动群众性的教育科学研究；

(3)承担全市教育科研课题的管理工作，传播、推广、转化优秀成果；

(4)构建教育科研协同创新机制，开展合作交流；

(5)开展教育评估研究，协助开展评价监测工作；

(6)开展中小学生德育和心理健康教育研究、家庭教育指导服务等工作；

(7)完成省教科规划办交办的各项任务。

二、教育科研情况分析

（一）分布特征

1. 课题类型分布情况

宁波市教育科学规划课题包括宁波市教育科学规划重点课题、市教育科学规划课题和市教育科学规划专项课题，其中专项课题包括"课程与教学""德育""终身教育""甬有幼教""红色教育""双减""甬城教育名家"专项，如表2-2所示。

表 2-2 2021—2022 年宁波市教育科学规划课题一览表

课题类别	设立类型	申报时间	申报对象	立项数量(2021)	立项数量(2022)
重点课题	常规性课题	随省年度课题一起申报	县(市、区)及市直单位(学校)	86	83
规划课题	常规性课题	随省年度课题一起申报	县(市、区)及市直单位(学校)	182	157
"课程与教学"专项课题	专项性课题	每年10月	县(市、区)及市直单位(学校)	244	169
"德育"专项课题	专项性课题	每年11月	县(市、区)及市直单位(学校)	272	269
"终身教育"专项课题	专项性课题	每年9月	县(市、区)及市直单位(学校)	66	65
"甬有优教"专项课题	专项性课题	每年10月	县(市、区)及市直单位(学校)	69	66
"红色教育"专项课题	临时性课题(2021年设立)	设立当年10月	县(市、区)及市直单位(学校)	64	—
"双减"专项课题	临时性课题(2021年设立)	设立当年11月	县(市、区)及市直单位(学校)	66	—
"甬城教育名家"专项课题	临时性课题(2021年设立)	设立当年10月	县(市、区)及市直单位(学校)	20	11

2. 学段分布情况

宁波市教育科学规划课题的申报面向全市各级各类单位(学校),申报主体涵盖全市幼儿园、中小学校、中等职业技术学校、高校等,学段分布情况如图 2-3 和图 2-4 所示。

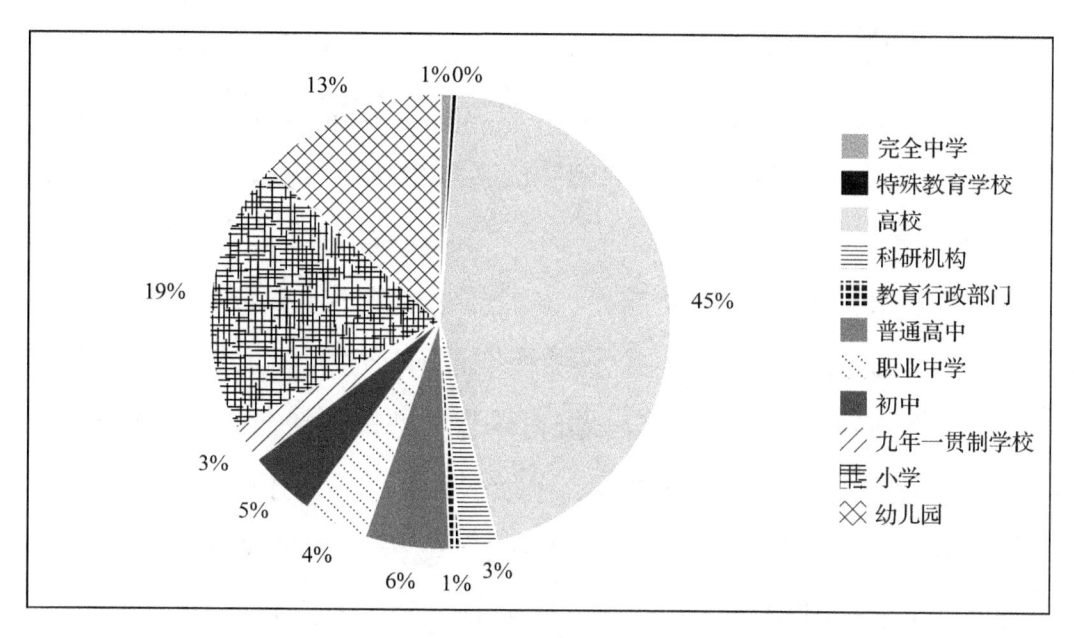

图 2-3 2021 年宁波市教育科学规划立项课题研究主体分布

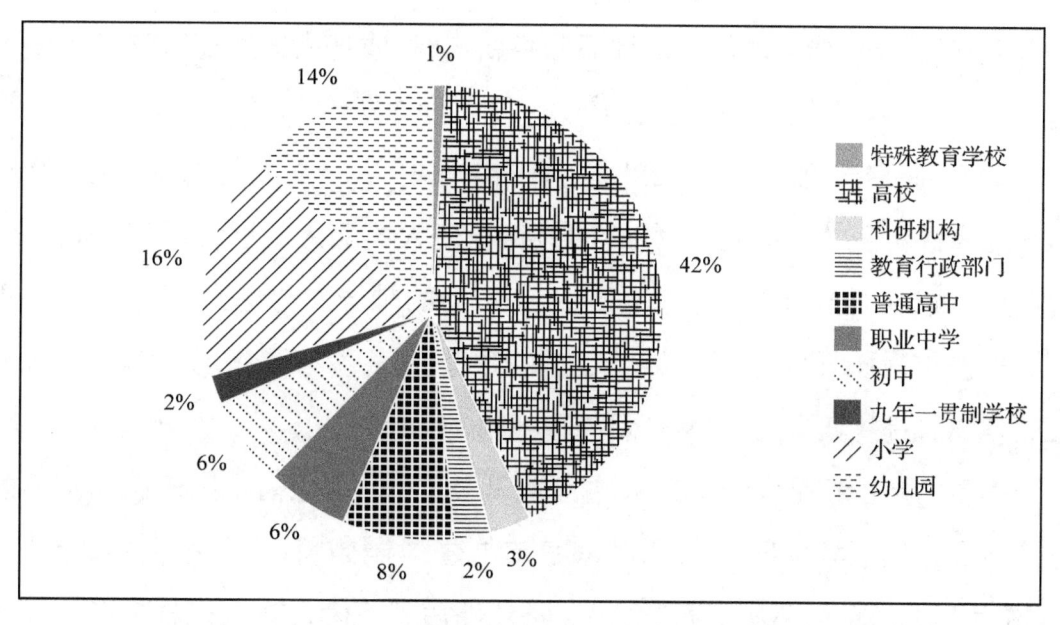

图 2-4 2022 年宁波市教育科学规划立项课题研究主体分布

（二）热点分析

1. 培优强基"甬优教科"研究

2022 年，宁波市教育局研究制定了《宁波市教育领域共同富裕"甬有优学"全生命周期行动方案》。宁波市教科所每学期集体调研 1～2 个县(市、区），组织幼儿园、小学、初中和高中四个学段的教科研座谈会，为学校和教师提供精准服务，听呼声、寻问题、找经验、取真经，找准学校教师工作的痛点、区域教育发展的堵点，改造和创新教育科研方法，推动教育科研共同体建设。至2022年，已遴选出了3所"甬派教育科研示范学校"，培育了10个"甬派教育科研培优基地学校"，设立了10个"甬派教育科研强基实验学校"。以此为基础，宁波市教科所将继续推进科研名师团队和科研工作坊的建设，凝聚科研骨干力量，培育一批科研强校基地，帮带一批科研薄弱校，搭建教科管理平台，优化课题申报、立项、培育、成果评审、推广、共享等环节全过程、全要素和全周期的动态管控，推进清廉教科建设。

2. "双减"专题研究

由宁波市教科所参与培育，宁波市鄞州区首南街道学士小学提供的《"无边界共育"：未来学习场域下的课后服务新实践》成功入选浙江"双减"年度十佳样本。"双减"开展以来，宁波市教科所协助宁波市"双减"工作领导小组开展了一系列研究，于2021年12月在全国率先出台了《义务段学校贯彻"双减"政策教育评价工作方案》。教科所的教育科研人员深入基层，了解一线学校和教师需求，开展针对性、持续性、一对一的辅导。为提升"双减"研究质量，宁波市教科所开展了"双减"认定性课题研究，举办了多场"双减"教科论坛，培育和提炼典型的中小学"双减"实践案例。

"无边界共育"是专题研究中的特色理念，由该理念衍生出的课后服务模式变革和拓展了学校育人格局，"家庭微课堂""学校小课堂""社会中课堂"与"网络大课堂"形成了协同育人合力。特色课后服务模式被人民教育等杂志社报道，为全省乃至全国探索课后服务新模式提供了可操作的范例。

3. 基础教育作业设计改革研究

宁波市四眼碶中学的《实践性作业打开学生"智慧天窗"》是浙江省5个入选2022中国基础教育典型案例中的宁波唯一，载录在《2022中国基础教育年度报告》中，并在《人民教育》杂志上发布，该案例于2022年12月6日被光明日报社报道。在该案例中，教师通过开发实践性作业，全面提升探究实践素养；通过创设作业新情境，让学生经历探究实践过程，运用所学知识去解决问题，教师也可以此检验学生的素养培养情况。为了解决传统纸笔作业偏知识本位、重习题训练、轻实践探究，弱化过程与方法，忽视科学态度、情感与价值观培养等问题，教师开发了指向素养的"6E"实践作业，即挖掘（Excavation）、探索（Exploration）、经历（Experience）、延伸（Extension）、迭代（Evolution）、评价（Evaluation）。在这一过程中，学校始终注重学生的全面发展和个性发展，努力提升学生的问题解决能力，培育学生的必备品格与关键能力。在该案例中，课题研究与学校发展紧密结合，激发了学校内生发展的动能，切实提高了学校教学质量，并通过区域联动教研，将成果辐射到更多的学校和师生。

三、典型工作经验

（一）培育具有宁波特色的教育科研成果

2022年，宁波市教科所培育、指导和选送的4项课题作为全国教育科学"十四五"规划2022年度课题立项。为提升红色教育专项课题研究质量，教科所充分挖掘全市红色根脉资源，分类指导产生了64项成果，形成了20项培育性成果，重点提炼出10项具有宁波特色的红色教育成果；围绕教育服务乡村振兴，教科所对全市学校的实践情况进行了全方位调研，收集了150多所学校服务工作的具体数据，在乡村振兴优秀案例评比工作的基础上，进行数据分析与案例研判，完成了《职业教育服务乡村振兴的宁波实践》成果报告，学术成果《乡镇成校服务"三农"的30种实践》正式出版并在全市成教协会年会上进行了交流，引起省内同人的关注。宁波市教科所持续培育宁波"双减"优秀成果，开展线上线下指导，25项课题被认定为2022年浙江省教育科学规划"双减"专项课题，1项案例入选浙江省"双减"年度十佳样本。

（二）推出"甬有优学·2022教科节"十大系列活动

"甬有优学·2022教科节"系列主题活动紧紧对标"建设高质量教育体系、

打造高标准育人方式",扎实推进"甬有优学"任务,以高端论坛、学术讲座、"双减"成果发布、优秀成果推广、科研工作坊等形式,展示宁波教育的行动路径与经验,聚焦"学生成长指导""研共体""江北区义务教育优质均衡""红色教育研究""'双减'背景下学生评价""教学方式转变""幼儿园品牌建设"等教育热点和难点,采用线上线下结合(线下搭台、线上直播)的全新模式,推动教育领域的共同富裕。活动邀请了十余名全国知名专家讲学,40余所学校分享宁波实践。线上直播累计近百万人次观看,浙江学习平台、宁波晚报、宁波学习平台等多家媒体对活动进行了报道。

(三)打造"甬"系列心理健康教育品牌

宁波市教育局下设宁波市中小学生成长指导中心,中心自2021年成立以来,完成了心理健康品牌建设:成立"甬老师"心理辅导工作团队,开展心理面询、心理热线、心理科普体验等服务;研发"宁波市中小学生成长云课堂"、"甬心伙伴"小程序等课程平台;自主开发"聚·成长"微视频品牌,推出"心灵树洞"你问我答专栏,在学生成长关键节点推送成长指导中心系列指导,为学生答疑解惑;围绕学生健康成长主线,推出"8585"24小时成长热线、"全学段衔接"主题论坛、"成长有约"广播专栏、"心灵树洞"公益服务平台等服务品牌。

宁波市教育局于2022年启动了中小学生幸福成长促进计划,以"幸福巴士"为载体,聚焦共同富裕背景下乡村儿童身心健康成长。

第三节 2021—2022年温州市教育科研工作情况介绍

一、管理机构介绍

温州市教育科学规划领导小组办公室(简称温州市教科规划办)接受温州市教育局领导,挂靠在温州市教育教学研究院,向上对接浙江省教育科学规划领导小组办公室、浙江省教育厅教研室,平行对接温州市教师教育院、温州市教育技术中心、温州市教育评估院等部门,向下对接全市12个县(市、

区)的教育科学规划领导小组办公室,主要职能有:

(1)对温州市教育科学发展事业进行整体规划,指导市、县级教育科研规划工作;

(2)组织管理温州市教育科学规划各类课题申报、立项、中期验收与结题工作;

(3)组织管理温州市教育科学优秀成果奖和教育科研先进集体、先进个人以及教育科研优秀论文的申报评选工作;

(4)组织全市教育科研服务与交流活动,推广温州市教育科研成果;

(5)完成浙江省教育科学规划领导小组办公室交办的各项任务。

二、教育科研情况分析

(一)分布特征

1. 课题类型分布情况

温州市教育科研课题包括教科规划课题、教学研究课题、教师教育研究课题、教育技术研究课题、温州大学面向基础教育(重点)课题、教师小课题、优秀科研成果推广与应用研究课题、区域重大课题。立项情况如表2-3所示。

表2-3　2021—2022年温州市各类课题类别及立项数量

课题类别	教科规划课题	教学研究课题	教师教育研究课题	教育技术研究课题	温州大学面向基础教育(重点)专项课题	教师小课题	优秀科研成果推广与应用研究课题	区域重大课题
设立类型	常规性设立						每两年设立一次	
申报时间	每年3月						设立当年3月	设立当年3月
申报对象	县(市、区)及市直单位(学校)教师						特定对象	
立项数量(2021)	150	168	44	53	60	县级管理	95	—
立项数量(2022)	165	181	56	59	10	县级管理	—	76

以下是各类课题的申报说明。

(1)教科规划课题：指综合性较强的，对本校乃至区域的教育教学改革及发展具有一定现实意义和指导作用的课题。

(2)教学研究课题：指围绕课程与教学改革，促进真实学习，推进课堂变革，提升教学质量的课题。

(3)教师教育研究课题：指围绕教师队伍建设，探索促进教师专业发展的理论与实践的课题。

(4)教育技术研究课题：主要指在教育技术理论研究、综合性或具体教育、教学、管理、科研和服务领域进行教育技术应用研究的课题。

(5)温州大学面向基础教育(重点)课题：由温州大学提供课题研究经费资助、温州大学与温州市教育局联合进行立项管理的课题。

(6)教师小课题：指教师在教育教学实践中遇到具体疑难问题而开展短期研究的课题，主要面向一线青年教师(35周岁以下，不含市第一层次骨干教师)、教育科研人员。教师小课题为县级立项和管理、市级组织成果评审的课题。

(7)优秀科研成果推广与应用研究课题：主要指一些经过较长时间的理论和实践探索后取得明显成效的研究成果，将成果面向全市作推广应用或深化研究的课题。具体管理根据《温州市优秀成果推广与应用实施方案》进行。

(8)区域重大课题：指为了有效解决本市区域教育改革与发展的瓶颈问题和热点问题，提升教育科研为行政决策服务的力度，真正引领教育改革与创新，提高全市教育教学质量而开展的全局性、前瞻性、战略性教育决策研究课题。具体管理根据《温州市教育改革与发展重点规划教育科研课题管理细则》进行。

2. 学段分布情况

温州市教育科研课题的申报面向全市各级各类单位(学校)，申报主体涵盖全市幼儿园、中小学校、中等职业技术学校等。其中，小学作为申报主体的课题比例较大。学段分布情况如图 2-5 和图 2-6 所示。

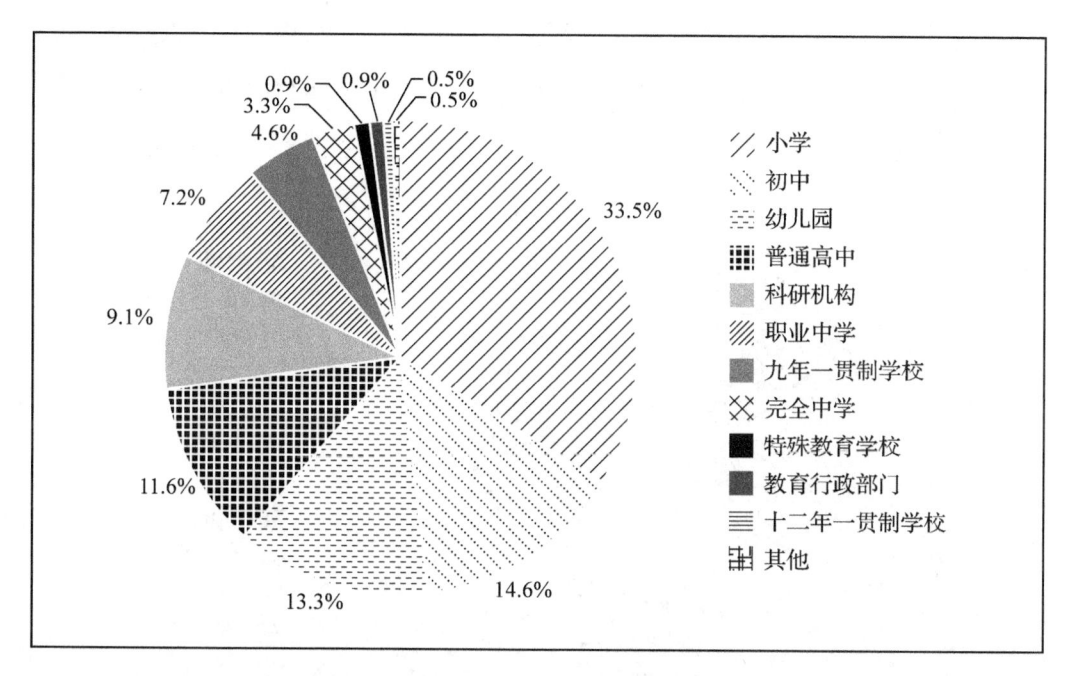

图 2-5　2021 年温州市教育科研立项课题研究主体分布

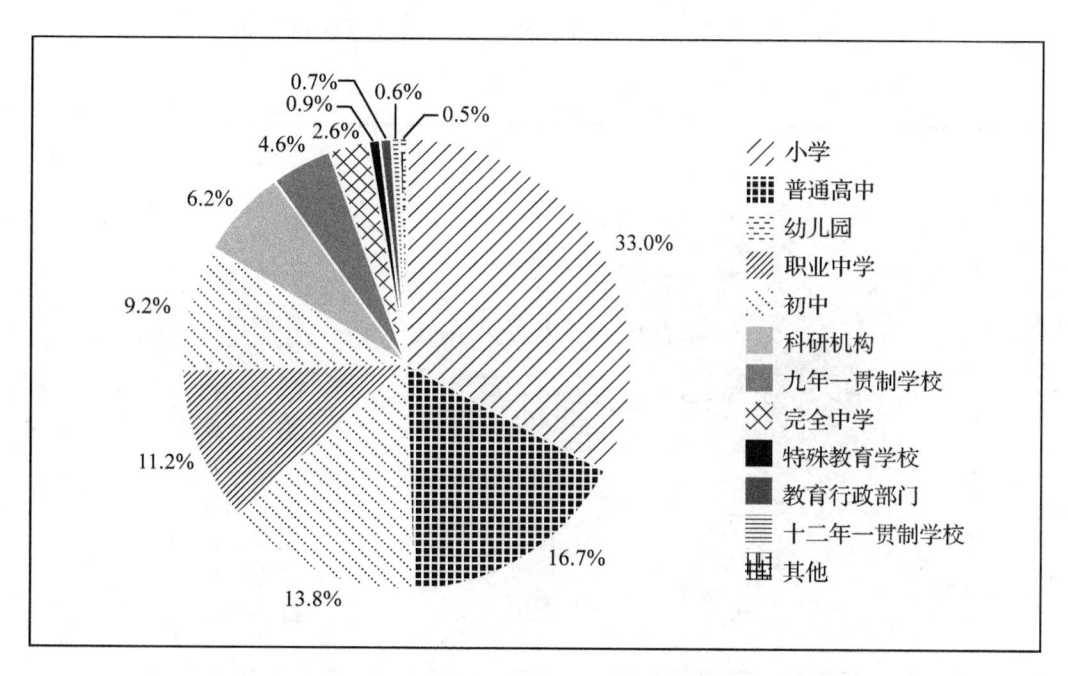

图 2-6　2022 年温州市教育科研立项课题研究主体分布

3. 区域分布情况

从温州市 12 个县(市、区)以及市直学校立项情况(图 2-7、图 2-8)来看,市直学校、鹿城区与瑞安市在 2021—2022 年立项数稳居前三。

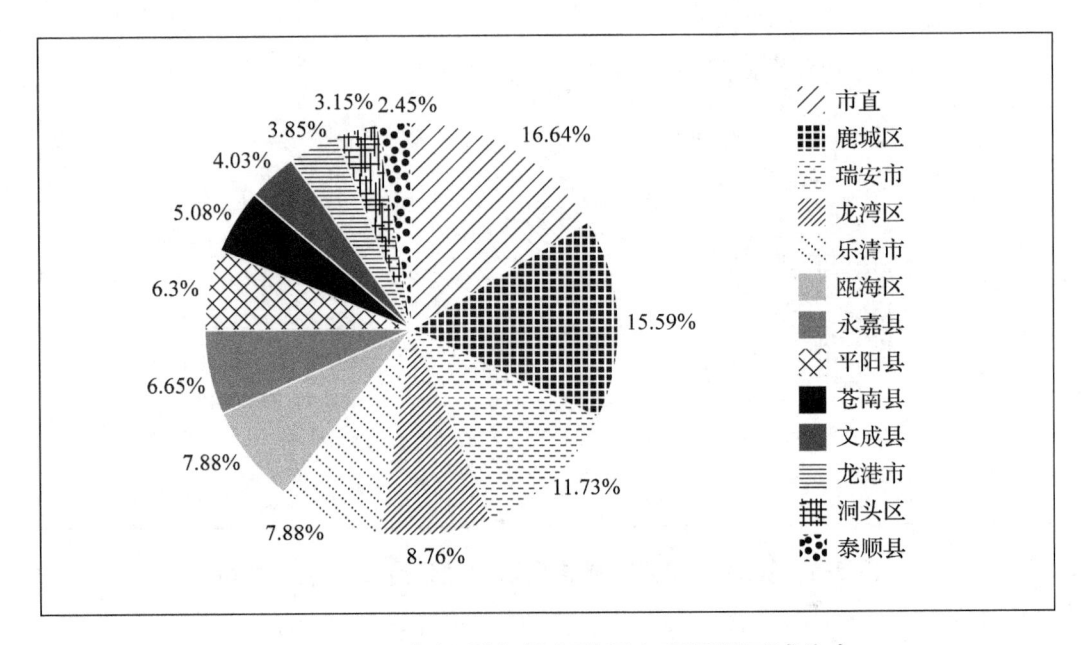

图 2-7　2021 年温州市教育科研立项课题区域分布

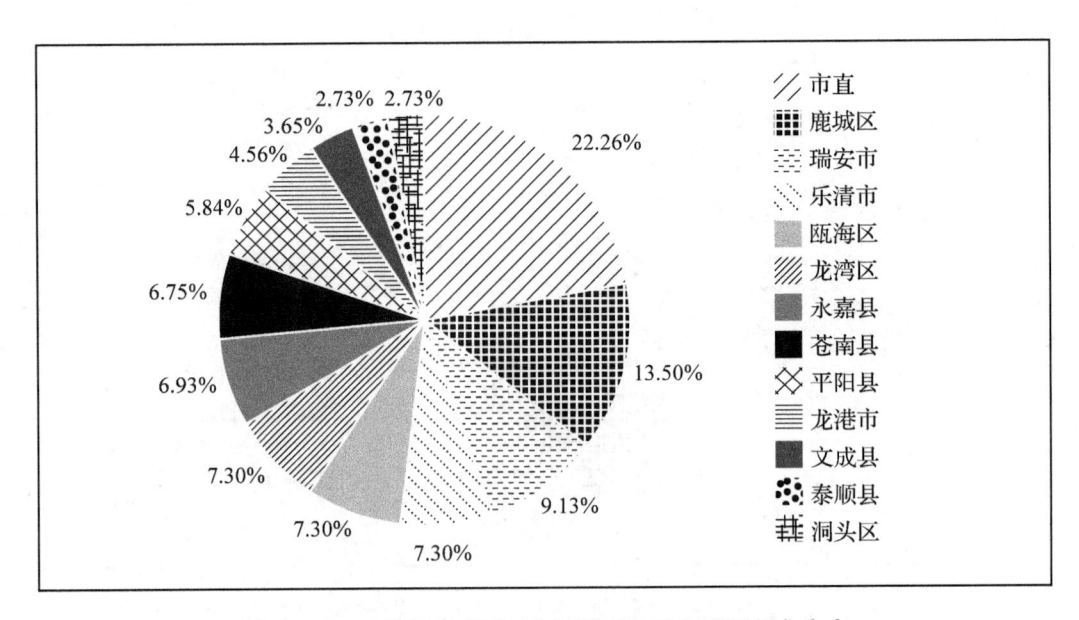

图 2-8　2022 年温州市教育科研立项课题区域分布

（二）热点分析

1. 借力北师大，全面推进中小学项目化学习研究

2021年年底，温州市发布《温州市中小学项目化学习三年行动计划（2021—2023年）》，以北京师范大学中国教育创新研究院"指向核心素养的项目学习区域整体改革"项目为依托，融合温州市第三轮中小学指向"未来教育"课堂变革，温州市开展了项目化学习专题调研、资源建设、项目研讨和案例研究，并由此带动一批试点区（鹿城、瓯海、龙湾、平阳、龙港共5个试点区），试点校（27所），示范校（46所）及众多校长与教师关注和投入项目化学习的实践研究。

2022年，温州市强化项目化学习的阶段性成果提炼与展示，做到区域项目化学习多学科、多类型覆盖，5月，启动了为期一个月的项目化学习示范区建设成果博览会，在博览会上呈现了10场展示活动、20余节公开课、20余场观点报告、50余项成果，成果覆盖高中、初中、小学、学前全学段，并主要呈现了鹿城、瓯海、龙湾、平阳、龙港5个试点区的温州实践，受到国内多位知名专家的一致肯定。10—11月，温州市承办了"浙江省项目化学习展示月"活动中的"学科项目化学习的区域推进活动"和"项目化学习的乡村实践专场"。其中，温州聚焦乡村学校项目化学习开展的探索与实践——"温州云上乡村儿童博物馆"在本次活动中开馆，该馆以地区命名，汇集了温州市8所乡村学校利用当地资源开展项目化学习的研究成果。在此基础上形成的学术成果《乡村项目化学习的区域实践与推广》发表在《基础教育课程》杂志上，并荣获2022年浙江省教研课题成果一等奖。

2. 紧跟大形势，持续推进中小学思政一体化研究

(1)持续推进中小学价值观教育。

自2020年起，温州市以省重点规划课题"中小学价值观教育的温州实践"为依托，推进全市中小学社会主义核心价值观教育，全市共同编写并出版了《后疫情时期中小学价值观教育48课》一书。该书以社会主义核心价值观为经，以小学低段、小学高段、初中段、高中段为纬，初步构建了温州市中小学社会主义核心价值观教育课程体系。

2021年,"价值观引领未来教育工程"被纳入"十四五"教育事业发展规划,温州市教育局发布了《温州市新时代中小学价值观教育实施意见(试行)》(温教办基〔2021〕18号),启动了温州市指向"未来教育"的第三轮课堂变革,将"立德树人价值观教育推进行动"列为五大课堂变革行动之首(温教研〔2021〕40号)。目前温州市基本形成以"一核三进"为特点的区域价值观教育推进实施机制。其中"一核"是《温州市新时代中小学价值观教育实施意见》,"三进"是指以价值观教育进课程、进课堂、进学校为载体,深入推进中小学价值观教育。

(2)探索大中小学思政课一体化协同创新机制。

2021年,温州市教育教学研究院印发了《温州市大中小学思政课一体化教研协同创新实施方案》。该方案着力于提升思政课的思想性、理论性、系统性、针对性和实效性,围绕课程、课堂、教研、队伍、资源五大方面的建设目标,打造区域大中小学思政课一体化协同创新的温州样本。具体思路如下。

一是强化主体责任意识。温州市加强教育系统各地各校基层党组织对思政工作的领导,建立健全大中小幼一体化思政体系建设委员会,完善一体化建设的咨询、研判、评估、培训和指导等机制,进一步构筑由党组织领导、党政联动、全员参与的思政协同格局。

二是打造三大思政阵地。①打造思政活力课堂。温州市深入开展第三轮课堂变革,探索实施不同的教育教学方法,在多元多样、彰显个性中落实、落细、落地立德树人、启智铸魂,擦亮思政课程育人底色。②培育教育实践基地。到2023年,温州市已建成市级"思政一体化研究共同体"5个,打造"思政一体化教学创新示范校(基地)"10所,不断拓展思政课堂教育教学空间和视野。③组建优质教师团队。温州市积极搭建各类评比、比赛、培训平台，通过论坛研讨、培训交流、教学观摩、优质示范等方式，推进大中小幼思政课教师队伍专业发展建设。

三是建立三个层面的一体化发展模式。①教学研究一体化。温州市启动建立联片教研机制，到 2023 年，培育出市级"思政课一体化教学教研团队"15 个以上。②项目学习一体化。温州市积极开展将社会主义核心价值观融入课程、融合温州地域文化、融入学校的主题活动，探索形成以价值观教育为载体的"三全育人"新范式。③资源共享一体化。温州市将建立专门的理论研究中心、协同创新中心、同城协作平台等一体化平台，营造循序渐进、连接贯通的大联盟系统育人氛围。

3. 聚焦新热点，引导推进家校社协同育人实践研究

随着家庭教育法的颁布，教育部强调家校社协同育人的重要性，相关主题成为许多学校开展课题研究的热点，相关研究方向包括家长学校建设、家访工作、班主任工作的优化、学校协同育人课程开发等。2022 年省寒暑期"家访中的育人故事"优秀案例评选活动中，温州市在参与教师人数与获奖人数上远超其他兄弟市县。2023 年 3 月，第四届"嘉昆太温"家校合作论坛在温州市召开，获得广泛好评。

在市域层面，温州全市同步推进家庭教育研究行动，精心培育家庭教育特色项目，协同推进家校共育，构建和谐亲子关系；以"新雨"家庭教育讲师团、健康教育讲师团为载体，开展公益讲座进校园活动；建立家庭教育数字资源库，推出家庭教育专题讲座、线上公益课堂和系列微视频等多种类型的线上资源。

2022 年 6 月，温州市教育局印发《温州市中小学"温心健康"行动实施方案(2022—2025 年)》，通过实施"四大阳光工程"——阳光活动提升工程、阳光少年守护工程、阳光环境优化工程、阳光能量传播工程，不断健全完善家庭、学校、医院、社会四位一体共建共享机制，构建宣传教育、监测预警、帮扶助困、干预调适和治疗回归五大防线，全面提升学生身心健康水平，努

力培养人格健全、体魄强健、品位高雅、心态乐观的时代新人。

基于以上工作，目前温州市内已有学校与教师通过开展课题研究等方式关注家校社协同育人领域。预计之后两年，温州市将陆续涌现出一批家校社协同育人的研究成果。

三、典型工作经验

在"双减"背景下，温州市教育教学研究院以"两区"（"基础教育国家级优秀教学成果推广应用示范区"和"'指向核心素养的项目学习'区域整体改革试验区"）和"两基地"（"人民教育出版社德育研究实验基地"和"全国家庭教育示范基地"）的建设工作为抓手，进一步树立教育科研"四服务"（为区域教育行政决策服务、为区域课程与教学改革服务、为学校发展服务、为师生成长服务）精神，倡导"真研究、高品质、大共享"理念，结合《温州教育》平台资源，助力"好学温州"品牌建设，推动温州"未来教育"高地形成，推进区域教育共同富裕。

（一）做好面向区域教育发展决策的服务工作

1. "未来教育"引领学校变革

自2021年开始，结合温州市"十四五"教育规划提出的重点任务，温州市教育教学研究院积极参与温州市教育局"未来教育"五大行动的研究推进，设立专项课题，推动全市96所"未来教育"窗口学校种子单位特色项目培育，及时转化研究成果，提供行政决策建议；结合2021年省教科规划重点课题《为未来·向未来·创未来：温州市"未来教育"体系的构建与实践研究》和2022年省教科规划课题《因势而新：区域"未来教育"窗口校培育的行动研究》，全力推进相关研究与实践。

2. 乡村教育推进教育共富

乡村学校的发展，特别是乡村小规模学校（乡镇以下、学生数少于200人）的发展，是"乡村振兴""教育共富"等政策背景下的热点话题。2018年4月，温州市对全市乡村小规模学校进行了调研，结果显示：乡村小规模学校学生学习能力整体较弱,学习主动性、自信心和学习动机缺乏。

在之后的四年中,温州市综合考虑外部支持条件、乡村课程资源与学校原有的基础,借助名师工作室、乡村学校课改联盟、城乡共学项目化学习种子教师班三大载体,针对不同阶段的问题与重点采取不同措施。高质量的项目化学习成果促进了温州全市乡村小规模学校的群体蝶变,温州经验走出瓯越大地,在省级以上平台纷纷亮相。2022年5月27日举办的温州项目化学习博览会"城乡共学"专场活动得到了高度好评。同年11月15日在温州市承办的浙江省"项目化学习的乡村实践"专场上,温州从区域、学校、学生、教师等研究视角对乡村项目化学习研究成果做了全方位展示,呈现了项目化学习支撑乡村学校变革的力量,相关研究经验在全省处于领先地位。浙江日报、浙江教育报、温州商报等媒体对专场活动进行了报道,产生了良好的社会反响。

(二)持续推进精品课题孵化与成果推广应用机制建设

1. 建立温州市优秀教学成果推广与应用机制

温州市早在2013年就颁布了《温州市优秀教学成果推广与应用实施方案》,在浙江省率先启动优秀教育科研成果推广应用工作,至2022年已开展了5批共36项优秀成果推广项目,共493所学校参与应用研究。在2017年、2019年、2021年先后召开了三届温州市教育科研成果博览会,已培育7项获得全国基础教育国家级教学成果二等奖的成果。工作经验《"研究+":打通教科研成果推广应用的"最后一公里"》发表在2017年第20期《人民教育》上。

2. 积极推进国家级成果推广应用示范区建设

2020年12月,温州市获批成为"教育部基础教育国家级优秀教学成果推广应用示范区",是浙江省唯一的地市级示范区。2020年,温州市教育局制定了《国家级基础教育优秀教学成果推广应用示范区三年行动计划(2021—2023年)》。2021年4月6日,温州市基础教育国家级优秀教学成果推广应用示范区暨第三轮课堂变革启动大会在温州市实验中学召开,标志着温州市基础教育国家级优秀教学成果推广应用示范区建设工作的启动。

温州市基础教育国家级优秀教学成果推广应用示范区建设工作，以5项优秀教学成果推广与应用项目为抓手，将国家级优秀教学成果的推广应用与本土项目有机融合，通过建立项目联盟、实验室、课题组三个不同类别的应用和推广共同体，协同赋能，集体攻关，使各级各类研究团队形成研究合力。在此理念下，温州市建立了市级中小学德育、中小学评价、高中育人模式、初中阅读、小学作业改革等推广应用项目联盟，建立了20个教学成果培育项目实验室，联盟和实验室分布在全市12个县(市、区)，共开展了约200个推广应用与深化研究子课题。

3. 拓展成果推广应用多元宣传平台

近年来，借助于传统纸质媒体、微信公众号等平台，温州市教育教学研究院对教研优秀成果进行了大力宣传：在《温州教育》杂志新增"成果推广"栏目，传播优秀成果；借助云教研和各种线上平台，着力于多样化成果的表达、分享与发布，2022年度共向中国教育学会申请3场线上直播，向全国发出温州声音，推广温州经验；依托温州市教育教学研究院大数据中心，建立了相关资源平台，平台中汇聚了大量成果推广应用资源，实现了项目成果共建共享，打造了教育科研跨区域教学成果资源共享集散地。

2022年10月，《共享科研：优秀教学成果获奖案例》专著由浙江教育出版社出版，共收录《做主动学习者：科学部落格的十二年实践》等获2021年浙江省教学成果奖的32项温州市优秀教学案例。

2022年11月，"中国教育创新卫星峰会2022"系列会议中共推出3个温州专场，包括温州专场、温州专场(劳动教育)和温州专场(中小学社会主义核心价值观教育)，"乡村'小而优'学校建设"等8项成果得到展播。《指向本土创新的项目化学习区域样本》《乡村"小而优"学校建设的温州样本》两项成果入围第六届中国教育创新成果公益博览会最高奖"SERVE奖"评选。

（三）注重培育一线教师对教育科研方法的运用能力

1."微调研"强化教师实证研究意识

在"十三五"期间，温州市鲜明地提出"研究开路"，以支持教育研究从经验向实证转化的行动。2017年年初，温州市教科规划办设立并启动了一年一度的温州市中小学(幼儿园)"微调研"评选活动，让教师经历调查研究过程，提升中小学教师的实证研究意识与能力。

从近五年的评选来看，一线教师的积极性普遍较高，也逐步涌现出了一批高质量的调研报告，内容涉及课堂变革、课程建设、班级管理、德育创新、校本教研、校园文化等方面，真实反映了教育教学生活中的典型问题，并提出了针对性的解决思路。在研究方法上，这批调研报告注重定性与定量相结合，运用了问卷调查、访谈调查、实地观察、个案分析等多种调查研究方式。从2023年的评选情况来看，许多教师都能抓住新课标落实要求，问题精准、切口小，调研设计合理、方法科学，调研过程扎实，调研结果分析科学，对策建议有创意、可操作。

2. 教育叙事写作研修活动引导教师掌握反思与经验提炼的方法

教师的课题研究离不开日常教育教学实践中的经验积累与提炼。但许多一线教师经常忙于工作事务，往往疏于自觉、主动的教育反思与表达，以至于不能有效、及时地提炼和积累实践经验，许多教师在课题研究中常有"做了很多，但不知如何梳理与表达"的困惑。

为了引导教师掌握教育科研中必要的反思与经验提炼的方法，除了原有的各类教育案例评选外，从2017年起，温州市开始组建温州教育科研写作班，以县级教研员、学校教科室主任、优秀教师等为对象，以教育热点与教育叙事研究的写作为研修内容，培育了一批优秀学员，并于2020年年初把"教育叙事"设为年度论文评选项目，同时借助《温州教育》杂志推送优秀的"教育叙事""教育案例"稿件，引导教师做真实而有品质的研究。

第四节 2021—2022年金华市教育科研工作情况介绍

一、管理机构介绍

金华市教育科学规划领导小组办公室(简称金华市教科规划办)接受金华市教育局和金华市教育教学研究中心的领导,向上对接浙江省教育科学规划领导小组办公室,向下对接金华市10个县(市、区)的教育科学规划领导小组办公室,主要职能有:

(1)对金华市教育科学发展事业进行整体规划,指导市级、县级教育科研规划工作;

(2)组织管理金华市教育科学规划各类课题的申报、立项、中期验收与结题工作;

(3)组织管理金华市教育科学优秀成果奖、教育科研先进集体及先进个人和教育科研优秀论文的申报评选工作;

(4)组织全市教育科研服务与交流活动,推广金华市教育科研成果;

(5)完成浙江省教育科学规划领导小组办公室交办的各项任务。

二、教育科研情况分析

(一)分布特征

1.课题类型分布情况

金华市教育教学规划研究课题包括教育科学规划重点课题、市教育科学规划课题、市教育科学规划"作业改革"专项课题,如表2-4所示。

表2-4 2021—2022年金华市教育科学规划课题立项情况一览表

课题类别	重点课题	规划课题	"作业改革"专项课题
设立类型	常规性课题	常规性课题	2022年首次设立
申报时间	随省年度课题一起申报	每年10月	设立当年10月
申报对象	县(市、区)直属单位(学校)		
立项数量(2021)	40	466	—
立项数量(2022)	42	521	100

2. 学段分布情况

金华市教育科研课题的申报面向全市各级各类单位(学校)，申报主体涵盖全市幼儿园、中小学校、中等职业技术学校、高校等。2021—2022 年立项课题学段分布情况如图 2-9 和图 2-10 所示。

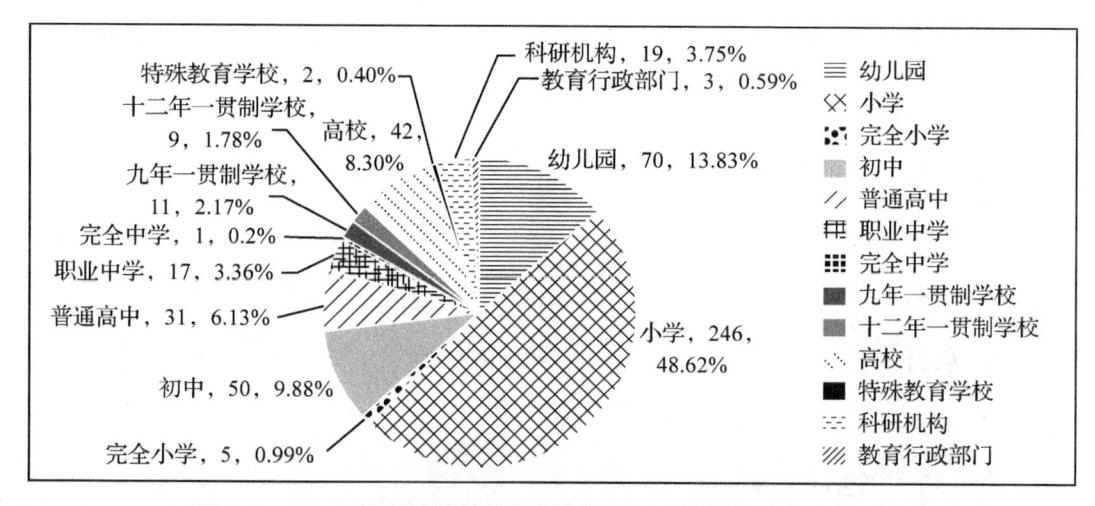

图 2-9　2021 年金华市教育科学规划立项课题研究主体分布

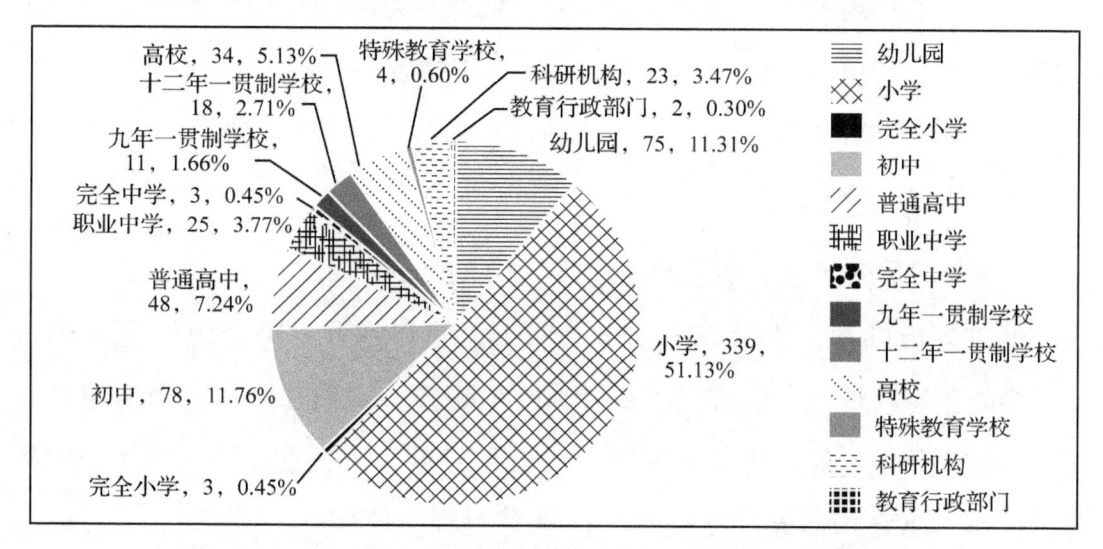

图 2-10　2022 年金华市教育科学规划立项课题研究主体分布

（二）热点分析

1. 教育改革重大科研项目研究

金华市连续三年有课题获全国教育科学规划课题立项，立项课题获国家社科基金资助，分别是浦江县实验小学的《契约文化：现代学校治理体系建设新途径》、东阳市吴宁五校的《概念构图撬动教学深度变革的实践研究》、金华第一中学的《科技高中的孵化与制度创新研究》。以上课题研究的阶段性成果在《中国教育报》等报刊上发表，起到了很好的引领与示范作用。

2. 区域教育改革重点研究

金华全市注重结合实际开展区域性教育改革重点研究，如全市特级教师实行的学科组班、导师组团的带徒新模式，婺城区开展的家校"两书一信"研究，金东区开展的劳动教育研究，开发区开展的心理健康教育研究，兰溪市开展的"三爱三立"思政教育研究，武义县开展的班集体建设研究，永康市开展的集团化教育研究，义乌市开展的品质课堂研究，东阳市开展的课题课研究，浦江县开展的课堂教学"微改革、微创新"研究，磐安县开展的表达教育研究，等等。

3. "双减"主题研究

金华市教科规划办将"双减"工作中的难点、堵点问题作为研究重点，定期组织开展金华市"双减"典型案例评选、"作业改革"专项课题和"小学生综合评价改革"专项课题研究。

三、典型工作经验

（一）分层分类推进精品课题培育

通过县市推荐、质量审核、条件保障、培育指导、督查评价等系列流程，金华市教科规划办挖掘出了一批具有前瞻性、实践性强、与形势结合紧密、有推广价值、富有特色的课题，对市级成果、省级立项课题、省级成果等进行重点培育和指导，形成了一批具有正确价值取向、可复制、可推广、立足教育教学实际的科研成果。

（二）设置专栏呈现教育热点

2022年，《金华教育》杂志以教育改革关键点"作业改革""项目化学习""评价改革""大单元学习"为"本期关注"栏目主题，从理论引领（政策解读）、本地及外地的优秀实践等角度，全方位地对主题进行了深入诠释，为金华市教育工作的深入发展梳理了优秀经验，并提出了一定的建议。

（三）技术支持打造心理健康教育品牌

聚焦校园心理安全，金华市教科规划办研发出具有高技术含量的教育工具和教学产品，建设完成了十大品牌项目，分别是心理剧、成长型思维、有准备的教育、心理辅导室文化建设、共情能力提升、正念教育、校园心理危机守门人、教育体验设计、家长教育效能提升、焦点解决教育；通过推广心理健康品牌项目建设成果，为学校心理健康教育工作提供科学原理和教育研究支持。相关成果入选浙江省中小学心理健康教育典型案例，工作专报《金华四举措构建学生心理健康防护体系助力平安复学》获省内一致认可。

第五节　2021—2022年台州市教育科研工作情况介绍

一、管理机构介绍

台州市教育监测与科学研究院（简称台州市教科院）接受台州市教育局的领导，向上对接浙江省教育科学研究院，向下对接台州市9个县(市、区)的教科所(室)，主要职能有：

(1)为台州市教育事业提供决策建议、业务咨询；

(2)对台州市教育科学发展进行整体规划，指导县(市、区)级教育科研规划工作；

(3)组织管理台州市各类教育科研课题，组织全市教育科研服务与交流活动，推广教育科研成果，组织台州市教育科研先进集体、先进个人的申报评选工作；

(4)定期组织开展台州市基础教育质量监测，配合完成国家级、省级监测任务；

(5)指导台州市学校开展心理健康教育研究工作；

(6)完成浙江省教育科学研究院、省教科规划办交办的各项任务。

二、教育科研情况分析

（一）分布特征

1. 课题类型分布情况

台州市教育科学规划研究课题主要包括浙江省教育科学规划课题、台州市教育科学规划课题和重大改革项目专项课题。2021—2022年课题类型分布情况见表2-5。

表2-5　2021—2022年台州市教育科学研究课题一览表

课题类别	省教科规划课题	市教科规划课题	重大改革专项课题
设立类型	常规性设立	常规性设立	常规性设立
申报时间	每年11月	每年10月	每年4月
立项数量(2021)	50	560	120
立项数量(2022)	42	523	90

2. 区域分布情况（表2-6）

表2-6　2021—2022年台州市教育科学研究课题分布

区域	省教科规划课题	市教科规划课题	重大改革专项课题
椒江区	12	112	21
黄岩区	8	87	14
路桥区	6	82	15
台州湾新区	3	17	10
临海市	13	156	25
温岭市	18	172	31
玉环市	7	87	16
天台县	9	91	18
仙居县	8	96	15
三门县	6	81	12
市级直属	2	102	23

（二）热点分析

1. 协同推进区域教育重大项目研究

台州市教科院围绕教育改革和发展的重点和热点，积极联合高校和有关科研机构，开展了一批重大课题研究，形成了一批理论和实践创新成果，如共同富裕背景下的城乡教育共同体建设、区域教育质量监测、小学生综合评价改革、拔尖创新人才培养机制建设等。

2. 全力推动教育科研骨干人才培养

台州市教科院重视强化市县联动，建立健全教育科研骨干培育机制，锻造了一批教育科研领军队伍，通过启动教育科研骨干研修课程、组建乡村名校建设教育科研导师团、开展基层学校教科室主任素养提升行动等，强化政策支持，推动分级培育，建立绿色通道，计划用3年时间，培养300名县（市、区）级高素质教育科研骨干人才。

3. 持续加大优秀成果培育推广

台州市教科院实施了教科研精品成果培育行动，积极探索"1+N+X"成果孵化机制，不断深化优秀成果推广应用，从2020年至2022年的3年内，共开展省市级成果推广会和送教活动20多场；成立了小学评价改革课题研究联盟，边研究、边实践、边推广，助力评价综合改革；多次邀请省内外知名教育专家指导精品成果培育工作，促进科研活力加速释放，有力助推教育高质量发展。

三、典型工作经验

（一）注重服务教育决策，水平明显提升

台州市教科院围绕教育局核心工作，持续开展专题调研，形成了多份高质量调研报告，如《共同富裕背景下加快城乡教育共同体建设的建议》《山区海岛县高质量发展课题研究报告》《台州市乡村名校建设范式迭代升级行动方案》等，受到省内广泛肯定；编写《台州教育发展报告》，全面启动台州市第一批教育科学研究重点实验室建设工作。

（二）聚焦乡村名校建设，行动全面开启

台州市教科院深入挖掘乡村名校建设成功经验，在前期充分调研的基础上，强化顶层设计，坚持示范引领、先行先试、重点突破，打造了一批乡村名校，形成了具有台州特色的乡村教育振兴示范基地。工作成果《打造"乡村名校"，走实教育共富路》被评为浙江省高质量发展建设共同富裕示范区最佳实践案例，《中国教育报》头版头条以《点亮乡村教育的熠熠星光》为题并配发评论员文章，报道了台州乡村教育的经验与做法。

（三）聚焦地方教材建设，成果持续涌现

台州市教科院充分发挥地方教材在立德树人中的重要作用，守好红色根脉，赓续优秀传统文化，加快构建地方教材使用机制，奋力打造地方教材建设的台州样板；通过"垦荒精神立心"最佳实践案例和优秀教学设计评选，弘扬红色精神，赓续优秀传统文化；以教学设计竞赛等形式扎实推进《生存教育》等地方教材的应用，加强生命健康教育，全面提升中小学生综合素养。

第六节　2021—2022 年绍兴市教育科研工作情况介绍

一、管理机构介绍

绍兴市教育科学规划领导小组办公室（简称绍兴市教科规划办）接受绍兴市教育局和绍兴市教育教学研究院的领导，向上对接浙江省教育科学规划领导小组办公室，向下对接绍兴市 6 个县（市、区）的教育科学规划领导小组办公室，主要职能有：

(1)对绍兴市教育科学发展进行整体规划，指导县（市、区）级教育科研规划工作；

(2)组织管理绍兴市各类教育科学规划课题申报、立项、中期验收与结题工作；

(3)组织管理绍兴市教育科学优秀成果奖、教育科研先进集体及先进个人的申报评选工作；

(4)组织全市教育科研服务与交流活动,推广绍兴市教育科研成果;

(5)完成浙江省教育科学规划领导小组办公室交办的各项任务。

二、教育科研情况分析

(一)分布特征

1. 课题类型分布情况

绍兴市教育科学规划课题包括绍兴市教育科学规划课题(含学科教改项目)、浙江省教科规划课题和浙江省教研课题。2021—2022年分布情况见表2-7。

表2-7　2021—2022年绍兴市教育科学研究课题一览表

课题类别	市教科规划课题 (含学科教改课题)	省教科规划课题	省教研课题
设立类型	常规性设立	常规性设立	常规性设立
申报时间	每年10月份	每年11月份	每年4月份
申报对象	县(市、区)及市直单位(学校)		
立项数量(2021)	226(市教科规划课题)+ 426(学科教改课题)	22	30
立项数量(2022)	246(市教科规划课题)+ 436(学科教改课题)	29	27

2. 学段分布情况

绍兴市教育科学规划课题的申报面向全市各级各类单位(学校),申报主体涵盖全市幼儿园、中小学、中等职业技术学校、特殊教育学校和教研机构等。2021—2022年立项课题学段分布情况如图2-11和图2-12所示。两年间对比如图2-13所示。

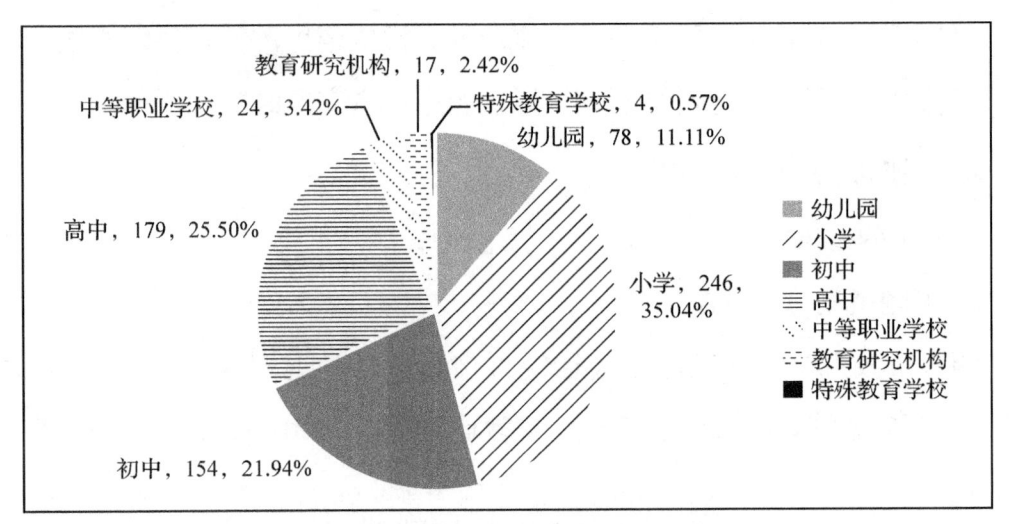

图 2-11　2021 年绍兴市教育科学规划课题学段分布

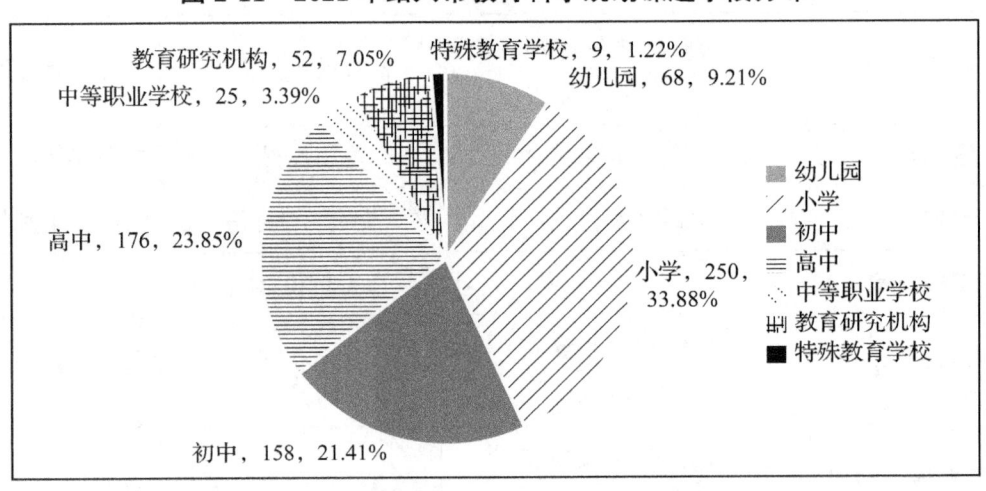

图 2-12　2022 年绍兴市教育科学规划课题学段分布

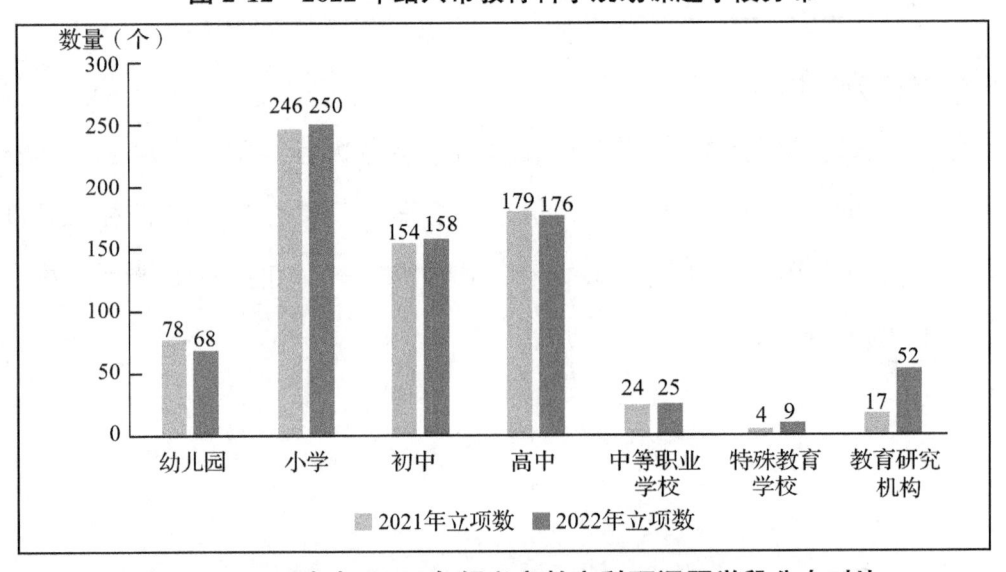

图 2-13　2021 年与 2022 年绍兴市教育科研课题学段分布对比

（二）热点分析

1. 教育改革重大科研项目研究

绍兴市积极开展教育改革重大科研项目研究（表 2-8），现有多个省级实验区和试点区，如省"改进学校教学管理"试点区、省"大数据精准教学"实验区、省"义教段作业改革"实验区、省"小学生综合评价改革"试点区、市"项目化学习"试点区、市"初中基础学科分层走班教学"实验区等，围绕这些实验区、试点项目进行课题研究，工研并行，相互促进。

表 2-8 绍兴市教育改革重大科研项目一览表

地区	项目	阶段性研究成果
全市域	初中基础学科分层走班教学	省教科规划课题立项，多个市规划课题立项，专著出版一本，发表论文若干
全市域	项目化学习	省规划课题立项，项目化学习研学共同体成立，各县（市、区）调研和阶段性展示完成
全市域	小学生综合评价改革	上虞区成为省"小学生综合评价改革"试点区
全市域	大数据精准教学	上虞区成为省"大数据精准教学"实验区
全市域	改进学校教学管理	上虞区成为省"改进学校教学管理"试点区
全市域	大中小学思政教育一体化建设	省教科规划课题立项，协同教研活动开展

2. 区域教育改革重点研究

依托区域性整体建设项目，绍兴市持续探寻重点领域和学科关键问题解决中的新突破。2019 年启动、2023 年已开展第二批研究的"品质课堂"深化行动研究项目，2021 年启动的区域大中小课程思政一体化行动和 2021 年启动的区域初中分层走班教学行动等被列入省教研工作亮点。

3. "双减"主题研究

绍兴市以课题研究为抓手落实"双减"，获得了亮眼的成果：《数据驱动助力初中作业减负的行动研究》被确定为省教科规划专项课题；《绸乡丝源：织出课后服务新图景》被列入浙江省"双减"案例；《项目化学习：开展深度学习的实践探索》《以球育人：奠基孩子一生的健康与幸福》《家校社联动：让兰乡飘满书香》和《数据"实证"撬动作业减负增效》共 4 个案例列入全省"双减"优秀实践案例。

三、典型工作经验

（一）依托一个教研论坛，创设研训员交流平台

绍兴市教育教学研究院通过开设教研工作微创新论坛，鼓励研训员围绕学科教研工作开展课题研究，整合学科调研和教研、学科教研和科研，开展系统、务实、深度的课题研究；聚焦特定主题，通过研训员间相互交流和省内外专家主旨报告相结合的方式，助推研训员的专业发展，推动区域教研课题的开展、教研亮点的梳理总结和教研成果的交流分享，认真履行了研究院"研究、指导、服务、管理"的基本职能，提升了研训活动的质量，从教研角度助力绍兴教育发展。

（二）优化两个评审机制，规范教育科研评审工作

2022 年，绍兴市教育教学研究院制定了《2022 年绍兴市规划课题优秀成果评审与管理方案》，成立成果评审小组，确立评审方向和数量，通过"五阶段"组织严格评审：一是组建专家库，聘请学术水平高、五年内有省级及以上的课题立项或奖项的区域内特级或正高级专家参与评审；二是规范操作流程，从材料整理、联系专家、成果评审到成绩汇总、奖项评定，每个阶段分别由专人负责；三是明晰评审方向，将评审方向分为常规研究方向、重点关注方向和重要研究方向三种，在评审时按统一的标准确定课题类型；四是明确评审数量和标准，设定一级指标、二级指标和对应分值，强调课题的专业性、规范性、实证性、连续性和可行性；五是加强评审管理机制建设，确立了纪检全程监督、项目实施平行监督、评审结果集体研判、评审档案及时归档的评审管理机制。

（三）建设三个团队，加大教育科研的指导引领

绍兴市教育教学研究院从学科教研团队建设、学校基地培育和专家指导引领三个方面，统筹推进教育科研工作，汇聚学校、一线教师及教育专家之

力，加大对区域教育科研工作，尤其是对各级课题研究、教育改革研究的指导和引领；充分依托各学科名师或骨干组成的研学共同体，关注课程改革、教育改革、考试改革中的教学问题，参与命题、作业改革研究，使研究成果贴合实际需求，引领教学改革，切实提升学科教学质量，同时加强对学科教学相关立项课题的指导；创新教育科研基地培育机制，对基地和培育基地进行年度考核，公布考核结果并开展考核交流会，以教育科研"先富"带"后富"、以优带弱、以点带面，真正发挥基地的示范作用和辐射力；组建市教育科研指导委员会，指导教师开展课题和教改项目研究，积极组织市级教育科研培训活动，参与科研成果评价，在全市推广教育科研优秀成果，发挥教育科学研究对一线教学的引领作用。

第七节 2021—2022年嘉兴市教育科研工作情况介绍

一、管理机构介绍

嘉兴市教育科学规划领导小组办公室（简称嘉兴市教科规划办）接受嘉兴市教育局和嘉兴教育学院的领导，向上对接浙江省教育科学规划领导小组办公室，向下对接嘉兴市共7个县（市、区）的教育科学规划领导小组办公室。主要职能有：

(1)对嘉兴市教育科学发展进行整体规划，指导市级、县级教育科研规划工作，负责向全市中小学提供教育科研指导，推动群众性教育科研工作；

(2)制订教育科学研究规划，管理嘉兴市各类教育科学规划课题，组织课题立项、专家指导、成果鉴定、课题评审等工作；

(3)组织管理嘉兴市教育科学研究优秀成果奖，教育科研先进集体、先进个人，教育科研优秀论文等的申报评选工作；

(4)开展对教育改革与发展中重大问题的研究和教育政策研究，组织全市教育科研学术研讨活动、服务与交流活动，总结、推广嘉兴市教育科研成果；

(5)做好中小学心理健康教育和家庭教育的业务指导；

(6)完成浙江省教育科学规划领导小组办公室交办的各项任务。

二、教育科研情况分析

（一）分布特征

1. 课题类型分布情况

2021年，嘉兴市全市教育科研立项课题660项（表2-9），其中浙江省教科规划课题59项，浙江省教育厅教研室教学研究课题36项，嘉兴市规划课题224项，嘉兴市微型课题210项，嘉兴市"区域一体化发展视域下初高中衔接教育"专项课题29项，嘉兴市教研员专项课题33项，嘉兴市教师教育专项课题35项，嘉兴市教育技术专项课题34项。

2022年，嘉兴市全市教育科研立项课题726项（表2-9），其中浙江省教科规划课题52项，浙江省教育厅教研室教学研究课题41项，嘉兴市规划课题224项，嘉兴市微型课题210项，嘉兴市德育、心理健康教育、家庭教育专项课题35项，嘉兴市"名校长培养工程"专项课题55项，嘉兴市小学综合评价专项课题34项，嘉兴市"双减"认定性专项课题40项，嘉兴市教育技术专项课题35项。

表 2-9　2021—2022年嘉兴市教育科学规划课题一览表

课题级别	省级		市级		
课题类别	省教科规划课题	省教研课题	市规划课题	市微型课题	专项课题
设立类型	常规性设立	常规性设立	常规性设立	常规性设立	根据全市工作计划开设
申报时间	每年11月	每年3月	每年5月	每年9月	根据工作计划设定
申报对象	县（市、区）及市直单位（学校）				
立项数量（2021）	59	36	224	210	131
立项数量（2022）	52	41	224	210	199

2. 学段分布情况

嘉兴市教育科学规划课题的申报面向全市各级各类单位(学校)，申报主体涵盖全市幼儿园、中小学、中等职业技术学校、高校等。2021—2022 年立项课题学段分布情况如图 2-14 和图 2-15 所示。

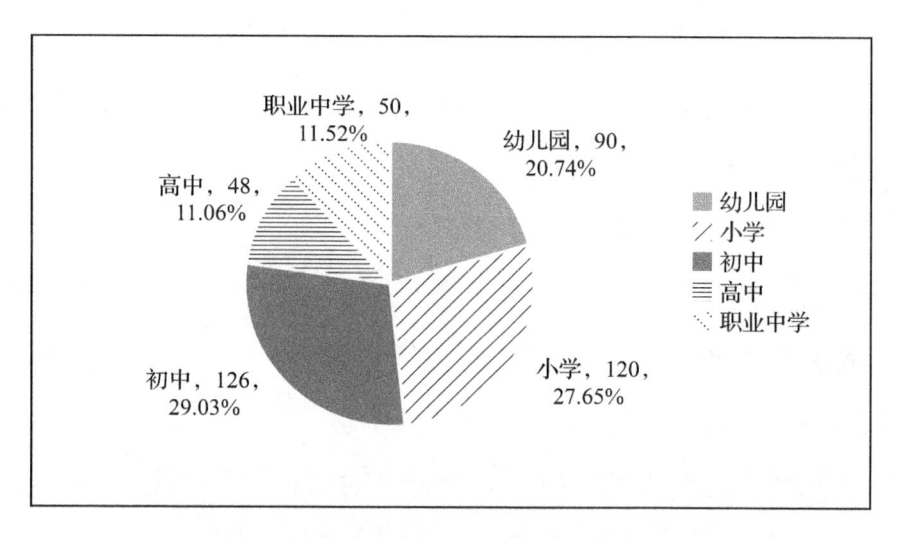

图 2-14　2021 年嘉兴市教育科学规划立项课题研究主体分布

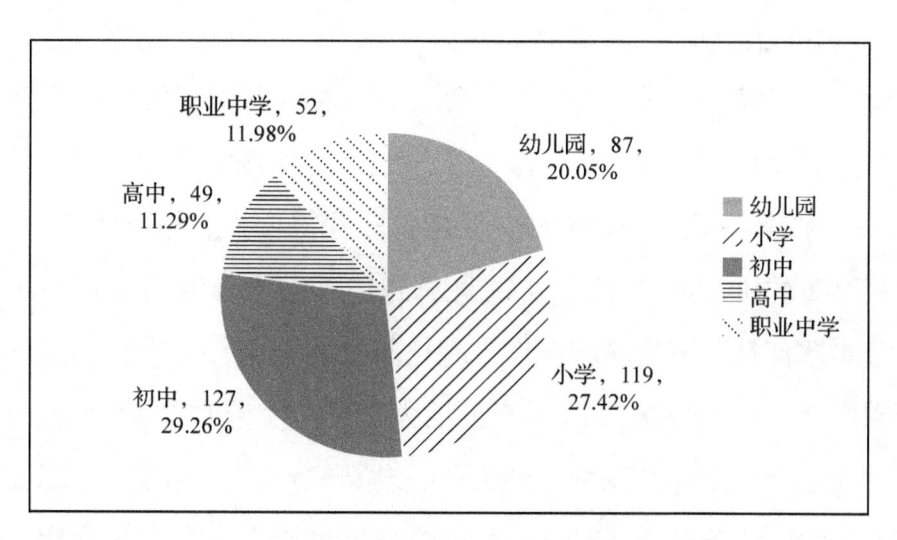

图 2-15　2022 年嘉兴市教育科学规划立项课题研究主体分布

（二）热点分析

1. 教育改革重大科研项目研究

嘉兴市成功立项 2022 年国家社会科学基金"十四五"规划教育学一般课题

"指向工程思维的高中通用技术开放性试题命题研究",完成开题论证工作;以教育部委托课题"以评价为导向促进学生全面发展的区域改革实践研究"为主线,组织开展开题论证会、实践推进会、互动研讨会等活动;召开教育部委托课题的研讨活动,进一步完善课题研究的具体实施内容,确定评价的维度,细化考核内容,研制和出台评价文件,考查各地各校的评价办法,构建了以综合评价为导向促进学生全面发展的区域改革的嘉兴实践模式,以高层次研究构建宏观视野。

2. 提优增质,激发区域科研发展活力

为推动区域教育科研发展,嘉兴教育学院主要从以下三个方面开展工作。一是特色服务点亮品质研究之智。嘉兴教育学院每年召开"科研共富、均衡发展"进校送服务活动,先后到凤桥镇中学、桐星学校等5所农村学校开展科研下乡活动,通过观摩、研讨、课题面对面指导等活动,进一步提升农村教师的教育科研水平。聚焦教育科研热点问题,《嘉兴教育》推出"喜迎建党百年,讲好红船旁的教育故事""落实'双减'提质增效""教育共富"等主题征稿活动。二是强基工程点亮科研队伍之智。嘉兴教育学院组织召开了嘉兴市第十二届教育科研工作大会,展示了一批全市教育科研的优秀成果,表彰了2019—2020年嘉兴市教育科研先进集体、先进个人、科研型校长;以"五育并举视域下的研训方式变革"为主题,组织开展了针对教育研训人员的教育学术节主题征文。三是区域合作点亮科研视野之智。对接长三角一体化建设,嘉兴教育学院组织嘉兴市"教育的活力"征文及"温暖的教学"教育科研主题征文评比活动;组织"'双减'背景下家校协同育人的新实践"主题征文,评出一等奖6篇、二等奖30篇,报送15篇至2022年第五届长三角家校合作主题论坛征文;与沙雅县教育和科学技术局联合组织开展云端科研专项培训活动,在嘉善姚庄中心学校召开长三角生态绿色一体化发展示范区(嘉善)教育实验区(镇)"特色与示范"专项课题中期研讨活动,面对面指导课题19个;组织嘉兴市第十三届教育科学规划研究成果奖评审工作,实行限额申报制度,评审综合规划类课题成果和微型课题成果共 465 项；开展嘉兴市第九轮教育科研基地评审，在全市范围内共审定科研基地 139 所。

3. 机制创新，锻造区域科研服务品牌

2022 年，嘉兴市教育局、嘉兴教育学院举办了嘉兴市首届教育"共富嘉里"研博会暨教育协作"云论坛"活动，开展了优秀成果推广与专项招标课题评审工作，在活动中推广了多项教科研优秀成果。2022 年 12 月，嘉兴教育学院举办了嘉兴市首届教育研训学术节，开展"科研共富、均衡发展"进校送服务活动，走进农村学校，提供面对面指导，提升农村教师的教育科研水平。

三、典型工作经验

（一）举办嘉兴市首届教育研训学术节

以"五育并举视域下的研训方式变革"为主题，嘉兴教育学院召开嘉兴市首届教育研训学术节，并通过教研网全程直播，以"精进：优学在嘉看五育""深潜：成就良师开新篇""跃升：再攀高峰逐梦行"系列主题论坛提升全市教师教育研训水平。

（二）组织嘉兴市首届教育"共富嘉里"研博会暨教育协作"云论坛"活动

嘉兴教育学院组织开展了嘉兴市首届教育"共富嘉里"研博会暨教育协作"云论坛"活动，从 5 个主题对精选的 10 项成果进行集中展示，用教科研优秀成果激活学校教学质量提升核心力，以共享交流激发对口地区教育共富新动能。

（三）积极宣传"嘉心"教育活动

嘉兴教育学院开通"88517885"（帮帮我一起帮帮我）24 小时心理热线，通过媒体宣传报道嘉兴心理服务总站开展的"嘉心"教育活动，扩大心理健康服务的辐射范围；在《嘉兴日报》开设"心灵'嘉'油站"专栏，每周二、周四推送心理辅导案例；通过"嘉兴教育发布"微信公众号报道"嘉心"教育活动，多渠道、全方位地提供心理健康指导。

第八节 2021—2022年湖州市教育科研工作情况介绍

一、管理机构介绍

湖州市教育科学规划领导小组是湖州市教育科学规划研究课题的管理机构，领导全市教育科学规划工作，制订课题管理办法，审批规划课题，管理重大学术交流活动的开展和重要科研成果的宣传推广工作。

湖州市教育科学规划领导小组办公室（以下简称湖州市教科规划办）是湖州市教育科学规划领导小组的职能部门和办事机构。湖州市教科规划办设在湖州市教育科学研究中心，主要职能有：

(1)组织湖州市教育科学规划的制定和实施，组织课题评审立项，负责课题日常管理；

(2)组织管理湖州市教育科研优秀成果奖和教育科研先进集体、先进个人的评选工作；

(3)组织学术交流活动，推广优秀教育科研成果；

(4)协助省教科规划办完成省级规划研究课题的日常管理，指导县（市、区）级教科规划办和市直属学校教科室开展教育科研管理工作。

二、教育科研情况分析

（一）分布特征

1. 课题类型分布情况

湖州市教育科学规划课题包括湖州市教育科学规划课题、市属教育科学规划课题、以及市教育科学规划专项课题（含"落实'双减'""提质增效""体教融合"专项课题）。2021—2022年立项课题类型分布情况见表2-10。

表 2-10 2021—2022 年湖州市教育科学规划课题类别及立项数量

课题类别	市规划课题	市属规划课题	专项课题		
			"落实'双减'"专项	"提质增效"专项	"体教融合"专项
设立类型	常规性课题	常规性课题	2022年首次设立		
申报时间	设立当年12月				
申报对象	全市幼儿园、中小学、中等职业技术学校等	市属中学、中等职业技术学校等	全市中小学	全市普通高中	全市中小学、中等职业技术学校等
立项数量(2021)	255	17	—	—	—
立项数量(2022)	218	24	49	16	29

2. 学段分布情况

湖州市教育科学规划课题的申报面向全市各级各类单位(学校),申报主体涵盖全市幼儿园、中小学、中等职业技术学校等。2021—2022 年立项课题学段分布情况如图 2-16 和图 2-17 所示。

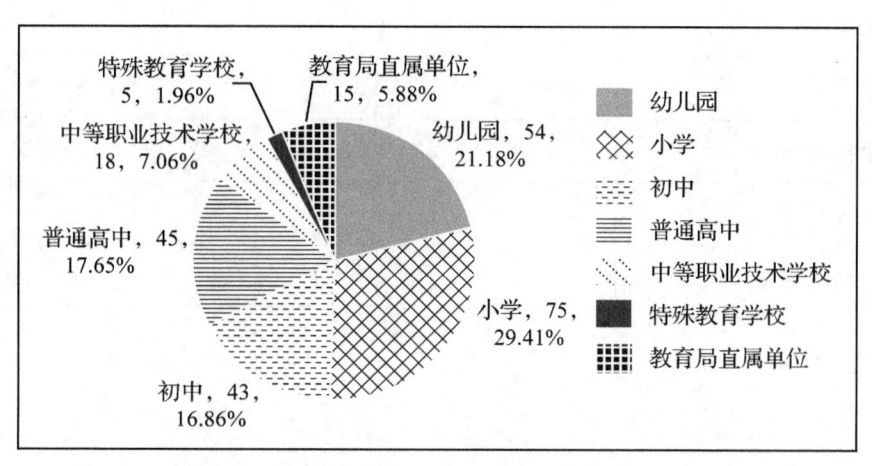

图 2-16 2021 年湖州市教育科学规划立项课题研究主体分布

特殊教育学校,5,1.96%
教育局直属单位,15,5.88%
中等职业技术学校,18,7.06%
幼儿园,54,21.18%
普通高中,45,17.65%
小学,75,29.41%
初中,43,16.86%

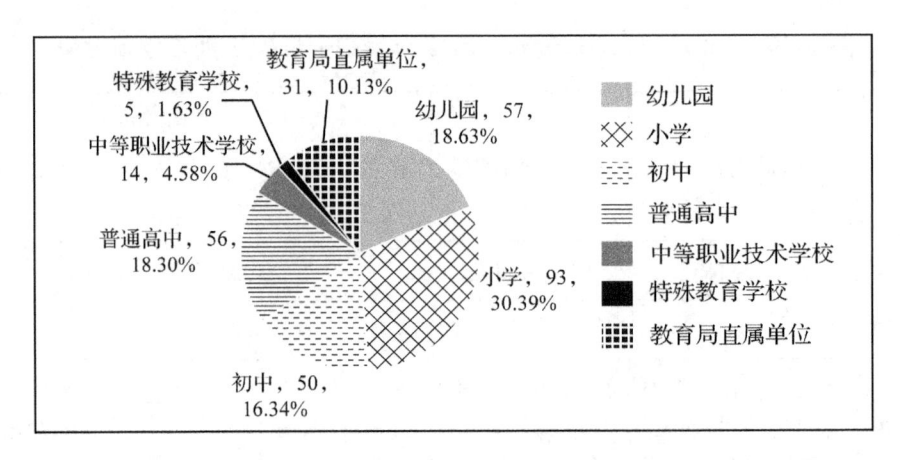

图 2-17 2022 年湖州市教育科学规划立项课题研究主体分布

3. 区域分布

湖州市 5 个县(区)及市直属单位申报的教育科学规划课题的立项情况如表 2-11 和表 2-12 所示。

表 2-11 2021 年湖州市教育科学规划立项课题区域分布

	吴兴区	南浔区	德清县	长兴县	安吉县	市属	总计
幼儿园	13	10	9	16	6	0	54
小学	17	18	13	17	9	1	75
初中	9	5	8	8	6	7	43
普通高中	0	0	5	3	5	32	45
中等职业技术学校	0	0	0	2	2	14	18
特殊教育学校	0	0	1	0	0	4	5
教育局直属单位①	6	3	0	1	2	3	15

①教育局直属单位包括教科研中心、师训中心、考试中心、保障中心和职成教研中心等。

表 2-12　2022 年湖州市教育科学规划立项课题区域分布

	吴兴区	南浔区	德清县	长兴县	安吉县	市属	总计
幼儿园	11	13	11	15	7	0	57
小学	25	17	18	21	11	1	93
初中	16	7	8	8	8	3	50
普通高中	0	0	8	7	4	37	56
中等职业技术学校	0	0	1	3	0	10	14
特殊教育学校	0	0	0	0	0	5	5
教育局直属单位	7	5	5	7	2	5	31

（二）热点分析

1. 发挥长三角地域优势

湖州市教科规划办坚持理念引领，充分发挥地处长三角地区的优势，积极组织参与长三角地市联合活动，如长三角家校合作论坛、"黄浦杯"长三角城市群系列活动等，发动骨干科研力量，放眼省内外，学习最新的理念和先进经验，以促进湖州市教育科研的不断发展。

2. 围绕热点，组织开展专项研究

为服务湖州市的教育改革发展，挖掘教育工作亮点，推动教育特色形成，湖州市教科研中心组织开展了"劳动教育"专项课题研究，湖州市教科规划办组织开展了"落实'双减'""体教融合""提质增效"等专项课题研究，鼓励教师围绕教育热点开展研究。

3. 关注心理健康教育热点难点，提升社会幸福感

(1)关注心理危机，保障学生发展。

湖州市"37 度心理"发展中心通过开通 24 小时微信客服和热线电话"2035512"，为大众提供全方位的心理健康服务，如知识普及、心理咨询预约等相关服务，并根据需要安排专家开展心理健康讲座，在每周六和每周日开展公益咨询活动。

(2)聚焦家庭教育，使家庭更幸福。

湖州市教科规划办充分利用《家庭教育指导手册》，指导学校、社区等单位在开展家长学校时加大对概念解读和应对策略两大板块的科普力度，使家长学校工作更规范、更完善，实现家庭教育全覆盖、基层化及精准化。

三、典型工作经验

（一）加强课题成果的培育与孵化

湖州市教科规划办为提升参与课题研究的教师的理论水平与实践能力，举办了多场专题培训等活动，切实提高了与会教师的科研能力及科研行动力。

为提升教育科研工作者的科研水平，进一步加强其对教育科研成果的提炼与表达能力，湖州市教育科学规划领导小组决定，从 2022 年起，于每年 9 月上中旬开展"课题成果的提炼与表达"专题培训活动。活动伊始，由获上一年度浙江省教育科学研究优秀成果一等奖的课题组介绍研究成果；接着，由湖州市教科规划办组织开展"教育科研成果的提炼与表达"专题培训，从成果评审要求、课题文本规范、文本美化与提升三方面培训与会者的科研表达能力，并为即将参加下一年全省教育科学研究优秀成果奖评选活动的课题组指明方向。

（二）完善教育改革管理相关制度

温州市教科规划办构建了基于检查、指导、考核、评价流程的课题管理制度，使湖州市的教育科研质量具备了坚实的制度保障和依托。经过多年的试行与总结，湖州市逐渐建立了"节点考核、量化积分、分层评价"的课题管理制度。实践证明，基于此制度管理的课题研究质量不断提高，同时此制度能够使参与课题研究的教师潜心研究、致力于提高课题研究水平与质量，对课题及研究人员均发挥了良好的导向作用。

（三）推行数字化管理，使心理健康服务精准化

1. 规范测量体系，对接城市大脑

湖州市教科规划办进一步规范全市中小学生(不含一至三年级)心理健康测量工作，建立帮扶结对制度，统一安排专业人员帮助学校开展心理危机评估工作；通过专业的筛查，将高危群体信息加密后接入数字城市系统，实现对高危群体的动态管理。

2. 利用省级平台，实现智能预防

湖州市全市所有学校注册并加入了浙江省中小学心理危机管理平台。平台中提供的数据使县(市、区)各级学校都能及时获得各地心理健康的动态信息，平台同时也向学校提供经过智能分析得到的区域、学校、班级及学生个体的心理危机预警信息，为学校精准开展心理健康教育工作提供依据，学校也能通过平台得到心理专家的支持与指导。

3. 优化市级平台，强化纵向管理

湖州市教科规划办优化了湖州市中小学心理健康数字化管理平台，将各种信息的录入情况进行展示，建立直观实时的"驾驶舱"，同时借助对学籍编号强化了对学生在市内流动的信息管理，真正做到了对心理危机学生的全方位、跟踪式、预防式、干预式的纵向数字化管理。

第九节 2021—2022年衢州市教育科研工作情况介绍

一、管理机构介绍

衢州市教育科学规划领导小组办公室(简称衢州市教科规划办)接受衢州市教育局的领导，向上对接浙江省教育科学规划领导小组办公室，向下对接衢州市6个县(市、区)的教育科学规划领导小组办公室，主要职能有：

(1)对衢州市教育科学发展进行整体规划，指导市级、县级教育科研规划工作；

(2)组织管理衢州市各类教育科学规划课题申报、立项、中期验收与结

题工作；

(3)组织管理衢州市教育科学优秀成果奖、教育科研先进集体和先进个人、教育科研优秀论文的申报评选工作；

(4)组织全市教育科研服务与交流活动，推广衢州市教育科研成果；

(5)做好中小学心理健康教育和家庭教育的业务指导；

(6)完成浙江省教育科学规划领导小组办公室交办的各项任务。

二、教育科研情况分析

（一）分布特征

1. 课题类型分布情况

衢州市教育科学规划课题包括衢州市教育科学重点规划研究课题、市教育科学一般规划研究课题、市教师个人小课题、市教育科学规划"孵化"系列专项课题。2021—2022年立项课题类型分布情况如表2-13所示。

表2-13 2021—2022年衢州市教育科学规划课题一览表

课题类别	重点课题	一般课题	教师个人小课题	"孵化"专项课题
设立类型	常规性课题	常规性课题	常规性课题	2020年首次设立
申报时间	每年3月	每年3月	每年3月	设立当年9月
申报对象	县(市、区)及市直单位(学校)			
立项数量(2021)	88	200	249	20
立项数量(2022)	89	226	250	24

2. 学段分布情况

衢州市教育科研课题的申报面向全市各级各类单位(学校)，申报主体涵盖全市幼儿园、中小学、中等职业技术学校、高校等。2021—2022年立项课题学段分布情况如图2-18和图2-19所示。

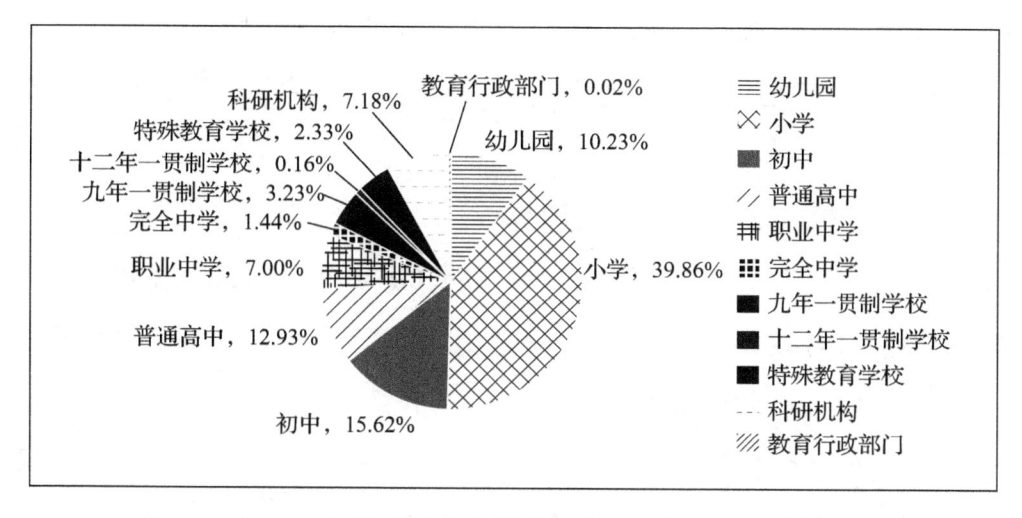

图 2-18　2021 年衢州市教育科学规划立项课题研究主体分布

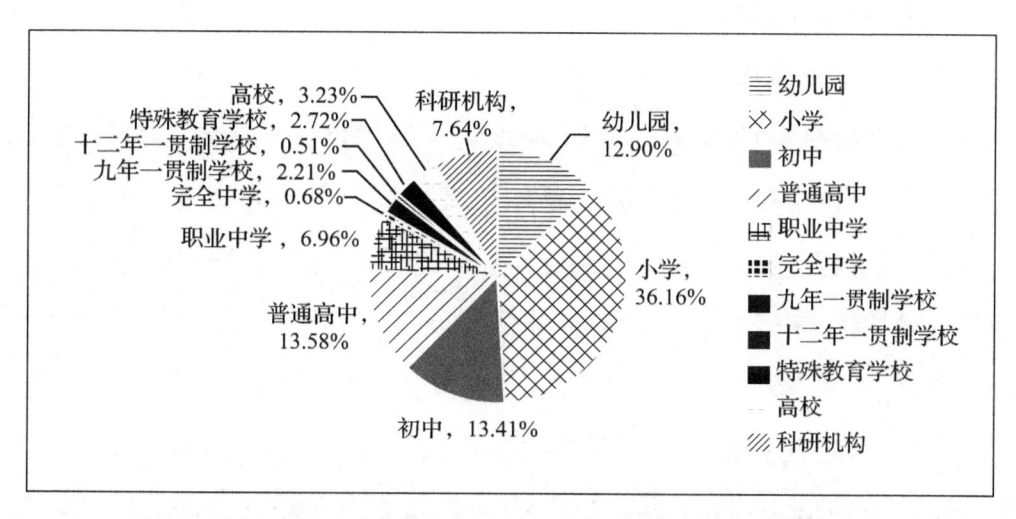

图 2-19　2022 年衢州市教育科学规划立项课题研究主体分布

（二）热点分析

1. 加强区域教育综合改革

围绕教学热点和难点问题，衢州市推进了系统性的教育领域综合改革，例如，为积极应对新高考改革，组建了新高考研究项目小组；紧扣义务教育阶段"学为中心"思想，以"互联网＋义务教育""结对帮扶学校""农村学校小班化教学改革""初中学校分层走班教学改革"等项目为抓手，积极开展课堂教学和育人方式转型的实践；引导特殊教育学校开展听障、智障、脑瘫等康复研究;在职业教育领域,着重开展"五统筹"和"双高"建设研究。通过系列教育改革,衢州市打造了"南孔学地·教育有礼"品牌,全面推进教育现代化。

2. 注重区域教育改革重点课题研究

衢州市各县(市、区)结合区域实际开展了区域性教育改革重点研究,如柯城区开展的义务教育学业水平改革研究、衢江区开展的作业改革研究、龙游县开展的教师全员阅读策略研究、江山市开展的学科分项等级评价研究、常山县开展的城乡学校"1+1"协同路径研究、开化县开展的全科教师培养研究。这些重点研究充分发挥多元参与、协同研究、合力育人的作用,切实破解区域教育发展之困境。

3. 推进区域教育改革专题研究

为了加大成果培育力度,基于"早发现、早培育、早指导"的思路,2020年衢州立项首批"孵化"专项课题。衢州市教科规划办指导课题研究人员从基层找经验,创设互帮互助的交流平台,让研究团队从实处出发,收集一线教学经验及以往优秀教研做法,"打有准备的仗";先后设立了拼团招募类、疫情教学类、"双减"类、小学生综合评价改革类等"孵化"专项课题;组织"学教方式优化"课题联盟活动,基于"搭建平台、抱团研究、集中攻关、分类突破"的思路,将近年来37项在研省市级课题研究人员组建为研究联盟;聚焦学生学习方式优化和教师教学方式优化,围绕项目化学习、合作学习、实践学习、场馆学习、分层教学、学习进阶、教育脑科学运用及学困生帮扶等具体主题,举办研讨交流活动,激发教研人员的工作热情,为相关领域的教育研究提供新思路。

三、典型工作经验

(一)打造"实·效"型科研管理体系

衢州市教育科学研究所致力于打造"实·效"型科研管理体系,遵循区域教育科研"三步三环"路线(价值引领—管理跟进—技术服务),以节点管理为具体抓手，抓好申报指导、立项培训、开题论证、中期检查、结题鉴定、成果推广六个关键时间点，保障研究质量，不断完善市课题研究与管理流程，健全实创型区域教育科研体系。

（二）策划科研骨干专题研修系列活动

以队伍建设为着力点，衢州市教科规划办创设了多样化的研修活动平台，切实加强县级教科室负责人、学校教科室主任和教科研骨干教师三支队伍的建设，举办教师科研方法运用、教科研骨干教师研修、教科室主任素养提升等主题培训，围绕区域科研的过程管理、骨干培养、活动策划、成果指导等开展专题研修，组织开展青年骨干教师读书分享活动，借助阅读提高教师的教育科研能力，从而提升区域教科研品质。

（三）构建交互式心理健康服务平台

为落实立德树人根本任务，根据衢州市《关于开展我市中小学心理健康"一二五七"行动的通知》《关于实施学校心理健康提升工程的通知》《关于落实"哆唻咪"工作机制进一步加强学生心理健康工作的通知》等相关条例要求，衢州市教育科学研究所从心理健康驿站建设、心理健康热线开设、心理健康教师配备、心困学生摸排等方面提供心理健康服务，借助数字化平台协助各地各校培育具有影响力的心理健康教育特色项目，如龙游县推出的"走心驿站"未成年人心理健康服务应用，该应用成功入选了浙江省数字文化系统第四批优秀应用，为其他县市提供了可供借鉴的成功经验。

第十节 2021—2022年丽水市教育科研工作情况介绍

一、管理机构介绍

丽水市教育科学规划领导小组办公室（简称丽水市教科规划办）接受丽水市教育局和丽水市教育教学研究院的领导，向上对接浙江省教育科学规划领导小组办公室，向下对接丽水市9个县（市、区）的教育科学规划领导小组办公室，主要职能有：

(1)对丽水市教育科学发展进行整体规划,指导市级、县级教育科研规划工作;

(2)组织管理丽水市各类教育科学研究课题申报、立项、中期验收与结题工作;

(3)组织管理丽水市教育科学优秀成果奖、教育科研先进集体和先进个人的申报评选工作;

(4)组织全市教育科研服务与交流活动,推广丽水市教育科研成果;

(5)完成浙江省教育科学规划领导小组办公室交办的各项任务。

二、教育科研情况分析

(一)分布特征

1. 课题类型分布情况

丽水市教育科研课题包括丽水市教育科学研究重点课题(简称市重点课题)、丽水市教育科学研究一般课题(简称市一般课题)、丽水市教育科学研究专项课题(简称市专项课题)。2021—2022年立项课题类型分布情况如表2-14所示。

表2-14　2021—2022年丽水市教育科学规划课题一览表

课题类别	市重点课题	市一般课题	市专项课题
设立类型	常规性课题	常规性课题	不固定
申报时间	每年3月	每年3月	设立当年的3月或8月
申报对象	县(市、区)及市直单位(学校)内参与教科研工作的教育工作者		
立项数量(2021)	36	221	80
立项数量(2022)	52	219	78

2. 学段分布情况

丽水市教育科研课题的申报面向全市各级各类单位(学校),申报主体涵盖全市幼儿园、中小学、科研机构等。2021—2022年立项课题学段分布情况如图2-20和图2-21所示。

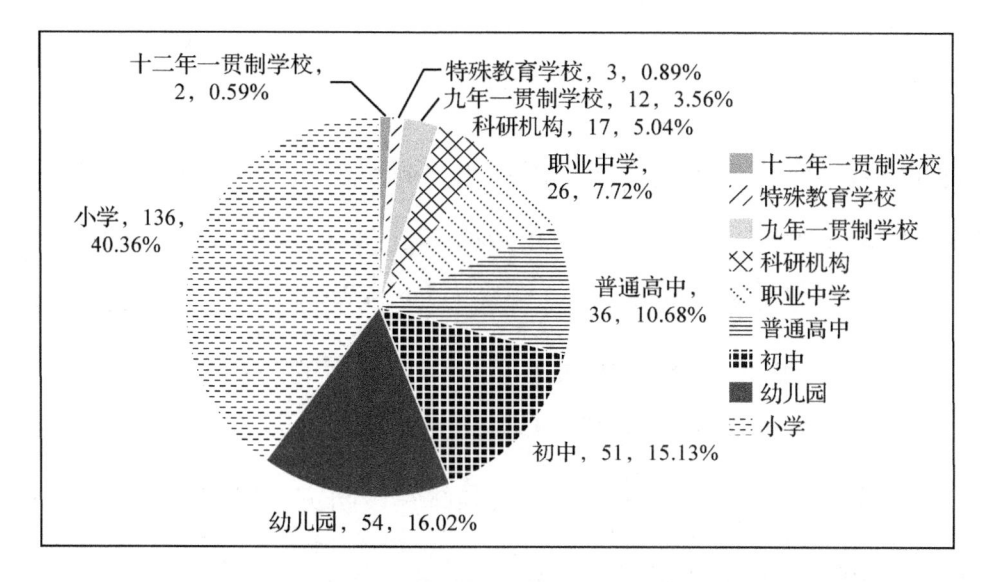

图 2-20　2021 年丽水市教育科学研究立项课题研究主体分布

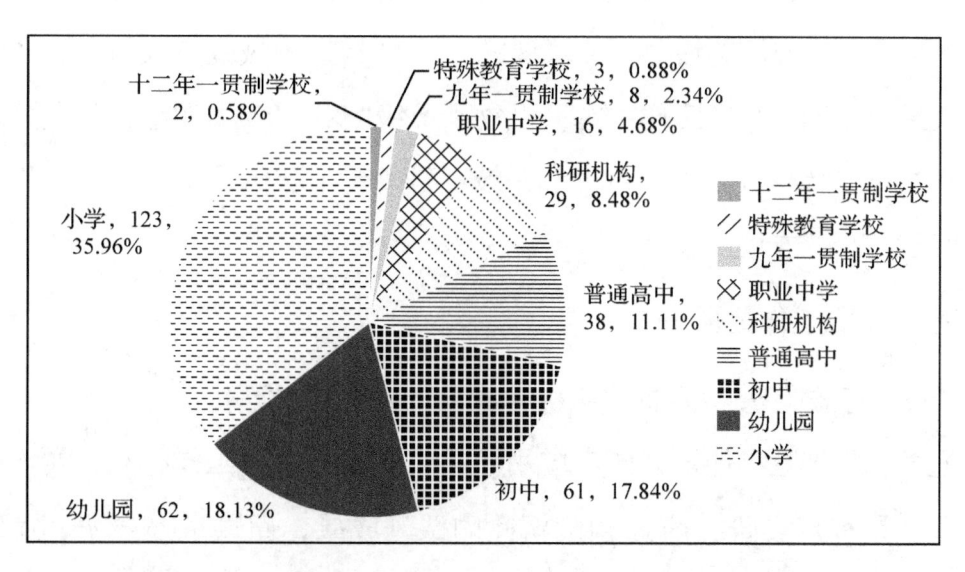

图 2-21　2022 年丽水市教育科学研究立项课题研究主体分布

（二）热点分析

1. 省级优秀成果不断涌现

丽水市连续三年有课题研究成果荣获浙江省教育科学研究优秀成果奖一等奖：缙云中学申报的《基于大概念的高中生物教学实践研究》、丽水市实验学校申报的《借助木制学具培养小学数学高阶思维的研究》、丽水市教育教学研究院的《高中数学信息化情境教学的实践研究》。以上课题研究成果在全市起到了良好的引领与示范作用。

2. 区域教育改革重点研究

丽水市各地围绕教育改革和发展的重点领域，结合实际开展教育理论和实践创新探索，如莲都区开展的幼儿发展评价研究，缙云县开展的育人模式研究，遂昌县开展的教学模式研究，松阳县开展的学科项目化学习研究，景宁县开展的"全员晒课"研训制度研究，云和县开展的"木玩"与学科教学的融合研究，龙泉市开展的乡土课程开发与实践研究，庆元县开展的学科有效教学研究，青田县开展的城乡教育教学共同体建设研究，等等。

3. 专项课题研究

根据丽水市教育事业发展需要，丽水市教育教学研究院围绕教育改革发展中的热点、难点问题设立了专项课题，2022年，为鼓励广大教育工作者把研究成果应用到"双减"工作中去，设立了市级"双减"专项课题；为充分发挥以"绿谷名师""绿谷名校长"为核心的教育科研骨干队伍的引领示范作用，设立了"绿谷双名"专项课题。

三、典型工作经验

（一）行政驱动：发挥省级优秀成果示范引领作用

通过学习借鉴其他地区推广应用优秀成果的方法与工作经验，丽水市挖掘出一批具有真实研究成效和创新性的课题成果，通过举办沙龙、媒体宣传、专题报告、成果展示等形式进行推广，为全市中小学教师开展课题研究提供借鉴。

（二）协作互动：提升全市教育科研骨干队伍水平

丽水市高度重视以教研员、名校长、名教师和各校科研负责人为核心的教育科研队伍建设，定期举办教育科研能力提升培训班，加强与地方高校、发达地区的交流合作，开发共性化、个性化、展示化课程，寻求多种方法来增强培训效果，努力满足一线教师日益增长的科研需求。

（三）平台联动：加强本土教科研指导专家库建设

为进一步加强全市各县间的教科研联动，丽水市整合了科研资源，搭建了科研培训、指导、交流平台，通过改进开题论证和中期检查等环节的工作机制，探索教科研检查指导团成员培养策略，如榜样示范、学术讲座、跟踪对话、合作研究等，加快本土教育科研指导专家队伍建设。

第十一节 2021—2022年舟山市教育科研工作情况介绍

一、管理机构介绍

舟山市教育科学规划领导小组办公室（简称舟山市教科规划办）接受舟山市教育局的领导，向上对接浙江省教育科学规划领导小组办公室，向下对接舟山市4个县(区)的教科室，主要职能有：

(1)对舟山市教育科学发展进行整体规划，指导市级、县级教育科研规划工作；

(2)组织管理舟山市教育科学规划各类课题申报、立项、中期验收与结题工作；

(3)组织管理舟山市教育科学优秀成果奖、教育科研先进集体和先进个人、教育科研优秀论文的申报评选工作；

(4)组织全市教育科研服务与交流活动，推广舟山市教育科研成果；

(5)完成浙江省教育科学规划领导小组办公室交办的各项任务。

二、教育科研情况分析

（一）分布特征

1. 课题类型分布情况

舟山市教育科学规划课题包括舟山市教育科学规划研究课题、舟山群岛新区教育品牌孵化培育项目、"幼儿园生态文明教育"专项课题。2022年立项课题类型分布情况如表2-15所示。

表 2-15 2022 年舟山市教育科学规划课题立项情况一览表

课题类别	市规划课题	品牌孵化培育项目	"幼儿园生态文明教育"专项课题
设立类型	常规性课题	常规性课题	2022 年启动
申报时间	随省年度课题申报	每两年申报一次	随大课题①申报
申报对象	县(区)及市属学校(单位)		
立项数量(2021)	169	—	—
立项数量(2022)	154	6	45(专项规划课题) 90(专项小课题)

2. 学段分布情况

舟山市教育科学规划课题的申报面向全市各级各类单位(学校),申报主体涵盖全市幼儿园、中小学、中等职业技术学校、教育科研机构、继续教育机构、教育行政部门等。2021—2022 年立项课题学段分布情况如图 2-22 和图 2-23 所示。

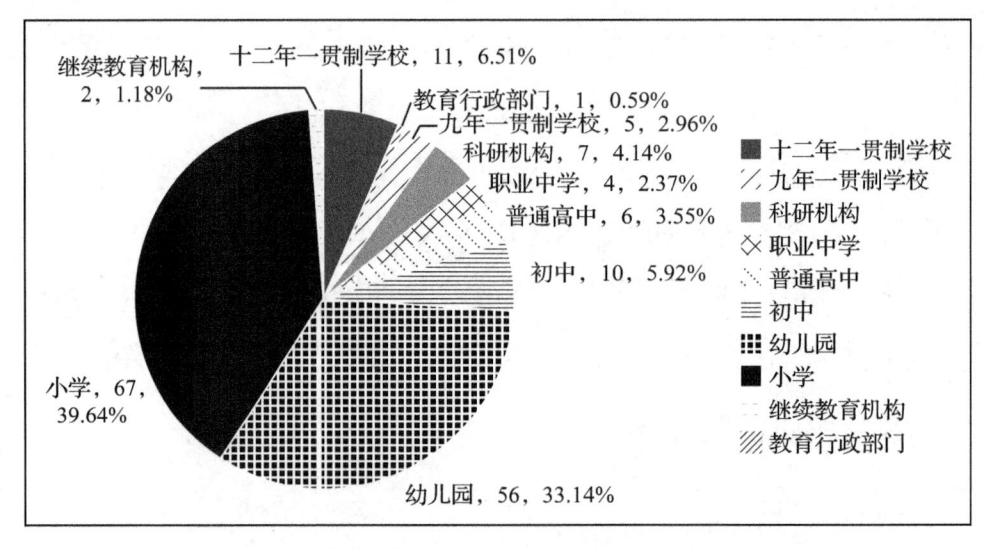

图 2-22 2021 年舟山市教育科学规划立项课题研究主体分布

---

① 大课题指品牌孵化培育项目建设课题。

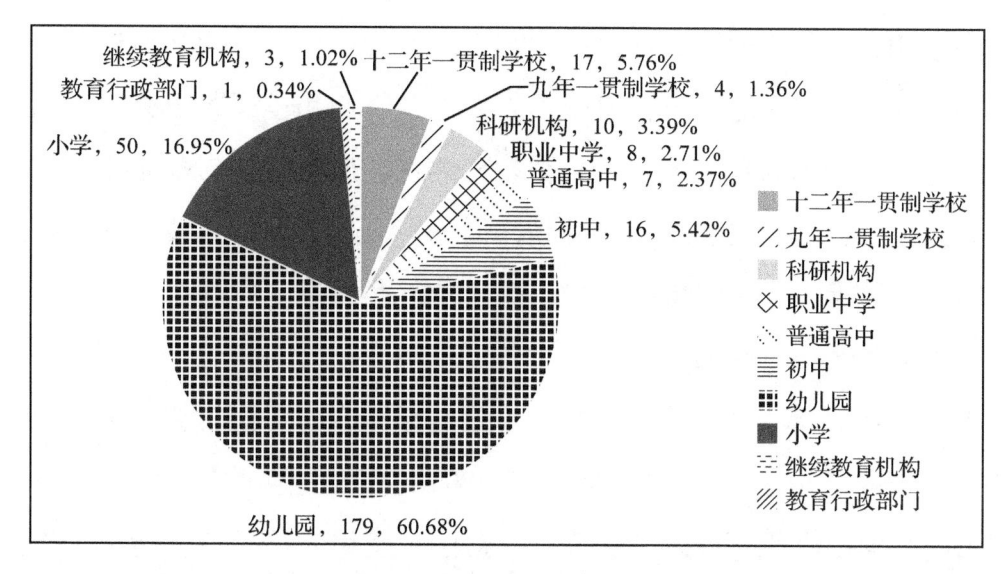

图 2-23　2022 年舟山市教育科学规划立项课题研究主体分布

（二）热点分析

1. 区域教育品牌打造

舟山市注重总结多年区域教育教学实践经验，通过项目孵化培育等途径，打造具有舟山特色的教育品牌，如定海区开展的区域劳动教育新价值体系的建构与实践，普陀区开展的数字化海岛教育新样态的探索与实践，岱山县开展的海岛县域城乡学校共同体新样态的实践研究，嵊泗县开展的海洋美术教育的实践与研究，舟山开放大学开展的"互联网＋"老年开放教育服务体系的构建及实践研究，沈家门小学开展的"价值教学"新评价体系的实践研究，绿城育华学校开展的"正面管教整校推进"的研究，舟山职业技术学校开展的"职教资源＋"背景下的劳动教育实践研究，沈家门一小开展的大数据支持下基于小学生数字画像的综合评价研究，舟山教育学院开展的幼儿园生态文明教育的区域实践，等等。

2."幼儿园生态文明教育"专项研究

舟山市致力于促进幼儿海洋意识、生态文明意识、自然智能、科学思维、社会情感能力、同理心等的发展，培育幼儿的"未来素养"，使幼儿学会融入世界。为此，舟山市着重提升幼儿教师的科学知识、科学思维能力、生态文明意识，为幼儿教师提供生态文明教育的设计与支持策略，从而使幼儿教师引导幼儿开展深度学习。通过设立大课题研究和子课题研究，舟山市建立了具有舟山特色的幼儿园生态文明教育体系、课程框架与多元化的特色项目，以及区域(片区)共建的协作机制，促进幼儿园的课程建设，使至少三分之一的幼儿园具备相应的特色课程，提升办园水平。

3. 优秀科研项目引领

2020—2021年，舟山市优秀科研项目层出不穷，舟山市普陀区沈家门第一小学申报的《从模式到策略："整体性结构化"教学的实践探索》获2020年浙江省教育科学研究优秀成果奖一等奖，舟山市南海实验学校长峙小学校区申报的《从"单课"走向"统整"：指向深度学习的小学数学"结构化学习"的研究》获2021年度浙江省教育科学研究优秀成果奖一等奖。优秀科研项目在区域内起到了很好的引领与示范作用，营造了浓厚的教育科研氛围。

三、典型工作经验

（一）专家引领，助推区域教育科研水平提升

为了助推舟山地区教育科研水平持续提升，舟山市通过教学研究、教育研究、教师培训等方式助力全市基础教育的改革与发展，充分发挥地方高校、专家团队的引领作用，于2022年4月成立浙江海洋大学师范学院教授博士工作站。自教授博士工作站成立以来，专家团队纵深参与全市教育科研工作，指导教育品牌项目和教师教育科研项目建设，发挥了良好的理论支持作用。

（二）全程指导，推动教育科研项目建设

对标共同富裕示范区先行市建设对教育科研工作提出的新要求，舟山教育学院主动担当、务求实效，不断完善教育科研管理制度，开展定期调研指导，把握课题申报、立项、中期、结题、评奖等关键节点，实行全程指导，常态化开展立项研训、专家点评、优秀成果推广等各类活动，打造了一批具有舟山特色、省内外知名度高的教育科研项目。

（三）期刊发表，搭建教育教学交流平台

至 2023 年 5 月 10 日，《舟山教育》杂志已出版 749 期，每期均设有"重点关注"栏目，宣传舟山地区的重要教育政策；每期选择一所学校作为杂志封面，为市内学校创设更多展示交流的机会；开辟学校展示栏目，集中展示该校教师的教育教学论文。杂志接受全市各地教师投稿，为舟山市教师提供教育教学的经验。为加大推广力度，《舟山教育》杂志每期印刷近千册，发至市内各所学校。

第三章
2021—2022年浙江省中小幼教育科学研究总结与展望

2021—2022年,浙江省中小幼教育科研在教育科研工作者的共同努力下取得了较好的成绩,积累了不少有区域特点、浙江特色的典型成果,为总结浙江教育教学改革、梳理教育改革经验积累了丰富的素材,也为带动浙江中小幼教育教学高质量发展奠定了坚实的基础。

一方水土养一方人,浙江的中小幼教育科研蕴含着浙江基因,流淌着浙江血脉。习近平总书记将浙江精神概括为"求真务实、诚信和谐、开放图强"12个字,这不仅是对浙江地域文化个性和特色的总结,也是指引浙江中小幼教育科研发展的精神支柱。

第一节 浙江省中小幼教育科学研究发展总结

一、敢想敢为显担当

2020—2022年是很不平凡的一个时期。2020年,新型冠状病毒感染来势汹汹;2021年,"双减"政策正式出台。一时间教育教学面临重大调整,有许多硬骨头要啃,有不少难关要闯。2020年2月,浙江省教科规划办设立了"疫情与教育"专项课题,并通过"不走流程、滚动立项、新式结题"的新型课题管理方式推进课题研究,共收到专项课题申请书13000余份。同年5月,省教科规划办又推出了"防疫与复学"认定性课题,以"先行动后认定"的模式,引导一线教师开展相关课题研究。新型冠状病毒感染流行期间,这类课题为保障有序教育教学提供了强大的理论与经验支持,在线上教学、线上教研、区域教育资源统筹、家校协作和心理健康教育等主题的研究上取得了不少突破。2021年7月,中共中央办公厅、国务院办公厅印发了《关于进一步减轻义务教育阶段学生作业负担和校外培训负担的意见》。同年8月,浙江省教科规划办推出了义务教育阶段"双减"专项认定性课题。次年2月,第一批"双减"认定性课题产生,针对"双减"实施中的难点、堵点、痛点,梳理并总结出实践经验,在课后托管、作业管理和让学生在校内学足学好的方法等方面先行探索,形成了有浙江特色的"双减"经验。除了"双减"专项课题,省教科规划办还结合国家政策和教学实际,推出了"共富""党建""职业教育教师创新团队"等专项课题研究,以专项设立推进专题研究,以行动促进改革,抓重点,战难点,在实际行动中体现了浙江省中小幼教育科研人员"明知山有虎,偏向虎山行"的敢为气魄。

二、守正创新勤探索

除了对"急难愁盼"问题精准发力,浙江省中小幼教育科研在探索中坚持守正创新,根据教育教学发展的需要及时调整,转换赛道。从2021—2022年省教育科学研究优秀成果奖的获奖情况来看,从"课程"研究转向"课堂"研究的趋势较为明显,如杭师大东城实验学校开展的"思维课堂"研究、余姚泗门镇中小学开展的"语文活力课堂"研究和瑞安市新纪元实验学校开展的初中"智慧课堂"研究等都从更加微观的角度探讨教学方式变革;以"如何学"为主题的研究也更加丰富,例如舟山南海实验学校开展的"结构化学习"研究、浙师大附属丁蕙实验小学开展的"学习场学习"研究、金华市教育教学研究中心开展的"学习微进程"研究等。虽然"教"与"学"是相互联系、不可分割的,但从以"教"为视点到以"学"为视点是教育价值观的一种转变,"生本"的理念由此落实成了行动。

除了研究方向上的转变,浙江省中小幼教育科研在部分领域不断深耕,推陈出新,实现了"旧瓶有新酒"。党建研究在中小幼教育科研工作中是关键点,也是难点——一方面要完成立德树人根本任务,另一方面党建研究容易形式化、孤立化。自2021年省教科规划办推出"党建"专项课题后,浙江省中小幼教育教学中的党建研究开展得如火如荼,如绍兴市塔山小学通过党建

"契约化"共建模式为学生建立校外实践活动基地、嘉兴市教育学院开展的"红船精神"进校园工作等，都通过机制创新、内容创新、形式创新等方式为中小幼党建工作注入了新的活力。

三、善作善成出实绩

不积跬步，无以至千里；不积小流，无以成江海。2021—2022年浙江省教育科研呈现出另一个较为明显的特征——长周期研究更多了，如视力防控的五年探索、农村小学劳动教育的六年探索、区域心理健康工作推进的七年探索等。还有许多没有在名称上体现长周期，但实际上需要充分积淀的研究。例如，浦江县实验小学开展的"契约制"学校治理研究就持续了多年，多个省教育科学规划课题围绕该研究开展，并获得了全国教育科学规划课题立项。为什么课题研究有年限规定，成果申报受有效期制约，但是长周期研究却成为中小幼研究的发展趋势呢？这是因为，年限是预防"懒研究""假研究"，不是阻止"长研究""深研究"。越来越多的中小幼教育科研工作者意识到"名义研究"和"行动研究"并不矛盾，课题正式立项是一种很好的激励和鞭策，但即便没有立项，教育教学的改革行动却不能停。课题立项不是研究的开始，课题结题也不是研究的结束。教育教学的成果是阶段性的，不是终结性的。锚定主题、深研深挖、善作善成是形成高质量教育科研成果的重要路径。正因如此，从2020年开始，浙江省教科规划办推出了一系列认定性课题，在一般课题研究的"立项—开题—中期—结题"流程外，探索"行动先导"的研究范式。从近年的成果来看，认定性课题的设立已经初见成效。同样地，省教科规划办推出每两年申报一次的"重点课题"，鼓励有一般课题研究经验的教研工作者申报，其本意就是希望通过多轮研究的深耕，产出更高水平的成果。

第二节 浙江省中小幼教育科学研究改善方向

尽管2021—2022年浙江省在中小幼教育科研上取得了不小的成绩，但是通过对这两年的课题和成果进行分析，也发现了一些问题。不论是选题方向、研究方式，还是成果提炼，都有进一步提升的空间。想要尽善尽美，有赖于全省中小幼教育科研工作者的共同努力。以下议题值得共同思考。

一、选题如何从"慢半拍"到"快一步"

从前文的研究热词分析来看，近年来浙江省中小幼教育科研围绕着当前教育教学的热点、难点展开了一系列研究，例如项目化学习、深度学习、职业教育范畴中的产教融合等，这些主题与当前教育教学改革趋势相一致，符合教育教学发展的时代特征。但也能发现，契合国家大政方针，特别是与党的二十大报告中强调的战略部署和多项国家教育政策相关的研究仍有盲区，例如，以"幼有善育"、拔尖创新人才贯通培养、区域产业人才一体化培养等为主题的研究，在近年来的教育教学规划课题中仅零星出现或未出现。课题研究有周期，成果产出有一定的滞后性，因此，研究主题应该根据国家发展需要提前布局，并充分考虑人口、产业、就业等时代背景，这需要中小幼教育科研工作者充分研读政策文件，把握政策动向，做党和国家需要的教育科研。

二、研究如何从"案例"到"规律"

从成果的提炼方式来看，近年来浙江省中小幼教育科研工作者在文本中多用案例呈现研究成果。案例研究是一种经典的研究方法，具有生动性、具体性的特点，既能帮助中小幼科研工作者对教育理论作出通俗表达，也能以案例体现研究的真实性，因此深受教师们喜爱，是符合基层研究需要的研究方法。但从大量结题报告和成果报告来看，案例研究也有误用和滥用的情况。误用的情况主要体现在一些案例与主题表达不匹配。例如，研究想表达合作学习的主题，但却使用了教师布置学生作业的案例；再例如，研究想表达劳动教育的主题，提供的案例中劳动教育有关内容占比很小且不突出。滥用体现为将案例简单地、大量地堆砌。例如，提出一个观点后，并没有对观点的内涵、逻辑进行阐释，而是把案例"一贴了之"；文本中随处可见案例，但主题思想却不明确、不清晰，让研究成果变成了"案例集"。是故，善用案例，巧用案例，精用案例，充分发挥案例以小见大、以微见著的研究功效，是提升中小幼教育科研水平的重要一环。

三、成效如何从"普遍化"走向"精准化"

研究成效是检验研究质量的一项重要指标，也是研究成果中的重要组成部分。近年来，浙江省中小幼教育科研成效喜人，并出现了两个趋势：一是由主观走向客观，越来越多的研究运用数据统计表现研究成效；二是从校本走向社会，不少研究既关注了校内发生的变化，也关注了研究成果的社会影响，努力让成果更具辐射效用。但评审中也发现，还有不少研究成效在表述上存在问题：一是成效证据与研究主题关联性不强，往往以教师论文、师生获奖等工作性数据替代研究性数据，从而使成效与研究不匹配，容易出现不同的课题的成效部分雷同的情况，使研究成效"普通化"；二是成效检验工具不科学，核心观测点不是关键指标，或以粗糙的自制问卷代替科学量表检测成效，从而产生一些令人啼笑皆非的结果。研究成效一般要精准回应课题的研究问题与研究目标，以问题是否解决、目标是否实现作为成效最主要的组织线索，再辅以其他高度相关的佐证材料，实现"精准回应"。成效的精准化表达并非简单的证据罗列，而是需要进行设计、铺垫、采集和提炼才能完成的。

在下一章内容中，本报告将为大家展示获得2020—2021年浙江省教育科学研究优秀成果奖一等奖中的几个案例，这些案例较好地避免了其他案例中容易出现的漏洞。诚然，没有案例能够尽善尽美，不足之处与大家共勉，我们应辩证地看待，并保持自我革新、永远向前的决心和勇气。

第四章
2020—2021年浙江省教育科研优秀成果展示及讨论

第一节 2020年度浙江省教育科学研究优秀成果奖一等奖获奖作品（1）

本案例由嘉兴教育学院提供，项目成员为朱军一、王羽左(执笔)、吴丽萍、管建林、严昕、朱术磊。为尽可能保证案例的原始性、真实性，我们仅对案例结构进行了统一，案例内容未做大幅修改，在"批注"中展示了编者团队给出的本案例的优点和不足之处，供各位读者参考。

"红船精神"进校园的南湖行动[①]

嘉兴教育学院

朱军一　王羽左(执笔)　吴丽萍　管建林　严昕　朱术磊

一、选题及问题的提出[②]

2005年6月，时任中共浙江省委书记的习近平同志在《光明日报》发表了《弘扬"红船精神"　走在时代前列》的署名文章，首次公开而权威地提出了"红船精神"，并将"红船精神"科学概括为"开天辟地、敢为人先的首创精神，坚定理想、百折不挠的奋斗精神，立党为公、忠诚为民的奉献精神"[1]。

---

①批注[编者团队]：标题是研究成果的高度总结，通常能够涵盖研究问题、核心概念、研究主题和研究方法等。该标题就清晰地体现：这是一项围绕学校党建教育开展的实践研究。

②批注[编者团队]：研究问题是后续研究开展的根本依据，研究过程与研究结论都是用来回答研究问题的。为保证研究整体的连贯性，研究者可以在研究过程中经常反问自己：研究内容与研究问题是否保持了紧密且直接的联系？二者之间是否存在对应？

2017年10月，习近平总书记率领中共中央政治局常委瞻仰南湖红船，强调"秀水泱泱，红船依旧，时代变迁，精神永恒"①[2]。南湖，是中国共产党的诞生地，也是"红船精神"的发源地。南湖畔嘉禾大地将传承"红船精神"作为重大的政治责任，把弘扬"红船精神"作为最大的前行动力。在"守好红色根脉，结合时代特点大力弘扬'红船精神'，让'红船精神'永放光芒"的实践热潮中，红船起航地的各级各类学校都渴望在贯彻落实党中央、省市系列要求中奋勇争先、走在前列。在积极探索将红船精神融入教育教学各环节的先行先试实践中，以下两个问题较为突出。

第一，教师受个体经验的限制②，难以为"红船精神"这一具有高度抽象意义的命题丰盈"既权威典型又生动具象"的内容。

在以"红船精神"培育时代新人的先行实践中，学校中担任传播"红船精神"的主要人员是德育教师、团队辅导员，他们大都是出生于20世纪80年代或90年代的独生子女，对"开天辟地""百折不挠""忠诚为民"等首创、奋斗、奉献精神感知不深，③叠加学科教学工作任务繁重等因素，导致他们在给青少年群体讲解"红船精神"时，大多停留在对其基本内涵三句话的字面理解上。他们没有充分的时间与精力收集"红船故事"、寻找文献影视资料、研究中国共产党的早期历史人物，难以建立兼具高度、深度与广度的深入浅出的讲解体系，青少年受众的接受度、理解度、认同度必然达不到理想的预期效果。

第二，少年儿童天然对直观现象具有强烈好奇心的特点，制约了其对具有深刻内蕴性的"红船精神"的内生性探索。

---

①批注[编者团队]：对引用来源进行说明及注释是基本学术规范，脚注、尾注均是常见的引用格式，在引用时需注意格式上的统一，如角标一开始就以方括号"[ ]"进行标注，那么在全文中都应该采取相同的格式。

②批注[编者团队]：教育教学工作还受到教师整体专业能力的影响，仅以个体经验概括稍有些片面。

③批注[编者团队]：此处若有更多证据支撑，会更有说服力。

与成人相比，少年儿童的认知与行为动力更受其内部需求的影响。他们天然对看得见、摸得着的现象好奇，喜欢肢体运动，热衷于探索自然的奥秘。① 对于具有深刻内蕴性的精神力量，非亲身体验、实践感知难以触发他们对其价值的真正认同，从而难以成为他们成长的精神营养。对他们而言，"红船精神"是一个外在的存在，缺乏直观的吸引力。起初，他们对"红船精神"的学习是外部驱动的，认知是被动的，如果在过程中没有想办法触动青少年的内驱力，教育就显得苍白无力、空洞乏味、流于形式。

针对以上问题，本研究紧紧抓住"如何将'红船精神'高远抽象的意蕴转换成具体形象的内容与方法体系，切实支持学校、教师将'红船精神'落到教育教学实处"②这一关键，合行政部门、教研部门、各类学校之力，从顶层设计、教材研发、路径完善三个角度切入，整体、协调、高质量推进"红船精神"进校园③。

二、解决问题的过程与方法④

本研究以系统设计、发挥整体效应为基本思路，坚持发挥行政部门、教研部门、各类学校的合力，遵循行动研究的基本路径，建立"校校有特色、班班展活动、人人见行动，让'红船精神'入形、入心、入行"的教育愿景，从建立行动框架、研发专题教材、提炼特色进路三条主线入手，发起活动、观察现场、总结经验、积淀案例、推广典型，在市域内高质量整体推进"'红船精神'进校园"的实践。研究大致经历了以下四个阶段，如图4-1所示。

---

①批注[编者团队]：此处若引入相关理论作支撑会更好。

②批注[编者团队]：此处提出了该研究要解决的核心问题，相较于一句话的表述，如果能将研究问题分层、分点，会更有助于展现研究思路。

③批注[编者团队]：对核心概念进行阐述是研究中不可或缺的部分，一般来说，概念阐述可以放在问题提出之后，或者放在研究设计中。

④批注[编者团队]：一般来说，研究设计部分是对研究的整体思路和框架进行介绍，其中自然也包括研究方法。下文主要介绍了研究流程，可以增加对研究方法的说明。

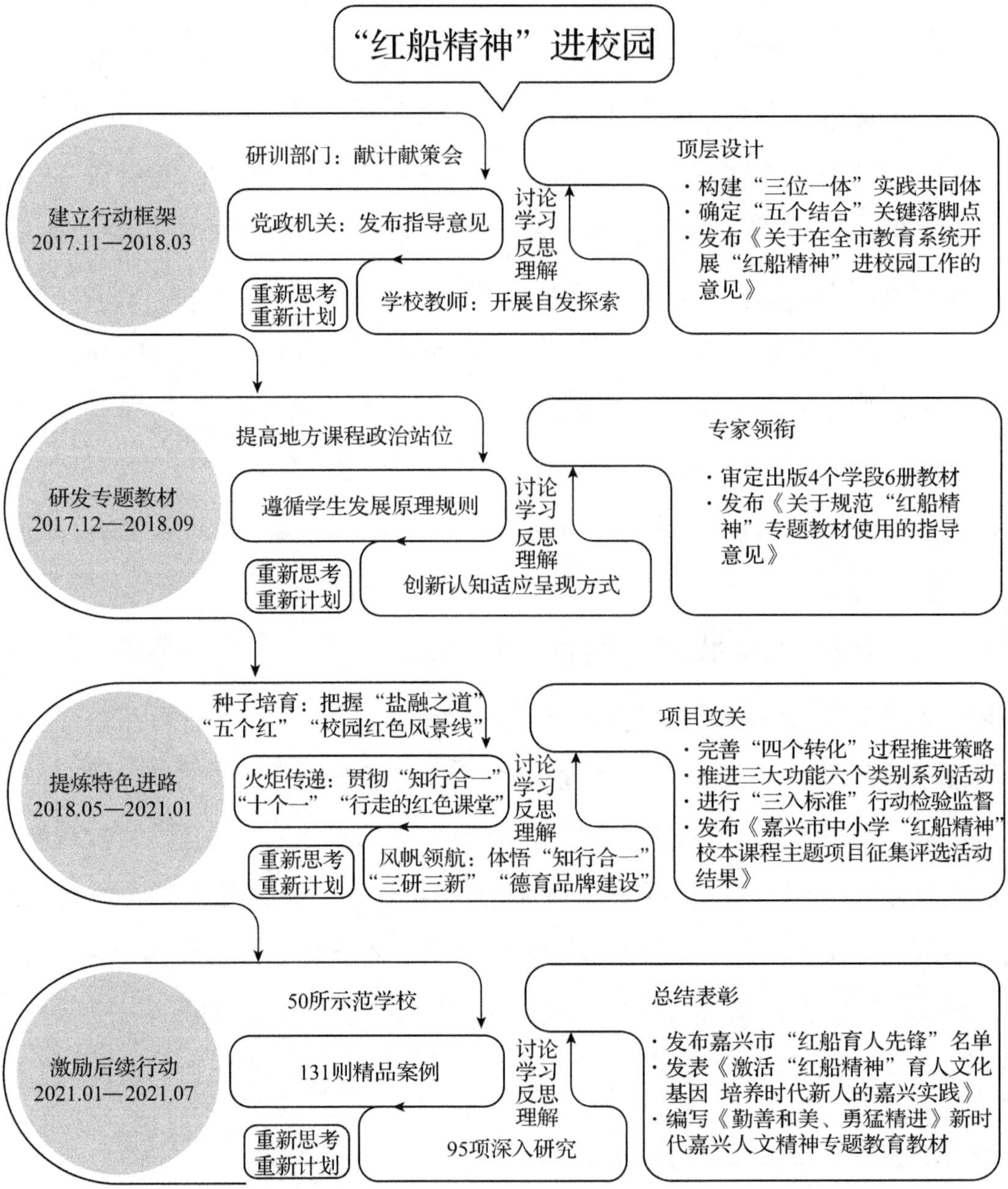

"红船精神"进校园

建立行动框架 2017.11—2018.03
- 研训部门：献计献策会
- 党政机关：发布指导意见
- 学校教师：开展自发探索
- 讨论 学习 反思 理解
- 重新思考 重新计划

顶层设计
- 构建"三位一体"实践共同体
- 确定"五个结合"关键落脚点
- 发布《关于在全市教育系统开展"红船精神"进校园工作的意见》

研发专题教材 2017.12—2018.09
- 提高地方课程政治站位
- 遵循学生发展原理规则
- 创新认知适应呈现方式
- 讨论 学习 反思 理解
- 重新思考 重新计划

专家领衔
- 审定出版4个学段6册教材
- 发布《关于规范"红船精神"专题教材使用的指导意见》

提炼特色进路 2018.05—2021.01
- 种子培育：把握"盐融之道" "五个红" "校园红色风景线"
- 火炬传递：贯彻"知行合一" "十个一" "行走的红色课堂"
- 风帆领航：体悟"知行合一" "三研三新" "德育品牌建设"
- 讨论 学习 反思 理解
- 重新思考 重新计划

项目攻关
- 完善"四个转化"过程推进策略
- 推进三大功能六个类别系列活动
- 进行"三入标准"行动检验监督
- 发布《嘉兴市中小学"红船精神"校本课程主题项目征集评选活动结果》

激励后续行动 2021.01—2021.07
- 50所示范学校
- 131则精品案例
- 95项深入研究
- 讨论 学习 反思 理解
- 重新思考 重新计划

总结表彰
- 发布嘉兴市"红船育人先锋"名单
- 发表《激活"红船精神"育人文化基因 培养时代新人的嘉兴实践》
- 编写《勤善和美、勇猛精进》新时代嘉兴人文精神专题教育教材

图 4-1 "红船精神"进校园的实践研究进程概览①

---

① 批注[编者团队]：清晰美观而富有逻辑性的图片是研究的加分项。

（一）顶层设计，建立行动框架（2017年11月—2018年3月）

2017年10月31日，习近平总书记在南湖革命纪念馆发表重要讲话，强调"要结合时代特点大力弘扬红船精神"。为贯彻落实习近平总书记重要讲话精神，由嘉兴教育学院牵头召集举办了"红船精神进校园"献计献策会，在广泛听取了教育局领导、研训人员、学校分管校长与德育教师意见的基础上，架构了行政部门、教研部门、各类学校协力共进，以"政策领动""技术助动""实践联动"为鲜明特征的"红船精神"进校园行动框架。2018年3月，中共嘉兴市委教育工作委员会、嘉兴市教育局发出了《关于在全市教育系统开展"红船精神"进校园工作的意见》[1]，全面开启了"红船精神"进校园的实践行动。

（二）专家领衔，研发专题教材（2017年12月—2018年9月）

2017年12月，嘉兴市组织编写了"红船精神"专题教育教材。根据各年段学生发展规律与身心特点，研发了幼儿段专题教育教材《红船娃》，小学段专题教育教材《红船少年》（包括低段教材《星星之火 唤醒中华》、中段教材《百折不挠 振兴中华》、高段教材《乘风破浪 强我中华》），初中段专题教育教材《红船心 少年梦》，高中段专题教育教材《红船情 青春志》。教材由浙江教育出版集团正式出版，2018年9月1日举行首发式。2018年9月17日，嘉兴市教育局颁布《关于规范"红船精神"专题教育教材使用的指导意见》[2]，对师资配置、课时保障、活动开展、专项视导等提出具体要求，确保"红船精神"专题教育各项要求落到实处。

（三）项目攻关，提炼特色进路（2018年5月—2021年1月）

2018年5月，嘉兴市教育科学规划领导小组办公室发起并确定50项"弘扬'红船精神'、打造德育品牌"专项课题，支持各学校结合实际情况开展"红船精神"进校园的研究工作。鼓励广大教育工作者发挥自主自发探索的聪明才智，聚焦实际问题，攻克难点，形成特色鲜明的德育品牌。在此过程中，

---

[1] 批注[编者团队]：此处增加引用，标明出处会更合适。
[2] 批注[编者团队]：同[1]。

涌现了"红领巾护旗行动""中职生青春毅行"等具有广泛社会影响力的德育活动。在此基础上,提炼典型经验,形成了"种子培育""火炬传递""风帆领航"三大特色路径。

(四)总结表彰,激励后续行动(2021年1月—2021年7月)

总结回顾各县(市、区)中各级各类学校在"红船精神"专题教育地方教材使用及德育品牌创建中的宝贵经验,遴选具有典型性、启发性的研究项目,孵化可运用、可迁移的成果,分两批评选并表彰了50所示范学校。在此基础上,制订"勤善和美、勇猛精进"新时代嘉兴人文精神教育的行动方案,大力开拓并提升南湖畔红船旁的红色德育品牌的内涵与质量,培养具有红色基因的"南湖娃",将首创、奋斗和奉献精神融入德育全过程,让德育实践"活"起来,让精神传承"实"起来,让信仰之帆"扬"起来,形成实效明显、路径清晰、特色鲜明的嘉兴区域实践经验。

三、成果的主要内容

本研究提出了三点基本主张①:"'红船精神'进校园"是党和政府主导下的整体、协调、高质量的区域行动,需要形成政策引领、技术支持、主动探索的立体格局;"'红船精神'进校园"的教育对象不仅仅是青少年,还包括教育系统各级行政人员、广大教师及学生家长;"'红船精神'进校园"是课程、教材、教法整体进校园,必须吻合教育对象的发展特点,以广大师生喜闻乐见的形式进行。② 研究成果主要如下。

(一)系统观念引领下的行动框架

系统观念是具有基础性的思想和工作方法[3]。在市域范围内整体协调高质量推进"红船精神"进校园,必须在系统观念的指导下做好顶层设计,坚持

---

①批注[编者团队]:"主张"一般不用在此处,此处表述为"本研究主要有三点发现"可能更合适。

②批注[编者团队]:此处从结构、主体和形式三个维度进行表述,逻辑清晰,内容完整,如果在格式上可以分段呈现,或者是将关键词句加黑加粗,或许能给读者留下更深刻的印象。

统筹兼顾、综合平衡、突出重点、带动全局,才能充分发挥整体效应。课题组以矩阵框架为工具搭建了"红船精神"进校园的行动框架,如图4-2所示。

"三位一体"的实践共同体
·党政机关:政策领动
·研训机构:技术助动
·各类学校:实践联动
行动组织

"五个结合"的关键落脚点
·与提升党建水平相结合
·与打造红船铁军相结合
·与深化教育改革发展相结合
·与促进学生健康成长相结合
·与校园文化建设相结合
行动载体

"红船精神"进校园行动框架

行动策略
·组织保障建章立制化
·抽象精神具象立体化
·品格塑造浸润渗透化
·价值引领切己体悟化
"四大转化"的过程推进链

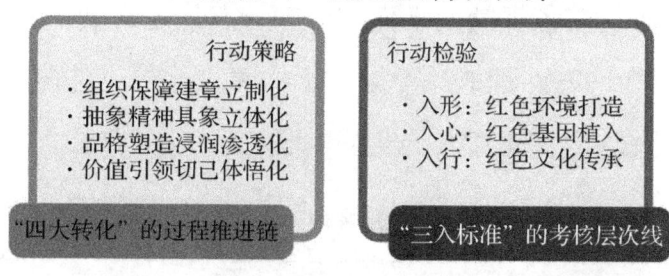

行动检验
·入形:红色环境打造
·入心:红色基因植入
·入行:红色文化传承
"三入标准"的考核层次线

图4-2 "红船精神"进校园的嘉兴①行动框架

1. 行动组织:"三位一体"的实践共同体

以党政机关、教育研训部门、各类学校为成分②构成"红船精神"进校园的实践共同体,发挥政策领动、技术助动、实践联动的整体效应。

2. 行动载体:"五个结合"的关键落脚点

将"红船精神"进校园与中小学党建水平提升、打造教育铁军、深化教育改革发展、促进学生健康成长、校园文化建设紧密结合,全面推动教育事业发展。

3. 行动策略:"四大转化"的过程推进链

在定政策、编教材、研教法、行实践的过程推进链中实施"组织保障建章立制化""抽象精神具象立体化""品格塑造浸润渗透化""价值引领切己体悟化",以保障"红船精神进校园"由外在的任务转化为师生生命成长的内在需要。

---

①批注[编者团队]:在浙江省教育科学研究优秀成果奖评审中,对评审材料的信息隐匿有所要求,在成果报告中则不作要求,研究者可以自行选择。

②批注[编者团队]:用"成分"表述不太适合,我们一般表述为由不同的"成员""主体"等组成共同体。

4. 行动检验："三入标准"的考核层次线

以"红船精神入形、入心、入行"为行动检验的标准,从心灵体认的角度检验红色基因植入效果,从物化有形的角度检验红色环境打造效果,从行为塑造的角度检验红色文化的传承效果。①

(二)立体层进导向下的教材载体

根据学生年龄特点,编写"红船精神"专题教育地方教材,由浙江教育出版集团正式出版,2019年1月通过浙江省中小学教材审定委员会审定。教材分4个学段共6册,按各年龄段学生的认知特点确定表现形式与功能定位(如表4-1所示),提高地方课程的政治站位,构建立体层进的内容板块与助学体系,丰盈以"红船精神"立德育人的实践内涵。

表4-1 "红船精神"专题教育地方教材"立体层进"体系②

年段	教材名称	表现形式	功能定位
幼儿园	《红船娃》	绘本	依托图文讲解、绘本情景剧表演等,发挥游戏育人的渗透力
小学	低段《星星之火 唤醒中华》 中段《百折不挠 振兴中华》 高段《乘风破浪 强我中华》	活动手册	既是小学生德育实践的指南,又是教师活动指导的支架。依托地方红色文化资源,发挥知行合一的深化力
初中	《红船心 少年梦》	文选读本	保留文章的原汁原味,发挥文学作品的感染力
高中(中职)	《红船情 青春志》	项目实践	与生涯规划相结合,以项目化学习引导高中生立大志成大才,发挥愿景引领的开拓力

①批注[编者团队]:在研究中需时刻关注逻辑的严密性,按照入形、入心、入行的表述顺序,心灵体认和物化有形的顺序应交换。此外,作为评价标准,其下设维度需进一步细化,如"心灵体认"具体包括哪些方面、应如何检验,以此提高研究的信度和效度。

②批注[编者团队]:在规范的学术报告中,图片和表格需分别标序,且图标题一般放在图片下方,表标题一般放在表格上方,全文图表格式需统一。

1. 提高地方课程的政治站位，丰富"旗帜鲜明讲政治"的实践内涵

教材是育人的实践蓝本。2016年9月9日，习近平总书记在北京市八一学校考察时强调：基础教育是立德树人的事业，要旗帜鲜明加强思想政治教育、品德教育，加强社会主义核心价值观教育，引导学生自尊自信自立自强。本组教材以明确的政治站位，通过育人功能的定位将"旗帜鲜明讲政治"扎实巧妙地落实到未来人才的培养中。

教材用"具身感受"的方式"讲政治"：通过引导学生"观、听、访、仿、讲、画、演"，延续根脉，永记初心，传承红色基因。

教材用"润物细无声"的方式"讲政治"：全力讲好中国革命的故事，像青少年儿童吃钙片强健骨骼一样，用中国革命历史温润他们的身心、滋养他们的灵魂，培植理想信念，补"精神之钙"，强健精神魂魄。

教材用"实践导向"的方式"讲政治"：用"加油站""启迪园""实践园"等富有实践导向意味的板块把弘扬"红船精神"同深化党的十九大精神学习宣传贯彻结合起来，与时俱进，与时俱新，走好新时代的长征路。

2. 遵循"精神发育"原理规则，形成以"红船精神"为源头的知识谱系

整套教材以中国共产党建党时期所体现出来的"红船精神"为编写起点和重点，以"红船精神"、井冈山精神、长征精神、延安精神、西柏坡精神、"两弹一星"精神、航天精神、改革开放精神等一系列中国革命精神为主线，跨越90多年的历史长河。围绕主线和重点，凸显清晰的结构特征。

学段板块的递进结构：教材充分考虑和满足各年龄段学生的需要，分4个学段共6册，从感官辨识到理性认同递进，从符号认知到行为实践递进，从情感激发到信念发展递进。

内容板块的多面结构：教材在内容上涉及自然、社会、历史、人文、教育、科技、经济、生态等方面。教材结合德育活动的组织实施，有机结合班队活动、红船励志志愿服务、红色长廊及教育基地参观、研学旅行与实践活动、社区教育活动等多种学习活动形式，引导师生利用身边课程资源，扩展

对区域红色文化的认识、理解和体验。

教学方式的开放结构：教材在学习内容、活动组织、操作与实践、评价方面，给师生提供了选用机会和实践空间，鼓励教师探寻适合学生认知与发展特点的教学方式，以"大观念"引领、"大单元"设计的思路，全纳学生在"知情意行"上的反馈，因势利导，因材施教，鼓励学生用他们喜爱的方式制订目标、抒发感受、展开行动。

3. 创新适应未成年人认知规律的呈现形式，夯实精神培育活动过程

教材从不同学段学生的生理、心理特征出发进行编写，具有可读性和趣味性，富有吸引力和感染力，在学习重点的呈现与描述的方式方法及语言风格上进行创新。

同伴导问：在幼教段教材中设计"嘉嘉"和"红红"（寓意嘉兴红船）两个卡通人物形象，借他们之口，呈现学习重点；小学段的三册教材也借助卡通人物进行学习行为演示示范。这种方式使教材的使用对象产生强烈的代入感，能更自然地亲近教材展开学习。

活动助学：小学段三册教材每课主题下分别设置3～4个小活动，帮助小学生认知与理解，设置"启迪园""实践园""启航站"深化行为实践。高中段采用先进的项目学习法，以活动探究为核心构架"红船精神与理论创新""红船精神与富国强民""红船名人与立志成才""红船精神与职业精神"四大项目，助推高中生学习。

读思并行：初中段教材采用单元结构，用"导读""理论诠释""阅读思考"架构单元，结合文本内容，提出明确的"思考题"，引导初中生将"红船精神"入形、入心、入行。

美感助力：各册教材均配有相关彩色图片，图文并茂，呈现鲜明的地方特色，能给人以美的享受和熏陶。

（三）活动育人理念下的特色进路

在总结各县(市、区)中各级各类学校的"'红船精神'专题教育地方教材"

使用及德育品牌创建的宝贵经验、分析具有典型性启发性的研究项目与可运用可迁移成果的基础上，好中选优，发挥优势叠加的功能，凝练成符合青少年年龄特点的"活动育人"特色进路（表4-2），进一步将"红船精神"从认知涵育层面推向实践历练层面，在此过程中完善"种子培育""火炬传递""风帆领航"三大特色进路，高质量推进"红船精神"进校园。

表 4-2 活动育人理念下的特色进路

特色进路	活动主题	落实途径	具体内容
"种子培育"：把握"盐融之道"的"感知·浸润"活动	"五个红"精神感知	以少先队、共青团活动为抓手	读红色书籍，看红色影视，唱红色歌曲，诵红色诗文，走红色道路
	"校园红色风景线"打造	结合学校党建工作与校园文化建设	师生共画效果图，展设计作品，讲设计初心，评最佳方案等
"火炬传递"：贯彻"知行合一"的"行动·磨炼"活动	"十个一"实践深化	与打造红船铁军相结合，以学科教研组为抓手	"读一本书做一件事""行一段路献一份力""学一个人立一个愿""认一个错长一段智""用一份真情做一个作品"
	"行走的红色课堂"建构	对接红色实践基地、科技创新发展平台	将红色研学活动与重大节庆活动相结合
"风帆领航"：体悟"强国有我"的"创造·激励"活动	"三用三新"创造	由各校教师发展中心、家委会、学生处落实	教师"用先进理念，开创工作新局面"；学生"用科学方法，获得人生新成长"；家长"用优良家风，营造家庭新氛围"
	"红色德育品牌"建设	由校长室、德育处负责	中职"红匠"德育，高中"党团共建"，初中"红色体验"，小学"红色实践"，幼儿园"红色认知"品牌项目①

①批注[编者团队]：一般在描述学段时，会按先后顺序对学段进行排列，此处按幼儿园、小学、初中、高中、中职顺序描述或许更好。

1. "种子培育":把握"盐融之道",以"感知·浸染"为主线开展系列活动

良种成就高品质果实,南湖畔的新时代学子生命成长的种子也须植入"红船精神"的基因。遵循"好的思想工作应该像盐,但不能光吃盐,最好的方式是将盐溶解到食物中自然而然地吸收"[4]的育人原则,实施"五个红"活动帮助学子建立精神感知,建设"校园红色风景线"为学生提供环境文化浸润,使得"红船精神"如种子一样在学生"知、信、行"的人生修炼中以蓬勃的生命形态生根、发芽、生长。

"五个红"精神感知活动:市内各校以少先队、共青团活动为抓手,落实"读红色书籍、看红色影视、唱红色歌曲、诵红色诗文、走红色道路"精神感知活动,帮助辅导员、学生了解中国共产党的奋斗史,使学生在脑海中印刻一个个鲜明生动的共产党人形象,心中回响奋进的嘹亮旋律与铮铮誓言,以开天辟地、敢为人先的首创精神涵养学子开拓进取勇于创新的宝贵品质,以坚定理想、百折不挠的奋斗精神涵养学子担当民族复兴大任的远大志向,以立党为公、忠诚为民的奉献精神涵养学子热爱祖国服务人民的人生追求。

典型案例:南湖国际实验小学的"红船少年跑团"。

由206班组织的嘉兴南湖国际学校红船少年跑团,吸引了住在凌公塘周围20户家庭约50人参加,403班的也来了,407班的也来了……不同的年纪与班级,集体活动的魅力吸引他们一道在公交车站唱红歌,做快闪活动,在公园亭子里诵红色诗歌,相伴健走与晨读;一起参加"杨妈妈公益行",看望失独家庭,送去节日问候;到超市与菜场进行社会调查,完成《让嘉兴白色污染少一点》的研究性学习。在他们的带动下,各社区学生与热心家长一起,纷纷成立"红船少年跑团",在奔跑中锤炼坚毅品格。

"校园红色风景线"打造活动(图4-3):市内各校结合学校党建工作与校园文化建设,以设计学习的方式开展活动,由学校党支部与德育处共同发起"校园红色风景线"打造方案征集活动,通过画效果图、展设计作品、讲设计初心、评最佳方案等活动,支持党员教师、党建工作者、学生充分深入对

"红船精神"的理解。在此基础上,充分利用校园空间,精心设计,让学校的厅、廊、亭、路、带等都富含红色文化的因子;运用校园雕塑、板报墙报、展板橱窗等宣传载体,在校园、教室、寝室、餐厅等功能空间,布置人物画像、谱系导图、标语誓言、先锋事迹等,使"红船精神"无处不在,发挥潜移默化的作用,让学生耳濡目染,入脑入心。

图 4-3 "校园红色风景线"例举①

2."火炬传递":贯彻"知行合一",以"行动·磨炼"为主线开展系列活动

习近平总书记指出:"'知'是基础、是前提,'行'是重点、是关键,必须以'知'促'行'、以'行'促'知',做到知行合一。"[5]在深入推进"红船精神"进校园的活动中,遵循"知、情、意、行"的发展规律,依据"知""行"关系的辩证统一,设计并完善"十个一"活动,并以"行走的红色课堂"共建活动为支撑,引导青少年在实践中体悟,在行动中磨炼,在实践中点燃师生心中努力向上、奋斗奉献的火种,让先辈的精神像火炬一样照亮前行之路,在南湖儿女心中代代相传。

"十个一"实践深化活动:与打造红船铁军相结合,以学科教研组为抓手,围绕"读一本书做一件事""行一段路献一分力""学一个人立一个愿""认一个错长一段智""用一份真情创一个作品"这"十个一"开展主题活动,发动

---

① 批注[编者团队]:成果报告中的图片一般以框架图、路线图、统计图为主,照片类的图片宜精不宜多。

美术、音乐、体育、语文、思政、数学、科学、综合实践等学科教师开展跨学科活动设计，将"红船精神"落实到学科实践活动中，真正将"课程门门有思政，教师人人讲育人"落到实处。

典型案例：嘉兴市吉水小学将"红船精神"进校园融入学科思政的丰富活动。

吉水小学数学学科开展"做一道题明一个理"活动：把红军长征的内容融入数学应用题，通过解题、计算感受革命事业的艰难，革命英雄的伟大；认识红船，了解红船，通过设计有关红船面积或体积的计算题，让学生更加全面地了解红船。外语学科开展"当一回导游介绍一艘红船"活动：英语教师辅导学生当一回红船导游，为国外来客介绍嘉兴南湖的红船，在南湖革命纪念馆做英语"红船讲解员"。音乐学科开展"唱一段红歌过一个节"活动：建队节上，以红歌联唱的方式庆祝少先队员的节日，每个班级一个方阵，轮到演唱时起立，其他学生会唱的也可以应和。班队开展"学一个人立一个愿"活动：让同学们研究一位革命英雄的生平，感受英雄的伟大之处，以研究报告的方式展现英雄的方方面面，提炼英雄的精神品质，结合英雄的精神为自己立一个远大的愿望，在升旗仪式上齐诵愿望。

"行走的红色课堂"构建活动：与深化教育改革发展相结合，充分挖掘地方红色教育资源，主动对接相关部门，将南湖、红船、南湖革命纪念馆、地方党史陈列馆、博物馆、粽子文化博物馆等独具嘉兴元素和红色基因的场所列为红色实践基地。发挥嘉兴科技城、秀洲国家高新区、清华长三角研究院等科技创新发展平台的教育服务功能[6]，开辟第二课堂，以优化的环境支持学校开展红色研学活动，如幼教段的"南湖宝宝描红船"、小学段的"红领巾重走一大路"、高中(中职)段的"青春毅行"，将红色研学活动与重大节庆活动相结合，当学生行走在党的一大的路上、驻足于红船之旁，在南湖革命纪念馆中聆听声情并茂的讲解，在各类名人故居触摸先辈刻苦用功的真实场景，感受礼仪的隆重与其内蕴的深层次意义，他们心中努力向上、奋斗奉献的火种就会点燃，先辈的精神就会像火炬一样照亮他们前行之路。

3."风帆领航"：体悟"强国有我"，以"创造·激励"为主线开展系列活动

"开天辟地、敢为人先"的首创精神是"红船精神"的灵魂。在与时俱进、永远站在时代前列的首创精神的引领下，以奋斗精神为支柱，彰显奉献精神的本质[7]。铭记"为党育人，为国育才"的教育初心，通过"三用三新"系列活动将"红船精神"进校园的深入推进与教师探索先进的教育教学方法紧密结合起来，与学生好好学习、天天向上的实践生活相结合，支持师生体悟"苟日新，日日新，又日新"的内在激励作用，同时打造红色德育品牌，使广大师生真正体会并认识到首创、奋斗、奉献在面向未来的发展中的价值，高扬"红船精神"风帆。

"三用三新"创造活动：立足于支持学生健康成长，各校教师发展中心、家委会、学生处等相关部门通过头脑风暴、相互观摩等组织形式，在教师、学生、家长三个层面发起"三用三新"活动。在教师中开展"用先进理念，开创工作新局面"活动，鼓励教师用先进的项目化学习、STEM 教育等方式，完善教育教学方法，培养人才；在学生中开展"用科学方法，获得人生新成长"活动，组织学生深入各行各业，进行调查访谈等研究性学习活动(如图4-4)，对比今昔变化，坚定报效祖国的信念；在家长中开展"用优良家风，营造家庭新氛围"活动，帮助家长们了解长辈们的奋斗史，在新时代接续奋斗。创造性的活动使教师、青少年、家长体验为国出力的价值感，使他们受到内在的激励。

图 4-4　学生到各行各业开展调查研究感受伟大时代

典型案例：嘉善第二高级中学的家风家训微视频制作比赛。

家风、家训、家规是中国的优秀传统文化，良好的家风、家训、家规能够使家庭温馨和睦。好的家风家训需要传承。从孟母三迁到岳母刺字，不仅承载了祖祖辈辈对后代的希望、对后代的鞭策，也体现了中华民族优良的民族之风。在寒假作业的社会实践中，学校布置了以"我家的好家风家训"为主题的微视频制作比赛，高中生通过与爸爸妈妈、爷爷奶奶、外公外婆"围炉恳谈"，了解家族的奋斗史，写成小论文，制作微视频，由学校政教处、团委评出一、二、三等奖，在学校公众号中展示，得到了广大市民的点赞。

"红色德育"品牌建设活动：用"学段主题＋各校特色"的方式引导学校结合"首创""奋斗""奉献"开展探索与创造活动，培育"红色德育"品牌。分学段提出品牌培育主题：中职学校重点培育"红匠"德育品牌项目，高中重点培育党团共建品牌项目，初中学校重点培育红色体验品牌项目，小学重点培育红色实践品牌项目(图4-5)，幼儿园重点培育红色认知品牌项目。各学校根据实际情况与特色活动确定"红色德育"品牌项目。市教育局、研训部门通过观点报告、现场会、品牌认定等方式组织学校交流德育品牌建设的经验，用品牌效应激发全市师生为国奋斗的豪情，体验"强国有我"的自豪。①

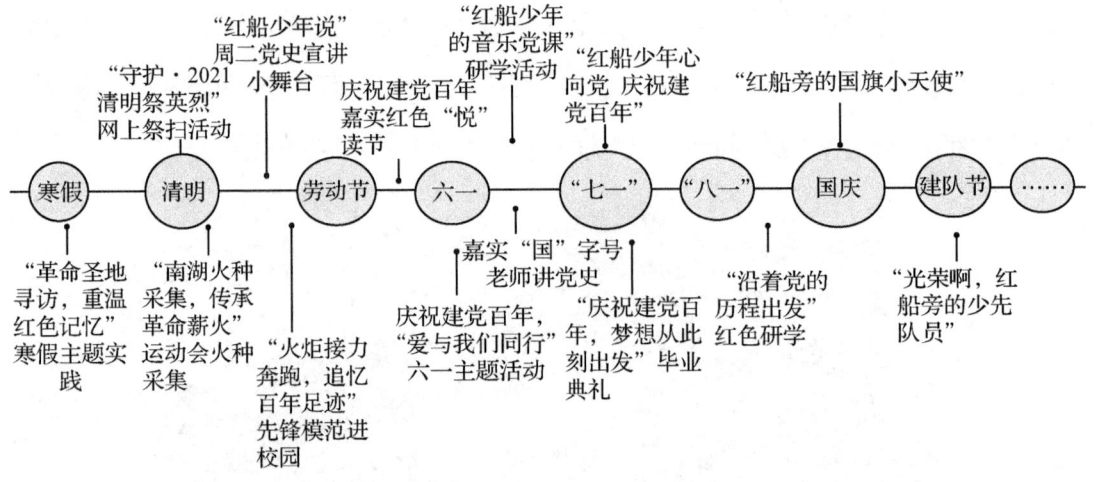

图 4-5 嘉兴市实验小学"节庆活动学党史"德育品牌项目框架

---

① 批注[编者团队]：以案例佐证研究成果是一种常见方式，但研究者需要注意两者之间的匹配度，如此处可以选择更能体现小学阶段品牌培育主题的相关材料。

四、研究成效[①]

(一)形成了相得益彰的良好联动格局

"红船精神"进校园的南湖行动成功地推动了多方联动形成社会合力,营造了协同育人的良好格局。一是党政机关(市委宣传部、市团委、市少工委、市教育局),研训部门(教育学院、各县市研训中心),各类学校紧密互动,三者分别承担了行政层面的政策导航、研训层面的项目导研、学校层面的行动导育任务,既分工明确,又紧密合作,形成了政策、技术、实践互为依托的三线共进的良好生态。二是红色场馆(南湖革命纪念馆、地方党史陈列室、党群服务中心等),科技创新发展平台(清华长三角研究院、南湖实验室、科技馆等),文博场所(博物馆、文博会、马家浜考古基地、粽子文化丝绸文化体验馆等)与学校的联动,充分发挥这些平台的教育服务功能,打造了一批红色教育实践基地。三是老红军、关工委老同志、道德模范、专家学者、党史工作者、优秀企业家、知名校友、警察等与学校的联动,他们用亲身经历极大地开阔了学生的视野,让学生感受到蓬勃的社会活力。四是学校党建、师训、教务、心理健康、后勤的紧密联动。五是家庭与学校的联动,充分发挥家长的育人职责,通过家长会、家长开放日等渠道,用职业生涯体验、"给家长的一封信"等形式推动全社会同心共聚、学习弘扬"红船精神"。《激活"红船精神"育人文化基因培育时代新人的嘉兴实践》一文刊发于《中国教育学刊》2021年第6期。

(二)集聚了丰富优质的精神教育资源

思想政治理论课是落实立德树人根本任务的关键课程[8]。习近平总书记强调,要高度重视思政课的实践性,把思政小课堂同社会大课堂结合起来[9]。"红船精神"专题教育教材获得省优秀教材奖、省社科联社科研究优秀成果奖。专题教材的出版,使得市级地方课程和弘扬"红船精神"有了高质量

---

① 批注[编者团队]:研究成效可以先对研究问题进行回应,再阐述其产生的更为广泛的影响。

的教材载体。随着"红船精神"进校园的实践推向纵深,逐渐集聚起了一批丰富优质的教育资源,为打造高质量的思政课提供了极大的支持。这些优质资源主要包括以下五部分。第一,一组符合德育规律、富有感染力、能使广大师生获得内在激励感的红色教育系列活动,包括以"感知·浸润"为主线的"五个红"精神感知活动,以"行动·磨炼"为主线的"十个一"实践深化活动,以"创造·激励"为主线的"三用三新"创新奉献活动。第二,一道靓丽的校园红色风景线:以学校的厅、廊、亭、路、带为主要承载物的红色校园文化。第三,一系列红色育人活动案例:行动中组织评选了131门红船精神校本课程。第四,一系列精神育人研究成果:开展"弘扬红船精神、打造德育品牌"专项课题申报,立项课题95项。第五,一大批红色育人实践基地,指包括红色场馆、创新发展平台、文博场所、高新企业等在内的红色教育社会实践基地。2021年5月13日上午,浙江省中小学思政课建设展示研讨活动在我市举行,省教育厅充分肯定了"嘉兴充分利用革命红船起航地的独特优势和宝贵资源,开发思政课地方课程教材体系,丰富思政课育人资源"的宝贵经验。

(三)形成了区域先行之势

"红船精神"主题系列教材,为教师指导青少年儿童认知、理解"红船精神",开展实践活动提供系统性、前瞻性支持。为保障专题教材的使用,各县(市、区)教育(文体)局均建立了相应的工作机制,统筹规划,周密部署,确保"红船精神"专题教育在本地的实施过程中有课时、有师资。各中小学幼儿园成立课程实施领导小组,协调教学、德育等线,确定师资、安排课时,开展"红船精神"教育教学活动。随着在各学段各校的广泛使用,优秀课例及先进经验不断涌现,两年来,组织县(市、区)以上的公开课研讨864节次(平均每学期每县24节次)、现场观摩活动54场(平均每学期每县3场),评出"红船精神主题活动"优秀方案540篇(平均每学年每县30篇)。2021年4月29日,《中国教育报》在第四版以整版的篇幅,刊登了对嘉兴教育的专访,盛赞嘉兴教育为"100年后的今天,南湖之畔的莘莘学子追随先辈的足迹,从

'红船精神'中汲取力量、铸就理想，回应时代的感召"，"红船精神"进校园，正成为浙江嘉兴立德树人的生动实践，为新时代的南湖儿女系好了人生的第一粒扣子。[10]

(四)彰显了红船起航地立德树人的品牌效应

在片组联盟协同式互学互促基础上，"红船精神"进校园的路径与方法得到进一步改进与完善，形成县(市、区)及学校德育工作的一系列品牌。一是师资队伍建设品牌：在校长、教师培训中，一方面加大了对"红船精神"的宣讲，促使教育系统全体教职员工广泛参与"红船精神"学习践行，确保了"红船精神"进校园人人知晓、人人参与、人人争优，另一方面加强了"红船精神"进课程、进教材、进课堂专题师资培训，评出"红船育人先锋""红船德育标兵""最美教师"，形成区域品牌。二是教育教学改革品牌：结合各学段青少年儿童心理发展特点，编制建构了以"红船精神"为主题的地方课程、校本课程和拓展课程体系，打造了一批立足全市、面向全国可推广的一体化、系列化"红船精神"教育精品课程。三是学校德育工作品牌：充分发挥区域红色资源优势，培育了一批在市域有影响力的经典红色德育活动项目，以活动项目实施为依托，形成独具我市特点和区域特色的红色德育品牌，全面提升红色德育工作水平。四是校园文化建设品牌：着力加强了体现"红船精神"元素的校园文化建设，形成一批在校园文化建设中体现党的诞生地独特元素、学校特色和时代精神的校园文化建设品牌。

2021年4月1日，教育部门户网站推出《嘉兴："红船精神"浸润校园》的报道，用"嘉兴市全面推动'红船精神'在中小学校落地生根，全市中小学校都把从'红船精神'中汲取信仰力量作为使命担当，充分发挥'红船精神'的育人价值，从'入形''入心''入行'等方面来引导教育中小学生弘扬和传承'红船精神'，形成了一大批'红船精神'进校园的生动案例"[11]点赞嘉兴教育。

五、创新之处①

（一）研究路径的创新

以精神化育为主线，政策制定、品牌打造、自发探索三线并进，教材、教法、特色路径整体发力，推进"'红船精神'进校园"落实、落细、落深，传承红色基因，推动全市教育系统党员干部、教职工和广大青少年儿童将"红船精神"内化于心、外化于行。

（二）研究载体的创新

依托中国共产党诞生地、"红船精神"发源地南湖特有的人文、自然、物理环境，充分挖掘地方红色教育资源，整合社会力量，形成具有地方特色、时代特点的立德树人载体，包括《"红船精神"进校园专题教材》、"弘扬红船精神、打造德育品牌"专项课题、青少年校外教育实践基地、以"感知·浸润""行动·磨炼""创造·激励"为主要功能的三大特色进路，将"红船精神"从认知涵育层面托举到实践历练层面。

【参考文献】②

[1]习近平．弘扬"红船精神" 走在时代前列[N]．光明日报，2005-06-21(5)．

[2]敢教日月换新天[EB/OL]．央视网：http：//tv.cctv.com/2021/06/20/VIDEdSiRuPjySrbkD1dOHfpd210620.shtml．③

[3]习近平总书记谈如何坚持系统观念[EB/OL]．求是网：http：//

---

①批注[编者团队]：此处需要展现出本研究相较于已有研究的突破或针对以往研究中的难点提出的创造性的解决办法。一般来说，从政策走向实践、从研究走向校园、从教材走向课堂是比较主流的研究路径。

②批注[编者团队]：参考文献格式应统一且规范。对于参考文献的著录，我国于2015年发布了国家标准《信息与文献 参考文献著录规则》(GB/T 7714—2015)，供各位参考。

③批注[编者团队]：网站中发布的政策性文件或新闻作为电子文献，其引用格式一般为：发布主体．发布时使用的题目[EB/OL]．(发布日期，以年-月-日为格式)[引用日期，以年-月-日为格式]．

www.qstheory.cn/zhuanqu/2021-01/30/c_1127045484.htm.①

[4]陈明青.红船精神如何穿越百年与学生对话？——以上海市高中学段"红船精神"主题教育活动为例[J].人民教育，2021(5)：11-14.

[5]在知行合一中担当作为[EB/OL].人民网：http://theory.people.com.cn/n1/2019/0404/c40531-31013144.html.②

[6][7][9]邢海华.激活"红船精神"育人文化基因培育时代新人的嘉兴实践[J].中国教育学刊，2021(6)：8-14.

[8]习近平.思政课是落实立德树人根本任务的关键课程[J].求是，2020(17).

[10]蒋亦丰.嘉兴：红船起航地 弦歌永不辍[N].中国教育报，2021-4-29(4).

[11]马晓红.嘉兴："红船精神"浸润校园[N].中国教育报，2021-04-01(6).

第二节 2020年度浙江省教育科学研究优秀成果奖一等奖获奖作品（2）

本案例由金华市教育教学研究中心提供，项目成员为张国红、谢迎春、陈旭军(执笔)、陈中华、杨亚坤。为尽可能保证案例的原始性、真实性，我们仅对案例结构进行了统一，案例内容未做大幅修改，在"批注"中展示了评审组给出的本案例的优点和不足之处，供各位读者参考。

学习微进程：一种中职教学新样式的研制与实施③

【内容提要】立足现代中职教育特点，旨在解决中职教学中漠视学生职业

---

① 批注[编者团队]：同前页③。
② 批注[编者团队]：格式要求同前文所述。
③ 批注[编者团队]：此案例是前文所述的长周期研究范例，供各位参考。

能力发展规律(教学分离),理实分离,内容、方法、评价"各自为政"(教评分离)的三大问题。课题组在前置成果《中职专业课"主题导学"教学的实践研究》(省教学成果一等奖)的基础上,提出并创建了"学习微进程"的理念和教学新样态。学习微进程是在"学习进程"理论下提出的,其描述的是学生关于某一主题或任务的实践与认知是如何循序渐进地从低水平向高水平发展的,正是学习微进程之"细胞"的不断繁衍生长,才成就了学习进程之"生命体",这也契合了从新手到技术行家的职业成长路径,成为中职专业课教学改革的新思路。① 在学习微进程的课程架构上,提出从"演绎"到"演进"是课程组织逻辑的应然转向,由此实行从"倒碗"到"正碗"的课程结构模型的重构;在学习微进程的设计范式上,提出并构建了"宏设计",即通过单体项目构建形成"宏内容",通过学习进阶设计形成"宏结构",通过空间场域构建形成"宏时空";在学习微进程的教学样式上,构建了"点—线—面"的设计框架,进程主轴线上以任务、问题和概念为三个关键节点,并分别对应构建尝试链、反思链和解释链三条线,通过教学内容、方法与评价的一致、协调推进,形成了教学改革的合力;在学习微进程的实施策略上,优化形成了"主题即中心""行知即进阶""行动即学习""问题即导学"的"四即"策略。课题组确立了课程单元化、单元主题化、主题进程化的学习微进程研制路径,以电子技术课程为载体,研制完成了共27个主题的学习微进程,并对学习微进程进行了有序深入的教学探索,建立试点学校先行、研修活动推行的推进策略,通过系列化、进阶式的研修活动,取得了丰富的实践案例与成果。6年来,学习微进程成为了中职专业课教学改革的抓手,通过教学实验,学生的学习力呈现"慢热"型提升态势,教师在教学反思及课堂交互等方面改善显著。成果带动了区域范围内10余所职校及省外4所职校参与,反响积极。以浙江省张国红

---

① 批注[编者团队]:摘要从当下中职教学中的痛点切入,解释"学习微进程"的概念,呈现研究实践内容特色。此处详细描述了课题的设计思路,但从篇幅上来看,这部分在"内部提要"中占比略多,从而作出区分,突出重点。

名师网络工作室为平台，带领15位学科带头人常态化实践，教学能力取得显著提升，团队成员获得国家级教学奖项的共6人次。近6年，相关学术论文发表在《职业技术教育》等核心刊物上的共12篇，举办省内外学术讲座共60余场，在全国形成辐射效应。

【关键词】学习进程；学习微进程；中职教学；进阶式；教学样式

一、课题解决的主要问题与解决方法①

中职专业课教学的研究与改革一直是整个教育领域的薄弱部分，教师对"实践是理论的应用"哲理的不当解读与过度运用，导致教学上"理实分离"的顽固存在，且在课程标准、教学方法和学业评价等方面的改革往往"各自为政"而缺乏合力，中职专业课教学缺乏明晰的有效路径和自我特征。本成果以中职电子技术课程为例，构建了"学习微进程"的教学新模式，连续开展了六年的教学探索，取得了一定成效。

（一）中职专业课教学的三大分离问题②

1. 职教教学漠视学生职业成长规律的问题（教学分离）

职教教学受传统教学的强势影响，在教学中往往只关注学习认知规律，比较遵循知识教学从易到难的过程，却忽视了以促进就业为导向的职业学校的学生的职业成长规律，这实质上是教与学分离的问题。学习微进程按照学生的理解及职业成长路径组织专业知识的内容顺序，明确"什么水平学什么"，以最合理的认知顺序将专业知识呈现给学生，避免把高水平层次需要具备的系统知识在低水平阶段做"储蓄"式教学。③

2. 职教教学中理论与实践二元对立的问题（理实分离）

传统职教教学往往停留于理论与实践相结合的层次，将理论与实践对

---

①批注[编者团队]：这一章节系统完整地梳理了整个课题的提出背景和现实意义，体现了从问题指向解决方法的研究思路。

②批注[编者团队]：在表述中可适当加入数据，呈现"三大分离问题"在区域教学中的具体情况。

③批注[编者团队]：对改进中职专业课教学的"三大分离问题"提出了有价值的观点，且后续进行了进一步的详细阐述。

立，这实质上是理论与实践分离的问题，要真正实现理实一体，必然需要解除二者之间的对立关系。学习微进程超越了理论与实践两大要素对立的思维框架，把视点放到了作为主体存在的学生的职业能力发展路径上，在整体化思维中，自然地消除理实之间的鸿沟。

3. 课程内容、方法与评价"各自为政"的问题（教评分离）

传统职教教学中的课程内容、教学方法与评价往往"各自为政"，缺乏协调机制，这实质上是教与评分离的问题。学习微进程通过描述学生职业成长各阶段的实际表现，整合了课程标准、课堂教学、考试评价三大要素，使三者的联结变得更加强烈、明晰，从而形成一个有机、联动、结构化的体系。

（二）问题本质与解决方法

1. 问题本质

本成果认为，前述三大问题的核心是教学中的"要素分离"，而问题的本质是教师缺乏"学生观"，始终以忽视学生主体的方式展开教学。

2. 破解方案

超越教、学、理、实、评各要素分离的思维框架，把视点放到作为主体存在的学生的职业能力发展的主轴线上来，通过建立一条合理的学习进程来统整各要素，这就是本成果提出的"学习微进程"。

3. 解决方法

(1)建立逻辑自洽的学习微进程理论，理念先行，形成教学改革的先导力。

依据破解总方案，课题组创建了学习微进程理论，通过试水、分享、传播，得到了知名教学专家与广大教师的普遍认同，并在核心刊物《职业技术教育》上发表了成果论文，理念先行，形成了教学改革的初期先导力量。

(2)研制学习微进程的基本样式和主题化方案，制订操作标准。

立足电子技术课程，课题组以点—线—面为策略框架，构建了学习微进程的基本样式，研制了能覆盖电子技术课程内容的 27 个主题，并分别设计了对应的学习微进程方案，编写了进程方案集，出版了相应教材，为教学设计配备操作标准与指导文件。

(3)构建学习微进程的"四即"策略，形成教学实施的行动指南。

课题组在省一等奖前置成果的基础上进行优化，构建了主题即中心、行知即进阶、行动即学习、问题即导学的"四即"实施策略，这一策略不仅能促进教师坚定实施学习微进程的决心，还能为广大教师的教学实施指明行动路径。

(4)实行学习微进程"研制—实施"的闭环机制，达到教学实施能力的螺旋提升。

以课题负责人张国红建立的名师网络工作室为平台，以15位学科带头人为主体，课题组通过常态化组织"名师评课"活动和线上线下混合研修活动，以及从方案研制、教学实施、团队研讨、策略调整再闭环到方案研制的循环路径，以三所试点学校为重点，结合区域性推广，建立闭环的教学实施检验机制，激发教学改革内驱力。

二、课题的实践探索

（一）实施策略

1. 试点学校先行

本研究选择金华实验中学(代称为A)、浦江职业技术学校(代称为B)和磐安职教中心(代称为C)三所职校作为教学试点学校，其中A的电子技术专业在全市规模最大，具有实践研究的体量基础，C是课题负责人张国红带领的名师工作室的乡村结对学校，具有试点的便利条件。在试点学校主要开展对学习微进程的下水式实践研制与教学探索，并对结对试点学校进行成果专项推广。

2. 研修活动推行

一是在教研活动中展示交流。2018年上半年以来，全市各类中职教研活动都以学习微进程为理念开展，并设计了教学展示环节。二是全面开展教学调研活动。2019年3月开始，全市推出了中职"全景式"教学调研活动，该活动推进了学习微进程的区域教学实践。三是张国红名师工作室混合研修活动。以浙江省名师网络工作室为平台，由张国红名师工作室组织开展以学习微进程为专题的系列研修活动，2018年至今，共组织研修活动40余次。同时，以工作室"名师评课"栏目为载体，进行了"名师评课"线上系列活动，线上研修活动片段如图4-6所示。

图4-6　张国红名师工作室"名师评课"研修进阶式活动片段

3. 结对帮扶施行

本研究于2019年与职业学校C建立了结对帮扶关系，制订了《结对帮扶方案》《学习微进程专题混合式教研活动方案》，在该校进行学习微进程的常态化教学，且在方案指导下，每周 2 次开展了评课驱动下的混合式教研活动，部分研讨场景如图 4-7 所示。

图 4-7　磐安职教中心教师针对学习微进程开展专题研讨

（二）研究方法

2014 年开始，课题组基于学习进程理论，立足中职电子技术课程教学，运用个案研究、行动研究、比较研究等方法，开展学习微进程的研究。实施过程如图 4-8 所示。

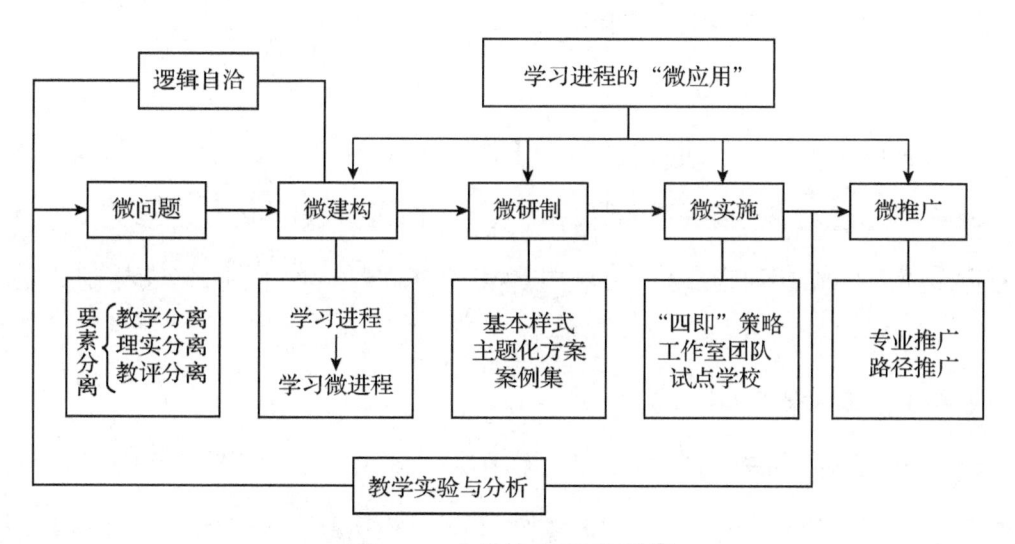

图 4-8　实施路径示意图①

---

① 批注［编者团队］：在图表中，需强调的部分可以用不同颜色或形状标注。

第一，建立逻辑自洽的学习微进程理论，理念先行，形成教学改革的先导力①。

依据破解总方案，创建了学习微进程理论，通过试水、分享、传播，得到了知名教学专家与广大教师的普遍认同，并在核心刊物《职业技术教育》上专题发表了成果论文，理念先行，形成教学改革的初期先导力量。

第二，研制学习微进程的基本样式和主题化方案，制订操作标准。

立足电子技术课程，课题组研制以点—线—面为策略框架构建了学习微进程的基本样式，研制了能覆盖电子技术课程内容的27个主题，并分别设计对应的学习微进程方案，编写进程方案集，出版相应教材，为教学设计配备操作标准与指导文件。

第三，构建学习微进程的"四即"策略，形成教学实施的行动指南。

在省一等奖前置成果的基础上进行优化，构建了"四即"实施策略，不仅能促进教师坚定对学习微进程实施的立场，还能为广大教师的教学实施指明行动路径。

第四，实行学习微进程"研制—实施"的闭环机制，达到教学实施能力的螺旋提升。

以课题负责人的浙江省名师网络工作室为平台，以15位学科带头人为主体，课题组通过常态化组织"名师评课"活动和线上线下混合研修活动，实行从方案研制、教学实施、团队研讨、策略调整再闭环到方案研制的循环路径。

（三）探索过程

金华市中职教研部门在中职学校中围绕"研培一体"式教学调研活动已连续进行了10年探索，针对中职学校教学的诸多问题，于2012年创建并形成了《中职专业课"主题导学"教学的实践探索》的教学成果，从教学方法层面较

---

① 批注[编者团队]：研究方法应与问题解决方法区分，研究方法侧重于课题研究，解决方法则侧重于针对问题建立方案。

好地解决了中职专业课教学的理实分离、学生主体参与不足等问题。通过后续调研发现，要有效解决深层次问题，需要有对课程、学业评价等更高位的视野，课题组通过不断的调研与实践，于2015年创建了"学习微进程"理论，并展开了系列实践与探索。本成果的实践探索大致分为三个阶段，如图4-9所示。①

1. 第一阶段：构建与试水（2015—2017年）

在问题驱动下，通过学习与借鉴美国科学教育界流行的"学习进程"理论，结合中职专业课教学的特点，课题组大胆创建了"学习微进程"理念与样式，并于2015年在核心刊物《职业技术教育》上发表了学术论文《学习微进程：中职专业课教学改革新思路》，引起了广泛共识。之后两年，课题组通过理念传播与教研活动，组织全市中职电子电工专业教师进行广泛而自主的学习与研制，吸引了50多位教师积极参与。2017年起，课题组在三所试点职校开展了试水，组织教师进行学习微进程的文本研制，形成了学习微进程典型案例集。

2. 第二阶段：检验与探索（2018—2019年）

2018年，本研究作为浙江省教育科学规划课题立项，在三所试点学校同时进行文本研制与课堂实施的双重探索，试点学校围绕电子技术课程，以学习微进程方案研制为重点，以"一月一探"的方式定期进行课堂教学展示与交流活动。2019年与2020年，课题组在试点学校均进行了为期一个学期的试点探索，收集了丰富的实践素材，也取得了部分学术成果。

3. 第三阶段：帮扶与推广（2019—2020年）

课题组一方面在三所职校开展完善后续研制与实施探索，另一方面以张国红名师网络工作室为平台，以成果理论为指导，立足课堂教学，进行了对试点学校C的结对帮扶活动，同时，借助名师网络工作室"名师评课"栏目定

---

①批注[编者团队]：探索过程发挥了区域的特色优势，将研究的过程按照时间顺序分阶段表述，提高了阅读性的同时，也为课题成果内容的提出起到铺垫作用。

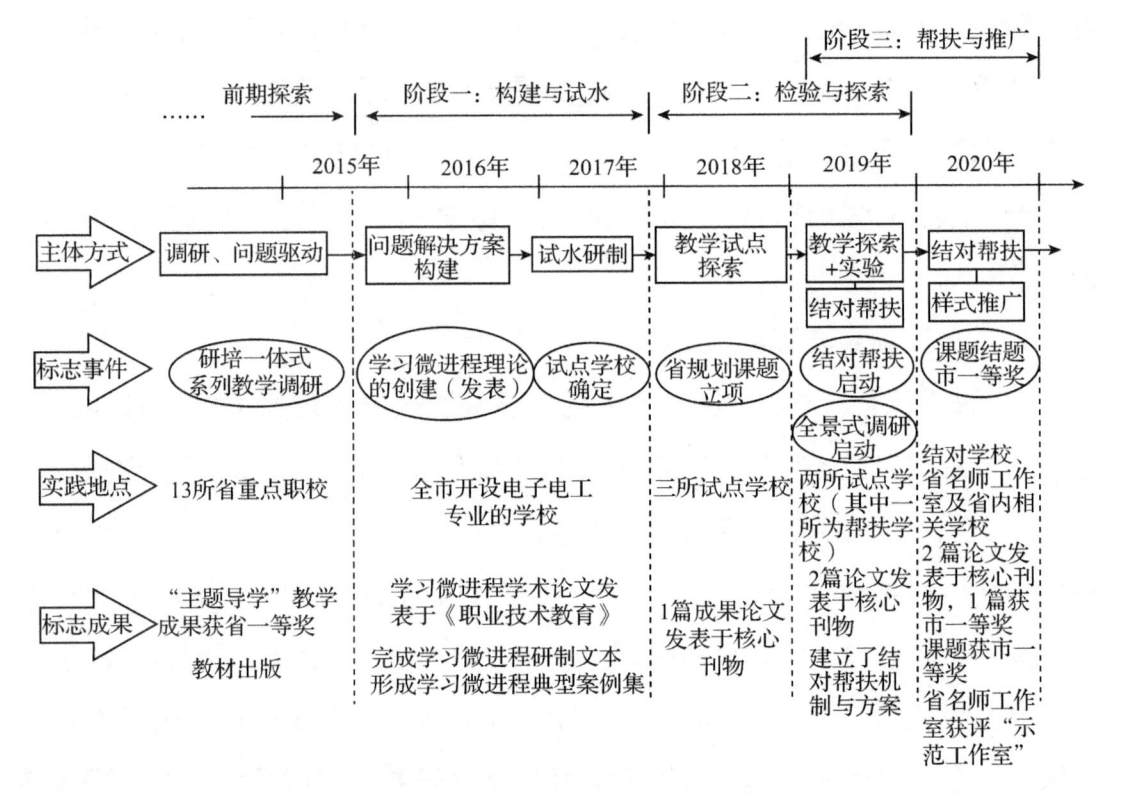

图 4-9 实践探索过程示意图

期开展以学习微进程为主题的教研活动,并通过与其他名师工作室的联合活动,在多个省名师工作室成员中推广成果,并在名师工作室的混合式研修活动中推广学习微进程的进阶理论。

三、成果的主要内容[①]

(一)创建了"微进程"理论

1. 概念提出

近几年,美国科学教育界为解决学生在国际性科学与数学测试中表现不佳的问题,提出了"学习进程"的改革思路[1],"学习进程"揭示了学生在学习和探索某一主题时,对该主题的思考、理解与实践活动在相当长一段时间内

---

① 批注[编者团队]:第三章从形式和内容上将课题成果与工作报告作出了区分,建立了成果表述的逻辑,而不是对成果进行简单堆叠,按理论、课程架构、范式、基本样式、方案的顺序,层层递进。

(如 6~8 年)是如何一步一步、循序渐进地从低水平到高水平发展的[2]。

"学习微进程"是在"学习进程"的概念框架下提出的。学习微进程指向课堂教学操作层面，具有一定的实用主义色彩，其基本含义是，描述学生关于某一任务(或主题)的相关知识与能力在一定的时间跨度(1 课时~数课时)内进步发展的历程。它揭示学生在恰当的教学方式下围绕一个核心主题的思考与实践活动是如何一步一步地从简单到复杂、从低水平到高水平地发展的，表现为学习内容、方法和评价等整体性的推进过程。

本成果认为，无论是对应长时空尺度的"学习进程"，还是只有 n 课时的"学习微进程"，在路径上都应尊重学生的职业能力发展规律。① 事实上，有生命的学生总是被无意间视为无生命的"大厦"，为了构筑大厦整体，每一次教学的学生主体性都有可能被随意践踏。本成果认为，每一次主题教学不应是构成整个课程"大厦"的无生命"砖瓦"，而应该把每一次主题教学看作有生命的"细胞"。能力是生长的，而不是堆砌的结果，正是学习微进程之"细胞"的不断繁衍生长，才成就了学习进程之"生命体"，也以此统整与解决教学中要素分离的问题。学习进程与学习微进程之具体比较见表 4-3[3]。

表 4-3 学习进程与学习微进程之比较

比较项	特点比较	
	学习进程	学习微进程
隐喻	"生命体"	"细胞"
层次与特点	高规格、理论性强	草根性、操作性强
对应维度	课程	课堂或单元教学
运作周期	一般 6~8 年	1~n 课时
研制主体	教育、心理、课程等方面专家	教师、行业实践者

---

①批注[编者团队]：将学界的理论引用、学习、内化为课题中的概念。结合图表清晰透彻地呈现"学习微进程"的理念内核。

学习微进程的"细胞"隐喻模型如图 4-10 所示。

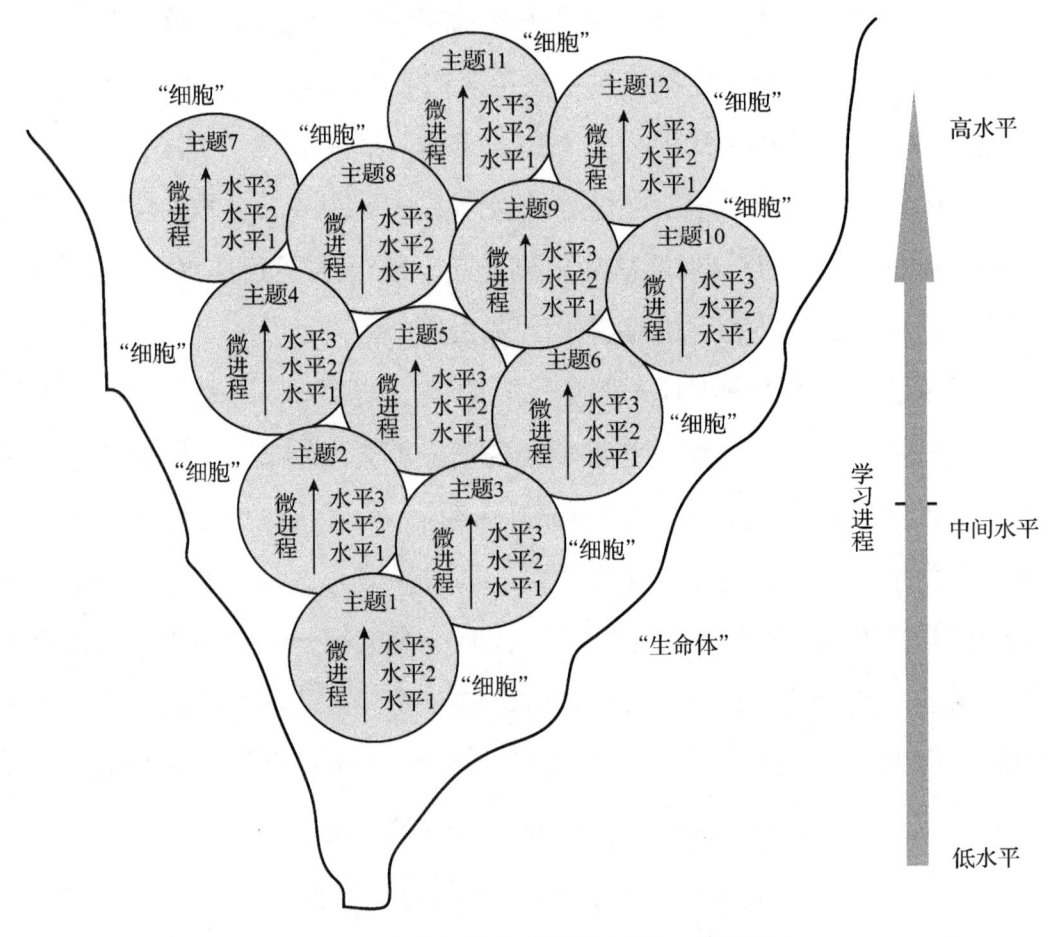

图 4-10 学习微进程的"细胞"隐喻模型

2. 基本模型[4]

在进程序列上，微进程的推进就像生态演替，是多种要素相互作用形成的复杂过程，而不是整齐划一的、线性的发展。但从框架上，微进程试图构建与描述符合教育类型与学生特点的典型发展路径。根据中职学生的智力结构和中职教育的特点，本成果认为，围绕一个主题的微进程应遵循从感性到理性、从实践到认识的发展路径。学生已有的知识经验（对应新手的知识与能力）是进程的起始基础，终点通常是社会期望（对应技术行家的知识与能力），即人们期望学生到达进程顶端时"能够知道什么"和"能够做些什么"，两个端点之间存在多个中间水平，对应普通技术工人、技术能手应具备的专业知识与能力。

以电子技术课程中"某电路装接"任务为例,学习微进程的一般模型可表示为如图4-11。其中,起点是尝试性地装接电路,"能够装接"是普通操作工的水平,终点是在具备所有中间水平对应能力的基础上,能够对原理作出科学解释,对应技术行家的水平。从低水平向高水平的发展演变实质上是学生的知识经验越来越丰富、知识体系越来越系统的过程。

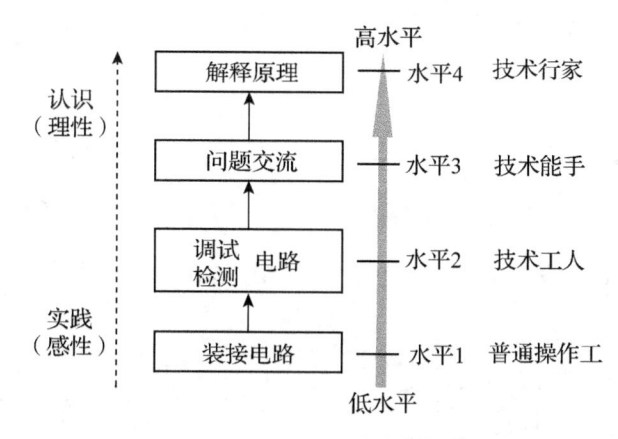

图 4-11 学习微进程的一般模型(以某电路装接任务为例)

（二）构建了学习微进程的"演进式"课程架构[5]

1. 学习微进程与"演进式"课程的契合

不可否认,职业教育课程组织至今没有摆脱理论到实践的演绎框架,"实践是理论的应用"这一命题本身没有错误,但实际教学时教师常把这里的"应用"无意识地看作一个简单的演绎过程。

学习微进程的"进阶式"思维打破"先理论后实践"的线性演绎桎梏,构建"演进式"课程结构,尊重实践能力结构的独特性,强调实践能力的进化与生长,这实际上超越了理论与实践的二元分离思维,把形成实践能力的视角统一到工作任务的载体之中,让学生在围绕工作任务的理实一体化行动中实现知识与工作任务的黏合,从而建构学生的自主实践能力。如果说,演绎式课程试图构建一种从基础到应用、从理论到实践的人工序列的话,那么演进式课程就是从职业教育自身特点出发,构建一个从简单到复杂、从低水平到高水平发展的自然序列。实践能力的形成不是基于静态组合的分步转换过程，而是一个基于动态生成的逐渐累积、演进的过程，"演进也并非简单的、一维的和线性的，而是类似于生态演替的过程，演进式变化是多种因素相互联系、相互作用的结果"[6]。

2. 学习微进程对"倒碗"式课程模型的解构

传统职业教育课程一般包括公共基础课程、专业理论课程和专业实践课程三类，对它们进行合乎逻辑的组合与排序会得到职业教育特有的课程结构，其基本结构模型如图4-12所示。学生学习这些课程是从"碗形"的底部开始，在底部基础部分先学习公共理论知识与专业理论知识，然后从低到高递进，构成了从理论到实践、从抽象到具象、从大到小的序列进程。这与学习微进程的从具象到抽象、从小到大的进阶式逻辑刚好相反。

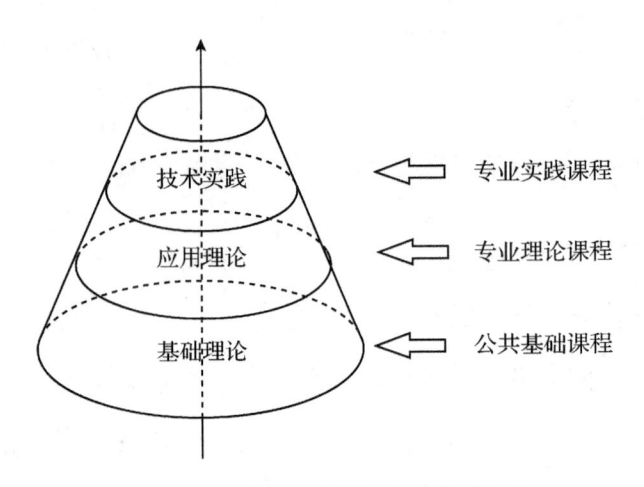

图 4-12 "演绎式"课程结构模型

同时，演绎式课程一开始就把学生导向学问化的学科体系，对于抽象思维相对薄弱的职业学校学生而言，是一种高门槛，会使他们难以适应而兴趣大减。

3. 学习微进程对"正碗"式课程模型的构建

学习微进程的进阶式理念实质是一种从小到大的演进逻辑，与之对应的课程组织需要一种与"正碗"相反的"倒碗"结构。① 在职业能力发展的任何阶段都不能人为分离理论与实践的互动关系，从理论到实践的演绎是一个艰难的再学习过程，培养职业能力不应人为制造从理论到实践的"分步"与"绕弯"，职业能力的培养需要一开始就让学生进入实践的行动体系当中，并在围绕理实一体化的工作任务中"演进"职业能力，其对应的基本结构模型如图4-13所示。

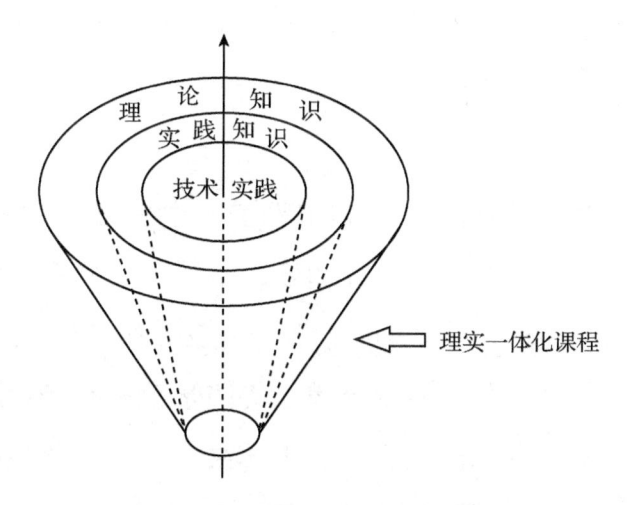

图 4-13 "演进式"课程结构模型

演进式课程不排斥知识与理论，而是从另一视角看待知识与技术实践的关系，即"我们需要改变'知识与工作任务之间的关系是线性的'这一基本假设，事实上知识与工作任务之间应当是焦点与背景的关系"[7]。从图中看，处于碗形结构中心的是基于工作任务的技术实践，与之相关的知识始终以背景的方式存在，从"碗形"底部向上递进，技术实践的相关知识的体量会越来越大，越来越系统，工作任务越复杂，与学习微进程的进阶式理念形成对应。

如果说演绎式课程是从抽象到具体、从大到小的排序结构，那么，演进式课程则刚好相反，这种课程的学习顺序是从"碗形"底部最简单的学习性工

---

① 批注［编者团队］：此处对于涉及的两类模型（学习微进程与课程组织）进行了充分的解析与对比，对应研究目的，而不是为了营造概念而提出概念，值得参考借鉴。

作任务开始,从低到高递进,相关理论与知识是按需动态进入的,而不是一开始就让学生学习实践专家才需要懂的系统的理论知识。

(三)建立了学习微进程的"宏设计"范式①[8]

相较于一个6~8年时长的大体量的"学习进程",一个主题或任务的教学进程具有体量小、时间短的特点,所以本课题将其界定为"学习微进程"。然而,这很容易与传统"一课时"的教学微设计混淆,产生干扰。所以,在学习微进程的设计范式上,本成果提出并构建了学习微进程的"宏设计"范式,相较于"一课时"的教学,学习微进程需要的是"宏设计"。

1. 提出了学习微进程的"宏思维"

学习微进程之"微"是指在学习进程(对应一门课程)的大概念下形成的一个适当定位,但相较于一堂课的设计而言,学习微进程是在一个更长时空尺度上展开的"进阶式"过程,强调的恰恰是一种宏思维和宏设计。

作为一种类型教育,职业教育突破了传统学校的界域,跨越了传统教学场所的界限,建立起广泛的产教融合、工学结合,具有典型的跨界属性。这意味着,职业教育要在"跨界"这一更加博大的境域中驰骋,与之对应的是,要构建职业教育现代教学的特色,必然要超越"定界"思维。根据学习微进程的理念,微进程的教学设计需要站在一个更为宏大的时空和内容尺度上,作出更加综合的整体化设计。职业院校的教学要从传统"微设计"走向现代"宏设计",让教师从内容"小颗粒"的精致化、具体化的微加工思维中解放出来,从强调课堂导入、讲授、板书设计等"教"的艺术中解放出来,建立宏观视野与整体意识,真正走向对学生"学"的尊重和对教学的整体化设计,也只有这样,才能真正培养学生的综合职业能力。

2. 定位了"宏设计"的关键变量

学习微进程的"宏设计"涉及诸多设计变量。基于对职业教育本质特征的

---

① 批注[编者团队]:此处介绍"宏设计"的整体路径规划,循序渐进。对每一个概念都有较为深刻的解析。后续从"是什么""为什么""怎么做"的角度来阐述宏设计的相关理论和构建过程,逻辑清晰顺畅。

考量，课题组认为，宏设计关联三大重要变量，即"宏内容"、"宏结构"和"宏时空"。

(1)"宏内容"。

学习微进程的"宏内容"主要表现为三个方面。一是大体量。宏内容通常不是一课时的内容，而是数课时至数十课时的内容，内容体量大，才会有足够设计的灵活空间，以尊重课堂交互的生成性和不确定性。二是完整性。学习微进程的实践环节会调用设备、工具及其他相关资源进行协同，因此往往需要繁琐的实践前准备，所以，减少过程中断、保持持续完整的实践过程是提高实践教学效果的重要保证。三是集成性。"理实一体"是职业院校教学的基本方式，教学中宏内容通常是技术理论与技术实践知识的集成，是学科理论和职业知识的集成，这也是工学结合的理实一体化课程的必然要求，是职业教育单位教学设计需要宏内容支撑的原因。

(2)"宏结构"。

在学习微进程的教学组织中，应着重对单元内容(宏内容)的学习过程进行整体化的宏观加工，建立"宏结构"。宏结构是宏观层面的学习路径设计框架，一方面，宏结构适用于持续时空中较长时间的学习，其所关注的是教学策略的构建；另一方面，宏结构对应的学习进程是一种粗放性规定，不做过于细致而密集的次序性预设，以适应教学的生成性，也留出充分的学生自主学习的空间。

(3)"宏时空"。

学习微进程的开放性诉求的满足需要超越传统时空的力量，尤其在职业教育中，客观上要求拉长单位教学的时空尺度，建立宏时空。在时间维度上，学习微进程要放在一个更长的时间尺度上展开，而不是一课时，以半天至数天为一个单位学习时长的长课时应成为职业学校教学组织的基本时间单位；在空间维度上，学习微进程要求建设多功能集成的一体化学习场所，形成通用而灵活的空间场域效应。同时，职业学校教学空间还应向企业或工厂等工作场所延伸,建立职业教育的"空间思维",这也是宏时空的一部分要求。

3. 建立了学习微进程的宏设计路径

(1)"宏内容":"单体项目"构建。

学习微进程需要克服以任务为中心、教学内容简单组合的状况,实现对任务教学的超越,通过对零碎具体任务的整合和抽象工作任务的具体化构建项目。要进行基于任务的单体项目构建,使教学模式从任务中心走向项目中心,需要根据课程性质建立任务与项目的匹配关系,形成以下三种单体项目形态[9]。

A. 全任务循环式项目。

宏内容对应一个单体项目。理论上,某些课程的单体项目包括一门课程分解形成的所有工作任务,学生通过该单体项目的学习获得一次完整的工作任务体验,即"全任务"体验。而对于一门课程而言,是按照特定逻辑排序的多个单体项目的集合,每个单体项目的具体内容不同,随着项目教学的推进,学生的职业能力得以循环式上升。假设某门课程中每个单体项目包含四个工作任务,全任务循环式项目形态如图 4-14 所示。

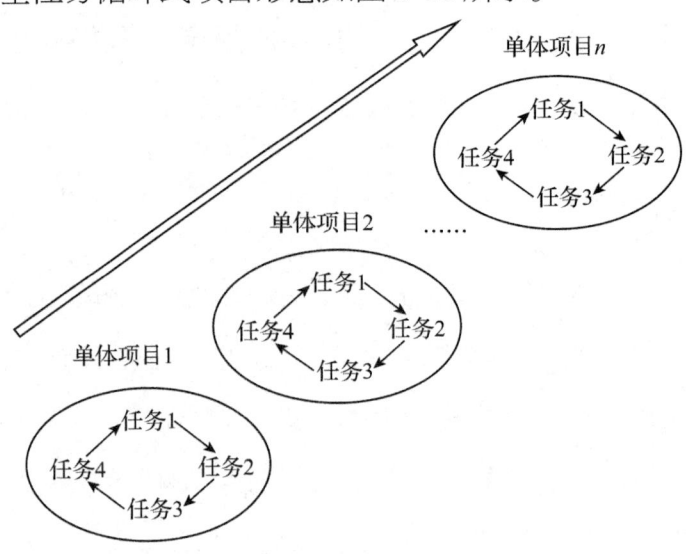

图 4-14 全任务循环式的单体项目

B. 分任务推进式项目。

经过分析与提炼，某些课程所对应的工作任务会相对较多，如果要由每个项目都来承载所有工作任务，项目的体量将过于庞大，这种情况就需要对任务作出合理归类，构建一个个仅由部分工作任务组成的单体项目，如图4-15所示。

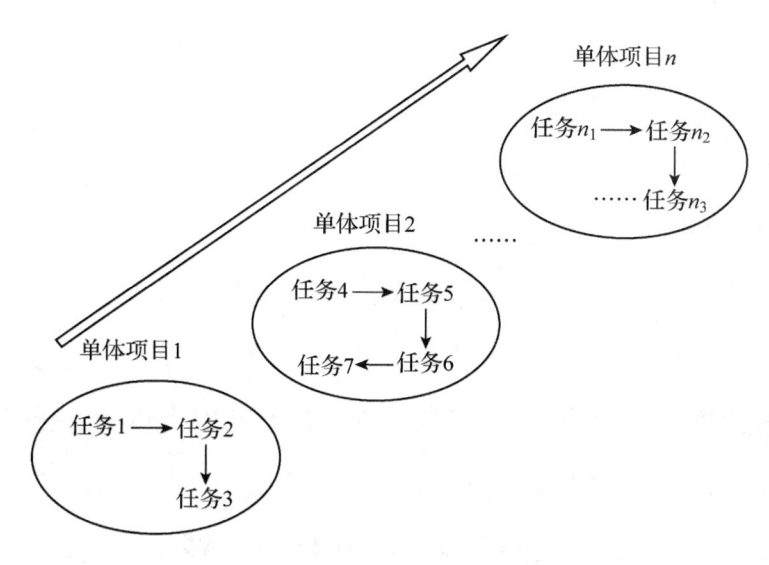

图 4-15　分任务推进式的单体项目

C. 单任务分解式项目。

职业教育中还存在着一些课程，其工作任务之间不存在明显的相互依赖关系，且课程所分解出的工作任务的大小的一致性差，存在单个工作任务需要对应多个项目、工作任务体量大于单个项目的情况，这就需要对单任务作出分解，进行大工作任务下的单体项目设计。

在具体项目设计中，采用何种方式要根据课程性质作出合理选择与构建。一般而言，全任务循环式和分任务推进式项目的内容体量较大，属于大项目，而单任务分解式项目的体量往往较小，属于小项目。实际上，全任务循环式项目是职业教育课程中最具有项目色彩的，也是一种最典型的"宏内容"单元。

(2)"宏结构"："学习进阶"设计。

当一个单位教学内容的体量扩大到成为宏内容时，教学设计自然会从内容的精细化微加工中走出来，转向对教学过程整体架构的关注，即强化对宏结构的设计。学习微进程的宏设计主要从进阶节点、进阶链条和进阶要素三个方面来展开[10]（具体内容之后介绍）。

(3)"宏时空"："空间场域"构建。

学习微进程突破了传统的授受式线性思维，强化对空间场域的构建，让学生在场域中获得职业能力和自内而外的成长。

A. 空间场域的一体化构建。

一是功能一体化。宏时空通过对物理空间格局的重构，使理论讲授、实训实习、小组讨论和资源共享等功能集中在同一空间实现，使教学场所成为通用和灵活的一体化空间场域，其在功能上所形成的场域效应必然超过多个功能分离的单功能教学场所的物理叠加。二是校企一体化。宏时空要求根据学习微进程的教学需要，建立可以有序协调学校实践场所、实训基地和企业车间作为教学场所的校企合作机制，构建学校"演练场"和企业"实战场"相结合的一体化学习场所。三是虚实一体化。现代信息技术无限拓展了空间边界，虚拟空间与实体空间的一体化结合必然成为现代职业教育的空间场域的新形态，也正是学习微进程的宏时空的应有之义。

B. 空间场域的情境化设计。

宏设计关注项目实施所处的实际情境，把项目所处的"环境"与"情形"作为教学设计的重要维度，设计中不仅考虑教学策略与方法，还考虑教学条件及环境要求，如场地、人员、设备仪器、空间布局、教学资源等。情境化设计应当全面反映教学项目所包含的职业信息，根据教学项目对应的岗位、产品类型、工艺流程及服务对象，在考虑教学空间、教师和学生的实际情况下，进行整体化设计。

在学习微进程教学中必须强化空间意识，空间设计不能只是被看作美学意义上的物理环境装饰,而还应被看作一种课程设计和教学设计。空间不再是单纯的教学场所,而是具有教育效应的能量场域。

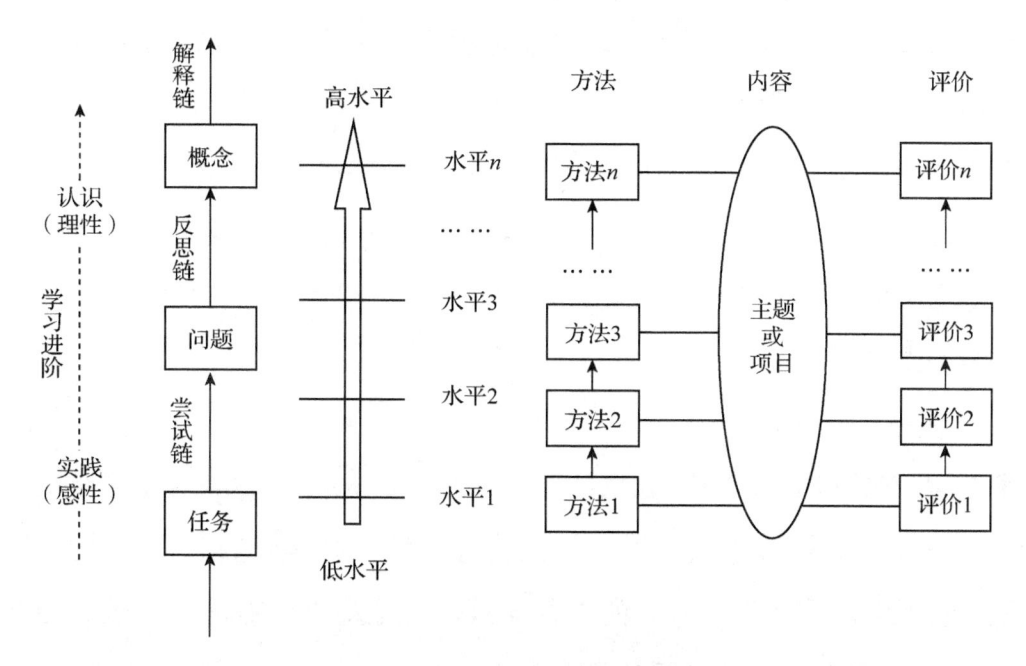

图 4-16 学习微进程的基本模式

(四)构建了学习微进程的"点—线—面"基本模式①

学习微进程体现了一个学生在恰当的教学方式下围绕一个主题开展的思考与实践活动是如何一步一步地从简单到复杂、从低水平到高水平发展的,表现为学习内容、方法和评价等整体性的一致推进过程,如图4-16所示。

1. 点——进程节点:任务、问题与概念

通过研究,我们发现:在学习微进程的主轴线上有几个关键节点,它们是任务、问题与概念,在顺序上对应了从感性到理性的进程。

首先,任务是学习微进程的"基点"。任务启动学生的学习发生,任务让学生明白"做什么",同时,任务以生动的表现形式激发学生的学习热情,学

---

① 批注[编者团队]:以往的一些课题存在将旧有概念的一部分提取为新的理念、没有对理念进行引申或深入阐释而只是"新瓶装旧酒"的现象。此处的基本样式是总结、梳理原有的一些概念后,将其提升到系统性的高度,为第五部分提出"主体化方案"作铺垫。

习微进程中对学生表现及水平的跟踪监测始终离不开任务。其次，问题是学习微进程的"接点"。面对一个任务，当学生想做但不会做或做了还想做得更好时，都会产生"生成性问题"，这些问题激发学生主动进入理性思考。最后，概念是学习微进程的"端点"。中职专业课教学中，学生围绕任务开展实践与思考，把所感知的任务的共同本质特点抽象出来加以概括，就形成概念[11]。从此意义上说，概念是学习微进程的终点，但概念的意义在于指导实践，概念又成为从理性到感性螺旋上升的新一轮起点，由此认为，概念实质上是学习微进程的"端点"。

2. 线——进程链条：尝试、反思与解释

在学习微进程中，只有建立任务、问题、概念三大节点之间的连接，才能保障进程的动态推进。按照从感性到理性发展的主轴走向，我们构建了以尝试、反思、解释为行动标志的进程链条。一是基于任务的尝试链。在尝试中要让学生将已有经验与任务联系起来，教师的职责不是告知他们如何联系，而是让这种联系在课堂上自然发生。二是基于问题的反思链。问题是从感性走向理性的阶梯与媒介，教师可以建立问题反思链，帮助学生进入系列化的思考进程。三是基于概念的解释链。学生在针对一个任务或主题表达相关概念的形成过程及原理、相关事物变化的原因、事物之间的联系、事物发展的规律时，均需要通过解释来进行，因此解释是学生达到较高专业水平的重要表征。

3. 面——进程要素：内容、方法与评价

学习微进程的内涵与特征表明，它充分整合了学习内容、教学方法和学业评价三个要素，三者形成了一个有机联系的结构化体系。学习微进程的演进正是教学内容、方法与评价相互作用、相互融合与和谐互动的过程。同样，学习微进程的推进又反过来作用于内容、方法与评价的合理构建与发展，通过优化形成三股力量的最大合力。

首先，学习微进程促进教学顺序的合理化。依据从简单任务到复杂任务的顺序作出合理设计,并详细描述各水平上学生应具备的专业知识和能力,明确"什么水平学什么",避免把高水平层次需要具备的系统知识在低水平阶段做"储蓄"式教学。其次,学习微进程促进教学方法的动态调整。学习微进程描述了学生的知识与技能随时间进步与发展的规律,单一的教学方法难以支撑学习微进程围绕学生能力变化所作的教学安排,因此需要通过教学方法的灵活调整来契合学习微进程的现实要求。最后,学习微进程促进教学评价的精准实施。学习微进程描述了学生各学习阶段的学习状况与水平,并以此作为学习效果监控和后续进程的依据。而对学生学习水平的确定与评价,需要具体清晰的评判标准,以这些标准为标尺,能够精确标记学习微进程上学生所处的位置。

(五)研制了学习微进程的"主题化"方案①

1. 研制基本路径

本课题以电子技术课程为研制对象。② 电子技术是电子信息专业的一门核心课程,在"演进式"课程理念下,电子技术课程不应被解释为学科课程,也不应被认为是技能训练课程。于是,本课题组把电子技术课程界定为一门理实一体化课程。根据这门课程的内容,课题组确定了研制学习微进程的基本路径:课程单元化—单元主题化—主题进程化。

(1)课程单元化。

电子技术课程内容不仅是在从简单到复杂的系统化知识线条上展开的,也具有相对独立的模块式的分布结构。因此,在确定课程总体目标的基础上,应先进行单元设计,形成单元化课程框架,即对课程知识进行单元化分块,形成若干个相对独立的单元(模块),再在每个单元下构建一个或多个主题。这样,教学实施过程就是课程目标循环递进地达成的过程,即在每个单

---

①批注[编者团队]:方案设计基于之前介绍的范式和基本样式来开展,前后呼应。

②批注[编者团队]:以一门课程为例展开。在有较高的理论站位后,聚焦于某一课程的教学,以此体现学习微进程的实用性、可落地性。同时,从小的领域着手更容易将内容铺陈开来,以小见大,使文本的结构更完整。

元中，通过多个主题式行动来达成单元知识目标，并且每个行动主题下的行动程序是基本相似的。

(2)内容主题化。

由于电子技术课程是核心课程中的一门基础性课程，其蕴含的基础性专业知识量相对较大，本课题确立了"主题"概念的定位，与项目相比，"主题"概念的主要特点有两点。第一，主题的一体化。主题是指行动的核心内容与行动的基本路径，即行动主题(区别于内容主题)。它主要包括两个核心要素：一是行动载体，基于对学科特点和学生认知水平的分析，不过分追求实际职业行动过程的完整与真实，而是兼顾行业实际与教学条件，通过灵活取舍与加工，构建便于教学操作的典型行动内容；二是教学因子，主要指行动指导方案和关键问题系列。指导方案包括了对行动任务的合理细化、对行动路径的基本描述及必要指导。问题系列是教师预设的递进性问题序列。行动主题是行动载体与教学因子捆绑于一体的集合，教学因子中的导学策略便自动成为主题设计的一个要素，这从根本上保障了"行动中学习"的可操作性。第二，主题的"中心意识"。主题是项目的核心，"中心意识"正是主题导向式教材对"主题"的一种诠释。在教学实施中，一个有限的教学单元应力求对应一个主题，达到"主题归一"，即一次课或一堂课围绕一个主题(而非多个主题)展开，不求面面俱到，全面开花，但求集中用力，点上突破。

对电子技术课程的每个单元进行主题化设计，每个单元设置1~4个蕴含单元知识的主题，每个主题也有一定的独立性，但其覆盖的专业知识是有重复的，应遵循"主题数量最少化"原则，避免所覆盖专业知识的重复过多造成的学习效率下降。通过学习微进程的进阶式设计，课题组确立了15个学习单元，对应27个主题(其中模拟电子技术部分17个，数字电子技术部分10个)[12]，每个主题对应一个学习微进程，如表4-4与表4-5所示。

表4-4　模拟电子技术课程主题清单

单元		主题	学时		
			基础	选学	合计
单元一	电子基本技能	认识常用电子元器件	3		14
		常用仪器使用与元器件检测	3		
		焊接与拆焊	4		
		★电路板选择与设计		4	
单元二	基本放大电路	单管放大电路	4	1	11
		★多级放大电路与负反馈		6	
单元三	直流稳压电路	整流滤波与并联型稳压电路	4		14
		★具有放大环节的串联型稳压电路		5	
		集成稳压电路	3	2	
单元四	低频功率放大电路	OTL功率放大电路	6		13
		OCL集成功率放大电路	5	2	
单元五	集成运算放大电路	线性放大电路	6		11
		电压比较电路	4	1	
单元六	振荡电路	★电容三点式振荡器		4	4
单元七	晶闸管电路	★调光电路		4	4
单元八	模拟电子实训项目	无线对讲机	9		18
		★七管调幅收音机		9	

表4-5　数字电子技术课程主题清单

单元		主题	学时		
			基础	选学	合计
单元九	开关与脉冲电路	声、光控延时开关电路	6	1	13
		★555断线防盗报警器		6	
单元十	基本门电路	两地控制门电路	5		5
单元十一	组合逻辑电路	液位显示电路	7	1	8

续表

单元	主题	学时 基础	学时 选学	学时 合计
单元十二	触发器	四路抢答器	6	12
		彩灯控制器	6	
单元十三	时序逻辑电路	数字显示计数器电路	6	6
单元十四	数模转换和模数转换电路	★数字电压表		8	8
单元十五	数字电子综合实训项目	数字电子钟	9	
		★数字万用表		9

(3)主题进程化。

每个主题均强调行动，通过围绕主题的行动，引导学生在行动中自我建构单元知识。每个主题的任务都按照"进程化"设计，即基本遵循从实践到理念、从具体到抽象、从易到难的顺序。学习微进程将教学设计为主题行动（电子装接）—主题探究（电子调试）—主题交流（问题解答）—主题拓展（知识链接与应用）四步，这也符合一个学习者从低水平到高水平的认知发展顺序。

2. 研制具体方案

本课题立足电子技术课程，对原先传统的教学内容进行了进程式重构，系统性地作出了主题化研制。

(1)构建主题。

学习微进程是一个主题或任务的学习历程，这里的主题是集理论与实践于一体的行动载体，围绕主题的行动是学习微进程的主线。一个课程往往通过多个主题来达成课程目标，每个主题的学习微进程是相似的，但具体学习内容不会重复，在学习微进程的实施中，学生的专业知识和技能随着课程目标的逐个达成得以循环递进式提升。以电子技术课程为例，课题组共构建了27个主题，这27个主题即可覆盖电子技术课程的全部内容。

一个主题对应一个完整的学习微进程，在时间维度上对应5~8个课时。

主题要告诉学生"做什么",根据电子技术课程的性质,每一主题的学习微进程的终点是对专业知识具有理性认识,这代表学生专业发展的高水平层次。

(2)水平描述。

学习微进程是有方向的,需要确定明确的学习目标,即预期的学习水平,学习目标处于学习微进程的顶端,由专业要求和职业生涯发展等共同决定。在通往顶点的过程中,学生必然要经历多个阶段,由此,在学生沿着最初水平、中间水平到最终水平的路径发展时,需要精准描述各水平应有的表现,以此作为评价标准来跟踪与监测学生的实际水平沿着微进程发展的状况。以电子技术课程中的"OTL功率放大电路"学习微进程为例,学生能力可划分为四个水平层次,如表4-6所示。

表4-6 "OTL功率放大电路"学习微进程学生能力的四个水平

水平			描述	评价要点及标准
最终水平	理性 ↑ 感性	4	能够解释OTL功放电路原理。	4.1 能够说出各元件作用; 4.2 能够表述OTL功放电路工作原理; 4.3 能够解释常见故障形成的原因。
中间水平		3	能够回答预设的系列化问题并解释核心概念。	3.1 能够通过讨论回答系列化问题(行动化序列、知识化序列); 3.2 能够通过讨论解释重要概念(OTL、交越失真、自举电路); 3.3 能够说出OTL功放电路的组成及对应功能。
		2	能够根据要求检测与调试OTL功放电路。	2.1 能够根据导学单要求完成调试(中点电压、静态偏流); 2.2 能够根据导学单要求完成相关检测(电压、电流、波形)。

续表

水平		描述	评价要点及标准
最初水平	1	能够按时完成OTL功放电路装接。	1.1 遵守安全操作规范； 1.2 能够说出电路各元器件的名称、型号与主要参数； 1.3 能够根据导学单要求完成电路装接，无差错； 1.4 元件布局合理，焊点质量符合要求。

对学习水平的描述清晰地体现了"学生何时走到哪里"和"何时学生学什么内容"，为教学微进程的有序推进提供了现实、可靠的依据。

(3)进程设计。

学习微进程的研制以一线教师为主体，与课堂教学紧密联系，学习微进程的方案实质上是传统教学设计方案的升级版。立足中职专业课教学的特点，本课题研制的学习微进程以主题为中心，遵循从实践到认识、从低水平到高水平的演进路径，有序融入任务、问题与概念等要素，通过尝试、反思与解释的行动设计，较好地实现教学内容、方法与评价的一致、协调的推进。以主题"OTL功率放大电路"为例，课题组设计的学习微进程如图4-17所示。

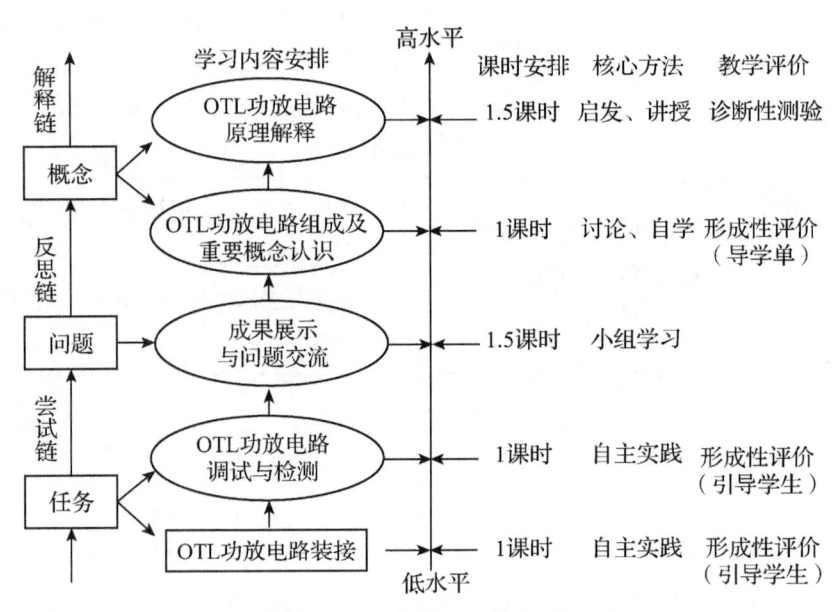

图4-17 主题"OTL功率放大电路"的学习微进程

本进程构建了相对独立又连续的五项学习内容，共安排 6 个课时，在学习内容安排上，先是电路的装接、调试、检测，问题交流，核心概念认识，再是原理解释等，基本遵循从具体到抽象的路径，使学生对原理（或概念）的认识越来越系统、越来越深刻；在教学方法上，设计了自主实践、小组讨论、教师讲授等环节，基本沿着从"放"到"收"的方法路径；在教学评价上，对应设计了学生评价、小组评价、教师评价，实现了形成性评价和终结性评价相结合，以及评价方式由主观到客观的转变。

3. 研制典型案例①

以电子技术课程为例，本课题组已研制完成了共 27 个主题的学习微进程，现以表 4-4 中的单元四主题一（OTL 功率放大电路）为例，该主题的学习微进程的研制步骤与内容如下。

主题：OTL 功率放大电路

1. 确定学习目标

【基本理念与思路】（略）

【学习目标】（略）

2. 确定行动主题

【基本理念与思路】（略）

【行动主题】（略）

3. 构建学习进程

【基本理念与思路】（略）

【学习进程描述】

学习步骤一：装接电路（初级水平）

【基本理念与思路】（略）

1. 初识电路（略）

---

① 批注［编者团队］：由于在典型案例中仅放入了缩略版的步骤，各个进程之间的联系难以体现，可以考虑用流程图等方式表现研制，以更加直观地表述步骤之间的关系。

2. 行动要素(略)

学习步骤二：检测调试(中间水平1)

1. 检测任务(略)

2. 调试观察(略)

学习步骤三：问题解答(中间水平2)

【基本理念与思路】(略)

【问题序列】(略)

学习步骤四：原理理解(高级水平1)

【基本理念与思路】(略)

【知识链接】(略)

学习步骤五：原理应用(高级水平2)

【基本理念与思路】(略)

【应用领域】(略)

（六）优化了学习微进程的"四即"实施策略

学习微进程的研制方案最终要落实到教学实施上，鉴于学习微进程与前成果"主题导学"在微观操作层面上的一致性，总体上，本课题的教学实施策略延续"主题导学"教学的基本思路，但进行了一定优化，形成了以下实施策略。

1. 主题即中心

学习微进程强调中心意识。学习微进程对应的隐形教学框架是"向心聚焦"，而非"多点成线"。在具体实施中，一是要追求"主题归一"，即一次课或一堂课尽量围绕一个主题展开，不求面面俱到，但求集中用力，点上突破；二是要强化"主题边界"，学习微进程指向"主题"这一内容维度，主题是教学设计的基本单元。

2. 认知即进阶

学习微进程的教学实施强调从实践到理论、从简单到复杂的进阶式路径，遵循"实践先行，认识在后"的学习路径，是从行到知的过程，符合中职学生的认知顺序。无论是针对一个主题还是一次课，在尊重学生已有认知的基础上，尽量让学生先体验，把教师的讲授放到课堂的最后，建立"行知有序"的教学逻辑。

3. 行动即学习

学习微进程旨在使学生在围绕主题展开"做"的行动中构建知识与技能，强调"行动即学习"。为此，教学重心应从关注学生"知什么"转向关注他们"做什么"，"做"是学习微进程教学的主线。要践行这一主线，需做到两点。一是强化"动作参与"。根据中职学校学生抽象思维能力相对较弱的特点，提高课堂行动量的比例，使课堂充分体现"做中学"。二是建立"产品意识"。电子技术课程中，学生参与的行动结果往往以实物形态呈现，如一块线路板、一个电子小产品等。这种有形有色的实体式成果是对学生的褒奖，实物越真实、越有趣，激励功能越强。

4. 问题即导学

问题是组成行动主题教学因子的主要部分。具有导学意义的问题设计有两种策略：一是让预设性问题序列化，建立基于行动的行动化序列和遵循知识体系的知识化序列，让问题形成有规律的序列，促进学生沿着问题搭建的台阶，通过行动反思达成专业知识的自主建构；二是将生成性问题整合，将零碎的生成性问题归纳、演绎为系统化的经验，促进学生对行动经验的系统化建构和内化。

四、主要成效

（一）形成了中职专业课教学改革的新模式

学习微进程揭示了中职学生的认识是如何循序渐进地从低水平向高水平发展的，真正契合了一个人的职业成长规律、心理认知顺序和从易到难的教学原则，很好地体现了从新手到技术行家的职业成长路径[13]，成为中职专业课教学改革的新思路。以电子技术课程为例，如图4-18所示，课题组建立了中职专业课教学改革的新样式。这种样式受到了省市教育专家及教育同人的高度肯定，也为区域中职教育改革提供了新模式。

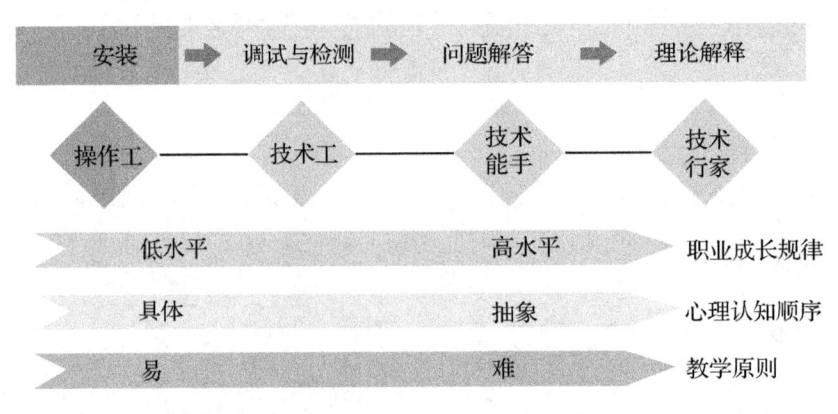

图 4-18　学习微进程的模式与逻辑（以电子技术课程为例）

（二）改进了中职专业课常态教学的底层问题

本课题在解决当前中职专业课教学中的普遍性问题上进行了广泛而深入的探索与研究，取得了预期成效。①

1. 学习微进程解决了漠视学生职业能力发展规律的问题

学习微进程根据职业成长路径安排专业知识顺序，强调"什么水平学什么"，把知识以最合理的认知顺序呈现给学生，这也是学习微进程的核心理念。在操作路径上，学习微进程按照从具体到抽象的原则，将具体感知和体验作为学习的起始点，符合中职学生的心理认知顺序。

根据金华市中职教学座谈反馈，在回答"你最喜欢老师怎么上课？"时，90%以上的学生表现出对具体化、生动化教学的渴望，通过统计调查问卷发现，约96%的学生对"从具体到抽象，从实践到认识"的学习进程表示"完全接受"或"接受"，83%的学生对根据学习微进程的逻辑开展的课堂教学表示"很满意"或"满意"。

---

①批注[编者团队]：对于成效的评估借助了具体可视的评估内容，如座谈反馈、调查问卷等，并对收集的数据进行了科学分析。

2. 学习微进程解决了理论与实践二元对立的问题

学习微进程超越了理论与实践两大要素对立的思维框架，聚焦于作为主体存在的学生的职业能力发展路径，构建整体化思维的关键是理实一体化学习载体的构建，这个载体就是理论与实践的综合体——教学项目。在学生围绕教学项目展开"做"的学习进程中，理论与实践自然达成和解与统一。

近年来，三所试点学校积极开展学习微进程的研制与教学实施，许多教师表示收获很大。对试点学校的调查问卷的统计显示，100%的教师对"理实一体"有了更深入的理解，94%的教师认可其对理实一体的深入理解与探索学习微进程之间的强相关，82%的教师表示开展理实一体化的教学更加得心应手。

3. 学习微进程解决了内容、方法与评价分离的问题

学习微进程通过定义学生职业成长各阶段的实际表现，整合了课程标准、教学方法、考试评价三大要素，使三者的联结变得更加强烈、明晰，从而建立了一个有机、联动、结构化的体系。除此之外，学习微进程强化了评价，因为只有评价才能让教师知道学生在各进程环节中的表现水平，才能让教师作出有针对性的教学，才能体现"什么水平学什么"。从试点学校的反馈情况来看，教师对教学方法的构建能力有较大提高，教学反馈与评价的意识明显增强，对内容、方法与评价的统一协调能力有了较大提高。近两年来，各试点学校电子电工专业教师在各级各类的教学类比赛中的获奖数有较大增加。①

（三）促成了区域中职学生与教师的共赢

1. 学生学习力的提升

"学习力"一词最早由美国教授佛瑞斯特于1965年提出，当前研究对学习力的定义多指向一个人的学习动力、学习毅力、学习能力和学习创新力的总和，是人们获取知识、分享知识、运用知识和创造知识的能力。本课题主要

---

① 批注[编者团队]：此处可增加具体数据，使成效的呈现更真实、更具体。

从以下两个方面展开研究。

(1) 学生学习动力的改变。

职业学校 A 是最早开展学习微进程教学样式的试点学校，经过近两年的实践探索，授课教师普遍反映：一开始老师与学生对学习微进程这种教学样式都不太适应，但经过一段时间探索后，觉得这种方式反而是轻松的，学习效果也好了，特别是学生的学习状态较以前有很大改变。2019 年 3 月，市教研中心对该中职学校做了一次中职"全景式"教学调研，运用 UMU 互动学习平台对 5 个调研组进行了问卷调查，调研成员中有 83.3% 的成员对学生学习状态的总体评价(平均水平)是"较积极"，并有 66.7% 的成员认为本班学生中学习状态较为积极的是"大多数"[1]。

通过对开放题(图 4-19)的统计显示，多数调研组成员认为学生学习状态良好，在中职课堂，尤其是电子技术课程的课堂教学中，教师能有这样的评价已属不易。

总体而言，学习微进程教学模式无论从理论还是从实践的角度来看，对于中职学生学习主动性的提升都具有正面促进效应。

```
请评价并简要描述本班学生的学习状态情况。（开放式，6次提交）
1.  少部分同学积极，大部分阶段性互动。
2.  C组：部分学生学习状态较为积极。
3.  除少数学生存在状态欠佳情况外，总体感觉学生课堂状态活泼有序，专注认真，师生互动良好。
4.  A1组，学生的学习状态整体较好，但与课任教师的风格关系较大。
5.  大部分较积极。
6.  学习情绪愉悦，基本上学生都能参与老师的教学中，并且思考积极，有个别学生思维比较独特。
高级设置：  必填
```

图 4-19　金华市中职"全景式"调研 UMU 互动学习平台问卷信息(开放题)

---

[1] 批注[编者团队]：问卷设计中"积极""较积极""一般"等描述可能偏主观，如果用客观的表述方式可能会更具说服力。有关学习状态的开放式回答可借助词云分析等形式来呈现总体走势。

(2)学生学习能力的改变①。

学习微进程遵照"什么水平学习什么"的职业成长逻辑,在明确学生遵循这样一种进阶式的学习路径时,学生的能力提升是可预期的。在2018年与2019年浙江省举办的中职"面向人人"电子技术赛项的比赛中,两所试点学校的成绩都有较大提升,特别是某职校,电子技术成绩从2018年的金华市第六到2019年的金华市第一,进步明显。

为了更好地在实践中获取经验、素材和数据,以作下一步改进,经学生、家长、学校等多方主体许可,课题组于2020年10—11月在试点学校A进行了专项实证研究,选取一个实验班(高预电子2005班)和一个对照班(高预电子2010班)进行对比教学,实验班进行学习微进程教学样式的教学,对照班沿用传统教学模式,对比教学时间为4周,每完成一个主题教学,就进行一次后测,对每个教学内容进行前测与后测对比。具体单元名称、前测与后测成绩如表4-7所示,转换成直观折线图,如图4-20所示。

表4-7 实验班与对照班对四个抽样主题学习的前后测成绩列表

主题名称	已学基础知识	主题一:OTL功率放大电路(6课时)	主题二:OCL集成功率放大电路(7课时)	主题三:线性放大电路(6课时)	主题四:电压比较电路(5课时)
成绩类别	前测成绩(均值)	后测成绩1(均值)	后测成绩2(均值)	后测成绩3(均值)	后测成绩4(均值)
实验班	73.3	72.1	76.5	73.9	78.3
对照班	71.5	69.2	71.7	66.2	71.0

---

①批注[编者团队]:如何量化学习能力等抽象概念的变化是教学研究的一大难点,本课题基于"学习微进程"的理念,提供了有益的参考。

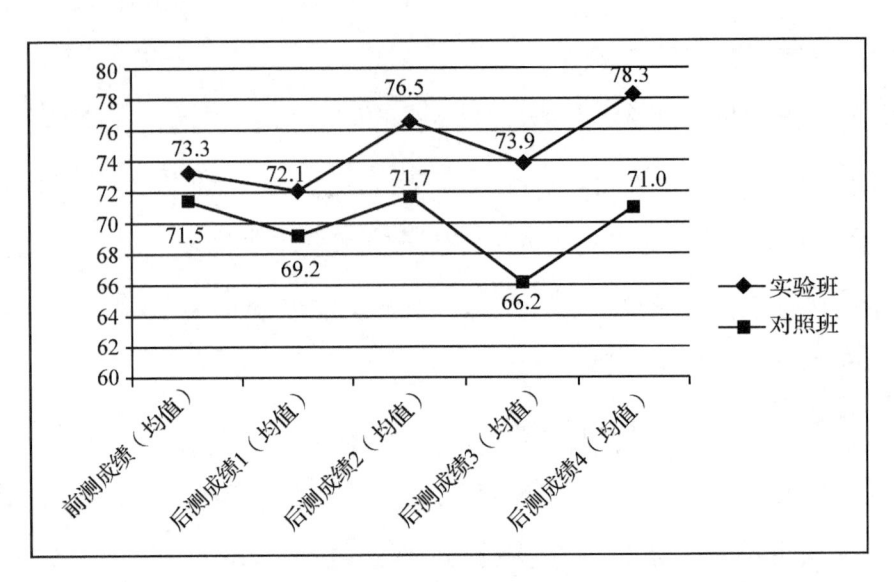

图 4-20　实验班与对照班对四个抽样主题学习的前后测成绩对比图

本研究在前测成绩的基础上，以主题为单位进行教学，实验班和对照班由同一教师任教，并尽量保持两个班级的教学进度同步，每完成一个主题的教学，就作一次教学后测，本研究连续作了 4 次教学后测。从表中看出，实验班的学习成绩相对较好，且两个班级在后期的连续后测成绩上有差距拉大的趋势。这可表明，学习微进程的教学样式一旦被学生适应，其优势就会渐渐显现出来。①

2. 教师教学力的提升

教学力是构成教师能力的最基本要素，是教师顺利完成教学活动所需的个体心理特征，是通过教学实践转化个人智力、知识、技能的一种职业素质。本研究聚焦于教学力的两个方面：教学实施能力和教学反思能力。

(1)教学实施能力的改变。

学习微进程理念与教学样式为教师的教学明确了方向，强化了教学的布局与方法意识，一定程度上促进了教师教学能力的提高。2020 年 9 月，课题组对试点学校 A 的 18 名电子电工专业教师和张国红名师网络工作室的 15 名

---

① 批注[编者团队]：在概括研究结论时，应尽量使用准确且能从研究内容中找到明确依据的词汇，从上下文来看，"适应""优势"等词均超出了研究数据能够反映的范畴。

学科带头人进行了专题调研与问卷调查(问卷共 33 份)，在问卷中设置了教学设计、教学组织、教学评价、资源运用、教学反思、课堂交互和自主学习七个指标，从反馈情况来看，大部分教师认为教学能力得到了提升。表 4-8 所示为教学能力的七个指标及具体描述。

表 4-8　教学能力的七个指标及具体描述

指标	具体描述
教学设计	教学设计有理念，有思路，更加得心应手
教学组织	教学组织与管理有章法，有规则，更加得心应手
教学评价	教学评价意识增强，文本设计更加合理
资源应用	课程资源的开发与应用意识有所提升，信息化资源运用更加充分有效
教学反思	教学反思意识有所增强，教学科研能力有所提升
课堂交互	课堂中师生及生生交互的频次有所增加，交互更加有序充分
自主学习	课堂中学生的自主学习时长增加，自主学习更加专注

课题实施后教师对教学能力七个指标的自我评价如图 4-21 所示。

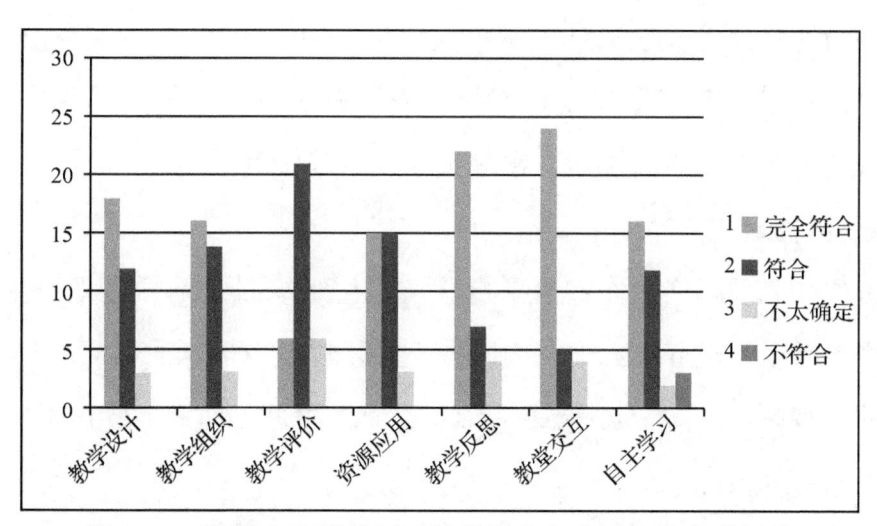

图 4-21　课题实施后教师对教学能力七个指标的自我评价

从问卷情况来看，课题实施后有四点变化：一是教师对自身教学能力的自我认知更新了，二是教师与学生的关系紧密了，三是学生自主学习更充分了，四是学生的学习状态更好了。

(2)教学反思能力的改变。

学习微进程中设计了反思的环节,要求教师站在一个更长的时间尺度上展开研究。从调研情况来看,试点学校 A 电子电工专业教师的反思能力普遍增强,从个案来看,几所试点学校电子电工专业教师在相关比赛中的获奖数增多。2018 年试点乡村学校 C 教师杨亚坤获得市优质课评比第一名,2019 年该校教师吴忠明获得市信息化说课大赛一等奖(第二名),对于一个乡村职校来说,这些成绩来之不易。同时,张国红名师网络工作室学科带头人团队一直致力于课题研究,对学习微进程进行了系列的教学实践与探讨,这些实践与探讨增强了工作室各学科带头人的教学反思能力。据不完全统计,工作室 15 名学科带头人在近两年地市级以上的各类教学比赛中共获得奖励 40 余项,其中张花老师于 2019 年获得浙江省中职教师信息化教学说课比赛第一名,并在同年获得全国信息化教学说课大赛一等奖。

(四)形成了中职专业课教学改革的推动力量

1. 成果的"示范辐射"效应

本课题的前身是教学成果《中职专业课"主题导学"教学的实践研究》,该成果获得了浙江省第四届职业教育教学成果一等奖,在省内具有广泛影响,本课题以此为基础,不断探索,在全国形成示范辐射效应。

(1)平台辐射。

以张国红名师网络工作室为平台,常态化组织以学习微进程为主题的各类线上线下活动,近年来工作室组织线上线下混合研讨活动共 65 次,上传"名师评课"视频 21 个,获得点评数 1215 个,通过工作室 825 位网络学员形成了强大的辐射效应。

(2)综合推广。

一是专业推广,立足电子技术课程的成果,课题后期已将学习微进程推广到机械、旅游等专业;二是路径推广,成果理念由教学实施推广到教研活动,形成"进阶式"研修方式。在线上线下混合研修活动中,形成了线上前置交互(低认知水平)—线下主题活动(中认知水平)—线上螺旋完善(高认知水平)的三段式进阶结构；在线下主题活动中，形成了实践体验(低水平)—同伴交互(中水平)—理论表达(高水平)的进阶式路径；在线上"名师评课"活动中，形成了课例展示—同伴交互—名师点评的进阶式活动序列。

(3)区域示范。

借助金华市教研室的教研平台，本成果在金华地市成为区域示范。以学习微进程理念为指导，2019年金华市教研室开展了中职"全景式"教学调研活动，每次调研活动都遵循教师活动从具体探知到全景交互，再到理论总结的进阶式理念，取得良好反响。同时，金华市教研室在区域教研活动和部分名师工作室中对学习微进程做了推广，在相关活动的设计上也都遵循进阶式理念，即遵循从具体体验到抽象理念提升的发展规律，效果明显。近三年，以学习微进程为指导，培育成功及正在培育的精品项目课程共40项，相关成果在11所重点职校进行了推广应用。

(4)全国影响。

张国红名师网络工作室开展了"学习微进程"专题系列活动，在全国范围内形成自然辐射。张国红名师网络工作室的活跃度一直处于全省前列，为学习微进程理念的传播提供强大力量。本成果在《职业技术教育》杂志上刊出，成果相关学术论文在核心刊物《中国职业技术教育》上发表的共3篇，在核心刊物《职业技术教育》发表的共8篇，获全国二等奖的2篇。工作室结对帮扶活动被《中国教育报》报道，工作室成员共开展省内外主题学术讲座60余场，在全国范围内产生广泛影响。

2. 成果的"改革共鸣"效应

(1)学习微进程与全国教学能力大赛的理念高度契合。

2019年起，全国职业院校技能大赛教学能力比赛对参赛作品的内容和体量的要求作了大幅度调整，要求专业课的参赛作品体现不少于16学时的、连续、完整的教学内容，并要求参赛者提交教学实施报告、专业人才培养方案和课程标准。这本质上是引导中职教师从内容"小颗粒"的精致化、具体化的微加工思维中解放出来,从强调课堂导入、讲授、板书设计等"教"的艺术中解放出来,建立整体化的进程意识,走向大内容设计,这正契合了学习微进程的设计理念。

(2)学习微进程与现代职业教育中高职一体化模式理念高度契合。

围绕一个主题,把学生的学习过程放在一个更大尺度上展开一体化设计,是本课题的基本理念,也正是中高职一体化模式的理念,因为人才培养需要尊重其自身的职业发展规律,且要有一定的时长来进行,否则,教学内容会被切割零碎,不利于学生素质的发展。总之,学习微进程是中高职一体化模式的"压缩版",蕴含了中高职一体化理念最核心的部分。

五、反思与改进

(一)中职教育宏观体系与专业课教学微观策略的协调

目前中职教育尚未形成比较完善的课程体系,教师传统教学理念根深蒂固,这些不利因素无形中影响着学习微进程的"正常发挥"。正确分析职业教育宏观与微观之间的矛盾并形成相应对策,是本课题不断完善以达到的目标。

(二)中职学生的素质结构与专业课开放性教学的协调

中职学生的素质结构有其自身特点。在智力结构上,他们倾向于形象思维,而不是抽象思维,缺乏较强的逻辑推理能力和理解能力;在非智力结构上,他们的自控能力、责任意识相对较弱,这种素质特点会对学习微进程的开放性教学形态提出挑战。本课题已经关注到这一点,并通过匹配教学管理等策略来面对挑战。

(三)对"学习微进程"理论后续研究的思考

本课题的教学展示与研讨仍然采用"一课时"的时间单元,而实际上,一个学习微进程的时间单元为数课时到数十课时,我们的课堂教学观察与研究只能是取其中的一个"片段"或是"压缩版",研究载体客观上存在某种程度的

"失真"。我们在后续研究中将做到两点：一是课堂观察时间拉长，以更全面地获取学习微进程的路径信息；二是根据课堂观察对学习微进程的整体设计文本作出同步调整。我们将从三个方面再突破：一是学习兴趣的维持，解决学生在长课时学习中兴趣衰减的问题；二是学生动手与动脑的协调，解决学生在课堂中"重动手轻动脑"的问题；三是自主行动的进度协调，解决在学习进程中优弱生之间存在学习进度差距的问题。

【参考文献】

[1] Corcoran, T B, Mosher F A, Rogat A. Learning Progressions in Science: An Evidence-based Approach to Reform[J]. Consortium for Policy Research in Education, 2009: 86.

[2] 韦斯林, 贾远娥. 学习进程：促进课程、教学与评价的一致性[J]. 全球教育展望, 2010(9): 24-31.

[3] National Research Council. Taking Science to School: Learning and Teaching Science in Crades K-8[M]. Washington, DC: The National Academies Press, 2007.

[4] 张国红. 学习微进程：中职专业课教学改革新思路[J]. 职业技术教育, 2015(23): 8-12.

[5] 张国红. 从演绎到演进：职业教育课程组织的应然转向[J]. 职业技术教育, 2019(16): 18-22.

[6] 韦斯林, 贾远娥. 学习进程：促进课程、教学与评价的一致性[J]. 全球教育展望, 2010(9): 24-31.①

[7][9] 徐国庆. 职业教育项目课程开发指南[M]. 上海：华东师范大学出版社, 2013: 30.

[8] 张国红. 宏设计：职业教育教学理念的超越与样态[J]. 职业技术教

---

① 批注[编者团队]：多处的参考文献为同一篇时只需用同一个引用标识，在整理参考文献时应注意。

育，2020(28)：27-32.

[10][11]张国红．电子技术课程"主题导学"教学法的理论框架与实施策略[J]．职业技术教育，2009(20)：32-34，45．

[12]张国红．电子技术基础与技能实训[M]．北京：高等教育出版社，2010．

[13]姜大源．职业教育要义[M]．北京：北京师范大学出版社，2017：138．

第三节　2021年度浙江省教育科学研究优秀成果奖一等奖获奖作品（1）

本案例由杭州市上城区教育学院提供，项目成员为邵虹、吕琼华、黄建、章剑、冯骏驰、赵虹。为尽可能保证案例的原始性、真实性，我们仅对案例结构进行了统一，案例内容未做大幅修改，在"批注"中展示了评审组给出的本案例的优点和不足之处，供各位读者参考。

上城区探索：推进小学数学"审辩课堂"的教研转型①

【内容摘要】

随着课程改革不断深入，上城区一直在探寻教育教学变革的实践路径。教育教学改革，关键在课堂；课堂教学改革，核心是思维，审辩思维作为一种反省式思维，已被国际教育界公认为核心素养模型的重要组成部分。2016年以来，上城区以审辩思维培养为核心开展数学课堂变革，推进小学数学"审辩课堂"的教研转型，这些举措提升了教学效益，改变了僵化的教研方式，克服了保障机制不够健全、技术支持不足等问题，建构了"一图谱＋四

---

① 批注[编者团队]：成果的题目是否一定需要以研究概括的形式呈现？答案是否定的。虽然这是很多成果标题的形式，但不是唯一形式，不论是哪种形式的题目，都应清晰体现出研究的领域、主题及研究的特色，应是研究内容的总结与提炼。

方式+三机制"的研究体系，完成了区域教研新方式和智能支持系统的探索。"一图谱"是指"审辩课堂"教学范式图谱，包含"审""问""辩""评""拓"五步教学环节，在培养学生理性思维、科学精神和促进个人智力发展中发挥不可替代的作用；"四方式"是指问题导向的问询式教研、孵化新生代教师的育秧式教研、搭建教学策略的支架式教研和协同多方资源的集成式教研，这些助推"审辩课堂"教学范式有效实施的教研样本，是可持续、可复制到其他相关领域的；"三机制"是指专业导助机制、技术赋能机制和推广辐射机制，① 建立专家智库，重视循证研究，借助思维观察实验室、人工智能平台、数据驾驶舱等教育技术创新，实现思维可视、诊断思维水平、提升思维品质，推动教学变革数智化进程。"上城探索"凸显上城元素，形成学、教、研、评、管的研究闭环，呼应小学数学教育教学高质量发展的共富行动。

【关键词】区域探索；审辩课堂；教研转型

教育教学改革，关键在课堂；课堂教学改革，核心是思维。审辩思维作为一种反省式思维，已被国际教育界公认为核心素养模型的重要组成部分。审辩思维的培养有助于学生形成高级认知和高阶思维，是实现深度学习的重要思维方式。2016年至2019年，上城区聚焦课堂教学改革，开展"基于学生发展的区域教育高质量提升"实践研究，结合数学学科思维特质和21世纪创新人才培养需求，重点推进"以审辩思维培养为核心的上城数学课堂变革"(以下简称"审辩课堂")项目研究，努力探索教与学的方式优化，推进课堂教学变革向纵深发展。

一、研究缘起

（一）审视与分析区域数学教学的现状

1."审辩课堂"范式推进效果不佳②

区域全面启动"审辩课堂"项目研究以来，由于实践不够深入，审辩思维

---

①批注[编者团队]：摘要中一定要重点突出，阐明本研究的观点或结论。
②批注[编者团队]：以"审辩课堂"作为研究对象，研究聚焦于一点，直奔主题。

培养范式的成果甚少，亟待深入研究。课题组在审视 2016 年至 2019 年的 650 份小学数学课堂观察报告时发现，60% 左右的教师存在"教学目标没有体现思维发展""教学过程缺乏审辩思维支架""学习成果思维增量不明显"等问题，而表示"审辩思维发展目标与教学内容匹配度高""审辩思维培养过程充分""学生思维成果可见""对思维教学有反思和评价"的教师分别仅占 6.28%、12.43%、12.60% 和 8.69%。①

为了解学生的审辩思维状况，课题组将审辩思维分为思维倾向和思维技能，从这两个维度进行评价，以《加利福尼亚批判性思维倾向与思维技能问卷》为蓝本，设计了两套测试卷，综合分析了来自不同类型学校三至六年级学生的 1966 份问卷。

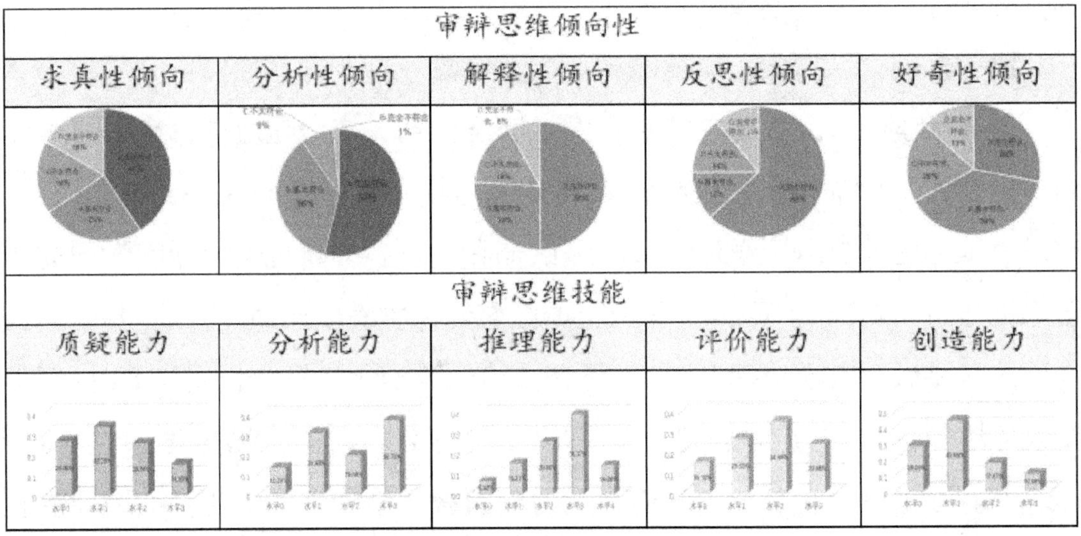

图 4-22　学生审辩思维能力调查统计②

调查数据显示(图 4-22)，40% 左右的学生有求真倾向，但质疑能力不足；50% 左右的学生有一定的分析能力和推理能力，但水平层次不够；60% 左右的学生有反思倾向，但评价能力亟待提升；有好奇心和创新意识的学生

---

① 批注[编者团队]：此处的数据如能标注出处将更规范。
② 批注[编者团队]：该图如果能够做一些处理会更好。比如第一行圆饼图，因为受图形大小局限，圆饼内的字看不清楚，可以通过在图外提供图注加以解决。

比例最低，不足30%，可见学生的创造能力相对匮乏。调查后还发现：课堂教学过程中学生审辩思维和能力培养得不到实证数据的印证，依然存在更关注认知目标或学业成就的现象，缺少对学生求真性、分析性和解释性的思维的培养，缺乏学生对问题解决的过程及完成情况进行自我反思的环节，缺失对结果作出正误判断与合理评估的机制。

2. 区域呼唤数学教研方式变革

自聚焦"审辩课堂"的课题研究开展以来，区域层面组建了核心研究团队、课题实验学校等，从顶层设计层面提出了教学主张。但是，自上而下的理念传递和主张表达缺乏自下而上的课堂改革和实践探索，缺少广大教师的主动参与和自觉意识。"审辩课堂"教学设计局限于个别优秀教师的行动，研究成果往往不具备普遍性，因多数教师缺乏操作经验而无法推广，审辩思维培养范式的成果甚少。因此，亟须深度挖掘"审辩课堂"的区域范式，为区域层面提供可实践、可借鉴的实践蓝本，从而实现自上而下的理念传递和自下而上课堂实践的融合。①

教研是教师专业发展的阶梯，也是改进教学方式、提高教学质量的主阵地。长期以来，我们重视区域、校本教研活动的开展，但对教研内容、教研方式、教研机制探索甚少。我们聚焦"审辩课堂"的研究，但很少研究"审辩课堂"形成背后的可持续发展的、螺旋上升的实践体系，对提升"审辩课堂"有效性的教学策略的研究少之又少。教研活动方式单一，很少直面"审辩课堂"实施的难点、疑点和痛点，也缺乏对"审辩课堂"教学范式的系统了解，不同群体的教师从展示课例中获得的经验是碎片化的，大多只能进行被动模仿，不利于教师的主动提取和迁移，未能实现全域推进小学数学"审辩课堂"、提高教育教学质量的目标。因此，2020年上城区重点推进了小学数学"审辩课堂"的教研方式的转型。

---

① 批注[编者团队]：此处阐述了区域性变革的必要性，一些区域性课题在问题阐述上往往忽略了区域性的需求阐释，无法区别于一般的校本研究。

（二）探寻新时代区域教研新模式

1. 时代教育发展的必然

具有中国特色的教研体制已经存在了70多年。实践证明：教研已成为小学教育教学工作的重要组成部分，更是保障教学质量提升不可或缺的重要机制。2019年11月，教育部《关于加强和改进新时代基础教育教研工作的意见》正式颁布，文件提出了教研工作的四项任务。分析这四项任务，不难发现，无论是教学质量提升，还是教育管理策略优化都离不开教研员对课堂教学的研究。新时代背景下，教研尤其要重视研究过程，通过对课堂教学的研究，提升教师专业认知，帮助教师形成专业智慧，解决教学难题，提高教学质量。

2. 区域教研变革的应然

课题隶属于杭州市上城区，要促进上城教育质量的高位发展，教研部门必须在时代变革的潮流中寻求突破与创新。为了让上城的小学数学"审辩课堂"研究在全域落地、落实、落细，上城区教育学院提出"推进小学数学'审辩课堂'的教研转型"新命题，通过顶层设计，建立可操作的实施机制，以教研转型助推课堂变革。上城区教育学院根植课堂，充分发挥教研的"桥梁"作用，建立"教研共同体"，通过教学调研、专题研讨、教学展示、评比推广等活动，促进理念与实践的相互转化，将自上而下的理论转化为可借鉴可操作的教学行为，将自下而上的实践经验提炼升华，促进全域教师专业成长。

二、研究设计

（一）操作定义[①]

1. "审辩课堂"

"审辩课堂"是指通过对学生审辩意识、审辩习惯、审辩能力、审辩思维的培养，优化数学学习进程和结果，提升思维品质，发展学生核心素养的学

[①] 批注[编者团队]：操作定义在研究报告中十分重要，操作定义应具备明确性和可行性，比如在这个操作定义中将"审辩课堂"描述为"审""问""辩""评""拓"五个教学环节。

习环境和教学场域。

"审辩课堂"通过"审""问""辩""评""拓"五步教学环节，强调审视信息真伪、提出关键问题、辩证分析问题、评估综合水平、进行拓展创新，运用反例和元认知能力来发展学生的数学审辩思维能力。

2."上城探索"

"上城探索"是在传承上城教研基因、推进"审辩课堂"项目的过程中，通过建构"一图谱＋四方式＋三机制"的研究体系，实现对上城区教研新方式和智能支持系统的探索。"一图谱"是指"审辩课堂"教学范式图谱；"四方式"是指问题导向的问询式教研、孵化新生代教师的育秧式教研、搭建教学策略的支架式教研和协同多方资源的集成式教研；"三机制"是指专业导助机制、技术赋能机制和推广辐射机制。"上城探索"凸显上城元素，形成学、教、研、评、管的研究闭环，促进小学数学教学的高质量发展。

（二）理论基础

1."审辩课堂"的理论基础

审辩思维在培养人的理性思维、科学精神和促进个人智力发展中发挥着不可替代的作用。研究表明，基于审辩思维的教学设计和学科教学的深度融合，能激发学生学习数学的兴趣，使学生养成独立思考的习惯和合作交流的意愿，发展审辩思维和创新精神，形成和发展核心素养。可见，发展与培养学生的审辩思维，应成为各个阶段的重要教学任务和目标，"审辩课堂"研究对学生的成长和发展至关重要。

审辩思维的研究得到了学者的重视，但研究成果多侧重于理论，缺乏操作性的指导。而在"审辩课堂"中，教师需在学科知识发生、发展的关键点上设置疑问，并且利用学科思维反向设置问题链，通过审视信息真伪、提出关键问题、辩证分析问题、评估综合水平、进行拓展创新，形成数学学科特有的审辩思维模式。①

---

① 批注[编者团队]：如果能在此处提出具体的理论及其代表人物就更好了。

2. 教研变革的理性思考

2019年，中共中央、国务院印发《关于深化教育教学改革全面提高义务教育质量的意见》，不仅充分肯定了教研对于基础教育的支撑作用，还对下一步如何加强教研工作提出了一系列的任务和要求。基础教育发展的新形势和新任务，赋予了教研工作新的内涵：探索教学理论与实践，提供课程与教学专业指导，评价和改进教育质量。在教研转型的过程中，教研工作重点研究领域要从单纯的以学科课堂教学为主转变为"学—教—评"三位一体；教研方式要从单一的、基于经验的教学研究转变为多元的、基于证据的循证教学研究；指导专家要从教研员的"个人权威"转变为"研究共同体"。

反思当前的教研现状，依然存在"学科研究弱化""教研方式僵化""教研机制虚化"等问题，何以发挥教研的支撑作用？课堂作为教学研究的主阵地，如何让教研为教学服务，真正做到"教""研"相长？可见，教研方式的变革是时代教育发展的必然，也是区域教研变革的应然。面对基础教育发展的新形势，只有关注教学实践中存在的真实问题，准确把握教研支撑的角度，加大教研支撑的力度，创新教研方式，才能真正提升教研支撑的效度。

（三）研究目标

1. 构建区域"审辩课堂"教学范式

通过"审辩课堂"教学范式的构建，本课题旨在改变传统课堂样态，使教师重视教学目标、教学内容、教学活动、教学评价与素养表现的关联，让教师通过"审""问""辩""评""拓"五步教学环节，提升学生的思维品质，发展学生的核心素养，发挥教学方式的育人价值。

2. 促进区域教研方式提质转型

本课题根据教师学习特点，帮助教师树立研究意识，利用行动研究和反思实践提升教师教学能力，探寻符合时代需求的上城教研新方式，形成具体的操作策略，以区教研带动校教研，助推区域"审辩课堂"变革的纵深发展，促进教育教学质量的提升。

3. 打造区域特色教研品牌影响

本课题旨在形成具有推广价值的教研新方式，培育良好的教研生态和教研文化，促进小学数学课堂教学策略方式的优化，形成有上城特色的区域教研品牌，使教研方式逐步辐射到其他学科和其他区域。

（四）操作框架①

本课题是一项区域性教研变革研究。研究框架（图4-23）包括四大特色，一是建立小学数学"审辩课堂"教学范式图谱；二是通过教研现状调研，找准影响教学质量的关键因素和逻辑起点；三是精准设定教研目标，探索应用

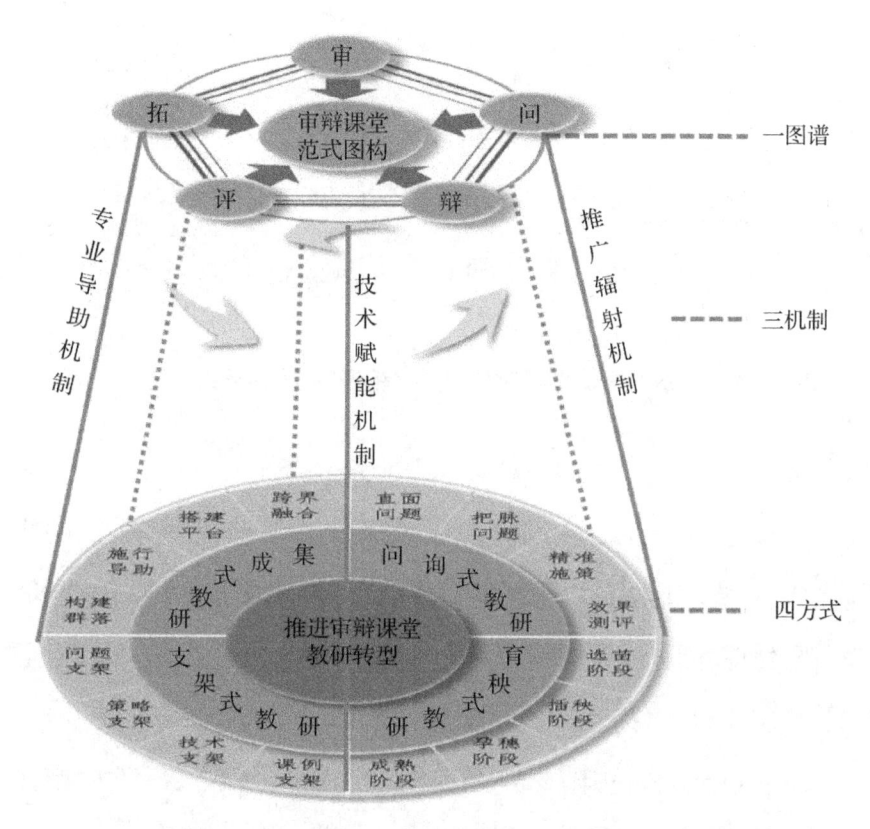

图 4-23　区域推进"审辩课堂"的教研转型研究框架

---

①批注[编者团队]：此处的操作框架也就是研究框架。研究框架是一个课题的顶层设计，需要阐释清楚研究是基于什么逻辑展开的，包含什么要素，要素间的关系是什么。这个图在解释要素和要素间关系上的表达比较明确。有些研究文本虽然也有图，但主要是流程图，展示课题开展的步骤等，不能体现研究的整体设计思路。

"问询式""育秧式""支架式""集成式"四种新时代区域教研方式;四是建立区域推广长效机制,借助技术智能化平台,实现全域协同、全程支持、全面辐射,响应小学数学教育教学高质量发展的共富行动。

(五)研究历程

本课题研究历时六年,经历了"早期探索—教研转型—全面实施—成果推广"四个阶段,如图4-24所示。

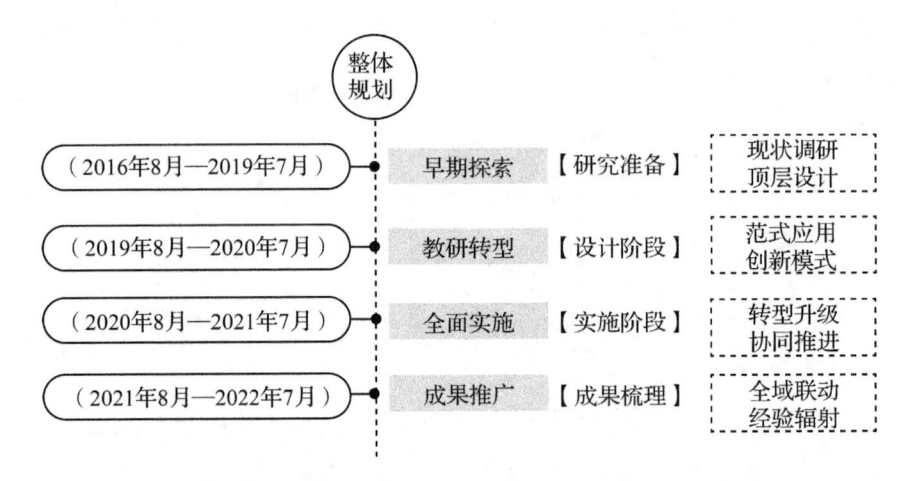

图4-24 推进小学数学"审辩课堂"教研转型的研究历程①

1. 早期探索

现状调研与顶层设计(2016—2019):基于核心素养视域下"审辩课堂"的研究,课题组在区域范围内从课堂观察诊断、教研实施效果、教师教学理念、学生学习质量等维度开展现状调研,全面了解推进情况。课题组从实际出发,着力于顶层设计,制定《关于推进区域小学数学教研方式变革的实施意见》,开展实验基地学校的申报和团队组建,协同院校专家对"审辩课堂"教学范式和教研转型进行"把脉"和指导。

2. 教研转型

范式应用与创新模式(2019—2020):课题组开展"审辩思维""深度学习""学教方式变革""教研转型"等相关理论的学习活动,在建立小学数学"审辩

---

①批注[编者团队]:表示时间起止应用一字线"—",这里是一个需要注意的小细节。

课堂"教学范式的基础上，从教研的目标、实施、评价和共享等方面开展区域教研变革的实践研究。

3. 全面实施

转型升级与协同推进（2020—2021）：借力省、市教研员，课题组打造区域教研共同体，建设区域共享资源库，建立专业导助、技术赋能、推广辐射机制，提炼优秀教研案例和教研故事，协同推进区域、学校教研活动，提高活动开展的有效性，促进小学数学教育向高质量发展。

4. 成果推广

全域联动与经验辐射（2021—2022）：课题组进一步优化区域教研方式的转型，系统梳理研究成果和亮点，编写"审辩课堂"操作手册，丰富典型教研方案资源，将成果经验辐射到省内外各地，扩大上城区教研品牌的影响力。

三、课堂变革：建立小学数学"审辩课堂"教学范式图谱

"审辩课堂"教学范式明晰课堂场域中与学生审辩思维发展相关的要素并使各要素构成整体循环，指导教师系统理解"学、评、教"的关系，重构指向审辩思维发展的课堂。

（一）价值追求

1. 育人价值

数学教育承载着落实立德树人根本任务、实施素质教育的功能。"审辩课堂"以学生发展为本，以核心素养为导向，整合教材内容和学习资源，提炼审辩思维要素，探寻"审辩课堂"范式，帮助学生形成面向未来社会、实现个人发展所需的核心素养。

2. 学教变革

"审辩课堂"范式推动育人方式变革，着力发展学生核心素养，实施引发学生思维的教学活动，促成学生的主动思考和多维探究，凸显学生主体地位，激发学生学习兴趣，引发学生积极思考，鼓励学生质疑问难，帮助学生逐步形成核心素养。

3. 学科素养

数学在形成人的理性思维、科学精神和促进个人智力发展中发挥着不可替代的作用。"审辩课堂"突破传统的教学思维方式，对内容进行结构化整合，探索发展学生核心素养的路径，为学生自主、自发的思考提供时空，帮助他们把所学知识转化为解决生活中真实问题的方法和策略。

（二）设计原则

为了指明研究的方向，提出当下最具可能性的操作路径，促进学生学科素养的发展，"审辩课堂"教学范式的构建应遵循以下四个原则。

1. 适切性原则

在内容选择上，应保持"审辩课堂"学科体系的稳定，体现数学的学科特征；应符合学生的认知规律，有助于学生理解、掌握基础知识和基本技能，积累数学基本活动经验，形成数学基本思想，发展核心素养。

2. 关联性原则

为实现"审辩课堂"指向学科核心素养的教学目标，在教学过程中，不仅要注重课堂内容与核心素养之间的关联，还要凸显内容主线与核心素养发展之间的关联。

3. 层次性原则

"审辩课堂"注重数学知识与方法的层次性和多样性，因此应根据学生的年龄特征和认知规律，适当采取螺旋式的教学方式，适当体现选择性，逐渐拓展和加深课程内容，以适应学生的发展需求。

4. 评估性原则

应融合学科核心素养主要表现，构建"审辩课堂"评价标准，确定阶段性评价的主要依据。应采用多元评价主体和多样评价方式，鼓励学生自我监控学习过程与结果。

（三）范式图谱

1. 基本要素

审辩思维要求人进行有目的的判断和不断的自我调整，是对事物作出深刻思考与评论的一种思维活动。本课题借鉴了目前学术界比较认可的审辩式思维结构模型，结合数学学科的特殊性，提出了小学数学审辩式思维能力培养框架，包括审视信息真伪、提出关键问题、辩证分析问题、评估综合水平、进行拓展创新五个环节。①

(1)审：审视信息真伪，指向质疑能力。

审视信息真伪是指理据的收集与解读，以恰当的方式对信息、数据、观点、评论等进行分类，保持开放的心态，不轻易接受现成的结论。具体表现为：①对既有的观点或做法持质疑态度；②不迷信权威，不随波逐流，坚守真理的相对性；③包容不同意见，特别是与自身相左的意见。

(2)问：提出关键问题，指向分析能力。

提出关键问题是指创设存在认知冲突的问题情境，根据信息间的联系，从不同角度提出并分析问题。具体表现为：①能从众多理据中选择有效的信息，并对信息进行分类；②能分析出解决问题的关键信息，选择合适的、多方面的证据；③根据信息之间的联系，能从不同角度提出新的数学问题。

(3)辩：辩证分析问题，指向推理能力。

辩证分析问题是指基于对证据的理性思考，借助证据、合理的推理形式进行多角度、有序的分析与论证。具体表现为：①识别问题解决中的变量，分析它们之间的数量关系或空间关系；②能借助证据、合理的推理形式进行有效论证；③分析论证过程、证据与结论的关系，发现论证过程中的逻辑漏洞。

(4)评：评估综合水平，指向评价能力。

评估综合水平是指基于一定标准对思维过程、思维成果以及行动进行监控、反思、评估和改进。具体表现为：①理解解决问题的方案、过程和计算方法，对结果的正确性与合理性作出反思；②评估证据的可靠性及论证过程

---

① 批注[编者团队]：为了增加文本的可读性，许多研究者会力求语句的工整和对仗，但清晰准确的表达依然应该是研究者需要考虑的。本文本的表述做到了兼而有之，但如果不能两全，则应首先考虑清晰表达。

的逻辑性；③在对思维、行为、结论等评价的过程中能运用适当的标准。

(5)拓：进行拓展创新，指向创造能力。

进行拓展创新是指进行系统整合与重构，应用数学思想、策略和方法，对问题进行抽象概括，并拓展形成新观点、新结论、新成果的过程。具体表现为：①洞察数量间的本质联系，综合不同角度分析论证得出结论；②采用分类讨论、数形结合、类比转化等常用数学思想；③设计与执行问题解决方案，形成新观点、新结论或新成果。

2. 范式图谱

本课题提出的小学数学"审辩课堂"教学范式，是小学数学课堂的一种新教学模式，包含"审""问""辩""评""拓"五个教学环节，用图谱的形式呈现实施路径。对于不同的教学内容和课型，这五个教学环节可以在应用中灵活地变序，形成变序流程。实施路径如图4-25。

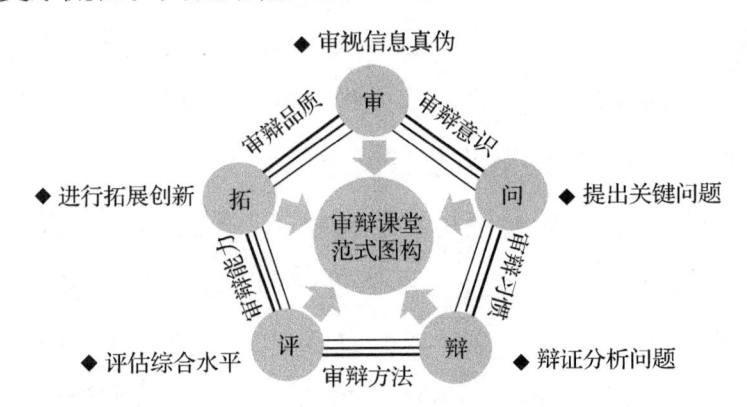

图4-25　小学数学"审辩课堂"标准图谱①

（四）教学实施

1. 塑造审辩思维的目标体系

"审辩课堂"的教学目标，应指向全面育人的发展性思维，体现学生对价值观的主动辨析和建构；应指向学习过程的反思性思维，采用多元的评价主体和多样的评价方式对学生的审辩思维培养状况进行考评和衡量；应指向立

---

①批注[编者团队]：这里的"图谱"实际上是另一种形式的操作流程，同时，图谱中呈现了各流程的目标。

体进阶的结构性思维，结合数学学科特殊性，构建小学数学审辩思维能力培养框架；应指向方法引领的整体性思维，处理好过程与结果、直观与抽象、直接经验与间接经验的关系。

【案例描述】

四年级《三角形的三边关系》是小学数学的重点内容之一，实际教学常常只关注"围成"或"围不成"的外在形式，陷入了重形式记忆、弃本质理解的怪圈。为突破原有思维定式，发挥审辩思维在数学教学中的作用，本课教学目标基于前置性学情诊断，"曝光"学生间认知差异和分歧，聚焦"三角形任意两边之和大于第三边"的数学本质，充分利用学生间的思维差异，制定可操作、可观察、可测评的学习目标，这些目标是具有情境性、复杂性的高层次审辩思维目标，如表4-9所示。

表4-9 "三角形的三边关系"审辩思维目标

审辩要素	审辩思维目标
审：审视信息真伪	基于"三角形三边关系"的前置性学习诊断数据，将"能否围成"的判断情况绘制成统计图，评判结论的可靠性，通过分类整理识别结论中的偏见和漏洞。
问：提出关键问题	根据数学信息之间的联系，能从不同角度提出关键问题，聚焦核心概念"怎样的三条线段能围成三角形"。
辩：辩证分析问题	经历"只要有两边之和大于第三边，就能围成三角形""任意两边之和大于第三边，就能围成三角形""较短两边之和大于第三边，就能围成三角形"三次猜想、验证和审辩过程，通过实践操作和课件动画演示，寻找理据，理性分析，得到合理的结论和解释，推断"三角形三边之间的关系"。
评：评估综合水平	运用不同的策略和开放性思维进行思考和辩析，建立相关标准和规范进行检测，进一步认识三角形的三边关系，即"较短两边之和大于第三边""任意两边之和大于第三边"。
拓：进行拓展创新	1. 通过变式习题，掌握"两条短边之和大于第三边"的判定方法，感悟三角形的稳定性。2. 固定一边长度、推算其余两边长度来反向思考三边关系，建立三边关系与两点间线段最短之间的实质性关联。3. 通过动态演示，引导学生发现符合条件的三角形顶点连接后会形成一个椭圆，拓宽知识面。

目标设计打破了"思维定式",避免探究的形式化,重视理性分析,构建递进式学习阶梯,学生通过审辩结论真伪的方式,理解和掌握三角形的三边关系。通过培养学生辨异能力、反驳能力和元认知能力,发展学生的审辩思维能力。

2. 重构审辩思维的学习设计

"审辩课堂"的学习设计主张体现数学知识之间的内在逻辑关系,以及学习内容与核心素养之间的关联,最大限度地让学生通过元认知来分析和解构学习内容,引导学生在已有经验的基础上重新建构审辩思维。

【案例描述】

数学概念是构成数学"机体"的重要"细胞",但学生学习概念的过程往往模糊化、碎片化。针对"轴对称图形"一课(图4-26),在概念理解阶段,尝试借助"审辩课堂"的"审"与"辩"设计以"三角形是不是轴对称图形?"为主题的讨论。

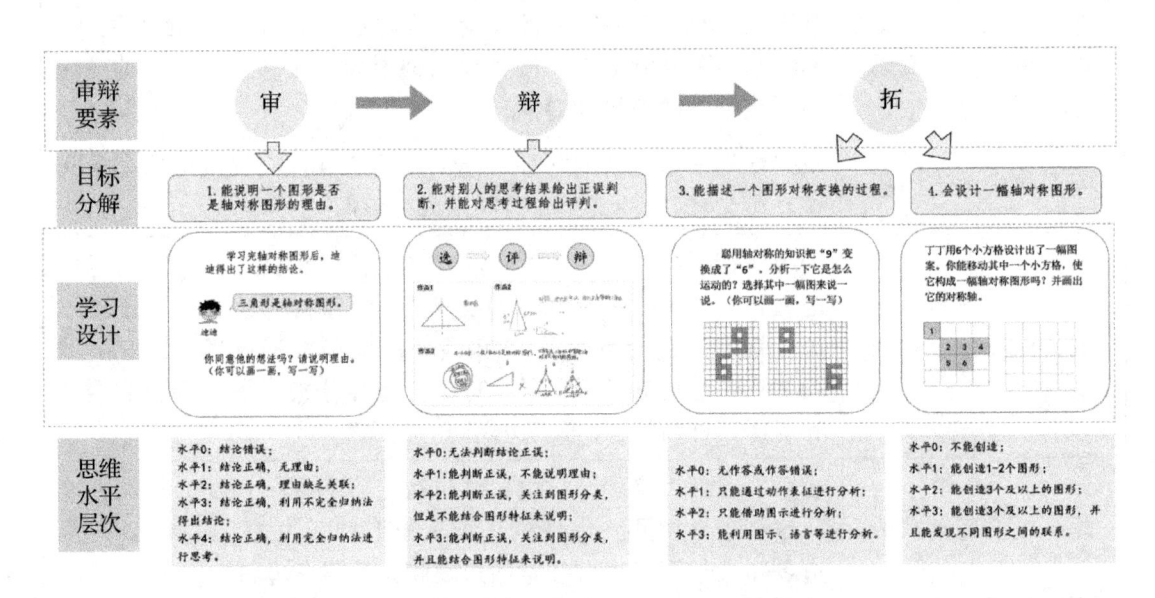

图4-26 针对"轴对称图形"的"审辩课堂"设计

在概念应用阶段,设计以"用轴对称的知识分析把'9'变换成'6'的运动过程"为主题的教学活动,通过分类、对比、推理、论证,引导学生多元表征概念。而"设计一幅轴对称图形"活动，强调概念综合应用与变式，有效实现概念间的互通。

3. 优化审辩思维的方法指导

"审辩课堂"结合数学概念、公式、法规的理解过程搭建审辩支架，通过多次质疑批判，让学生不断反思概念及概念的形成过程。这里的质疑批判包括两个方面：质疑概念的合理性、批判概念形成的科学性。

【案例描述】

三年级《认识面积》一课，以大任务"什么是面积?"引导学生进行探究。为凸显"质疑批判"的过程，通过课堂上的三次质疑批判，真正深化学生对于面积概念的理解，我们构建了如下的课堂实施路径(图 4-27)。

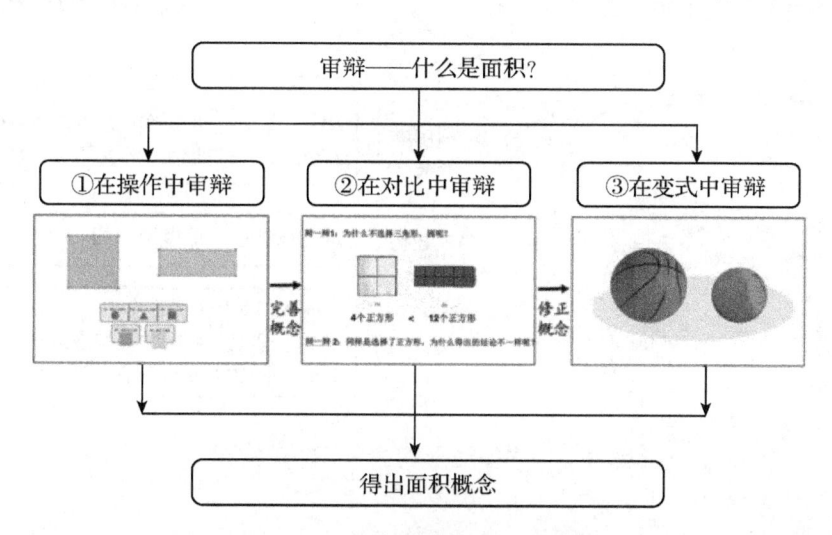

图 4-27 "认识面积"三次审辩

本节课围绕"审""辩"展开教学。在操作中审辩，学生能够体会周长与面积的联系与区别；在对比中审辩，学生能够感悟面积单位统一的必要性和面积单位的合理性；在变式中审辩，实现了平面和立体之间的转换，凸显面积的本质，帮助学生完善概念。

多法兼用、形成合力是优化教学方法的核心。根据不同的学习任务和学习对象，选择合适的教学方式或将多种方式结合，注重开展启发式、探究式、参与式、互动式的教学活动，使学生感受基本思想、积累基本活动经验。

【案例描述】

四年级《多边形内角和》一课(图 4-28)，让学生在已储备一定研究方法和思辨能力的基础上，对于"多边形内角和是多少"问题进行思辨，通过让学生回忆三角形的内角和的研究过程(猜想—验证—结论—应用)，梳理研究方法，培养研究能力，提升审辩能力，拾级而上，探索新知识。

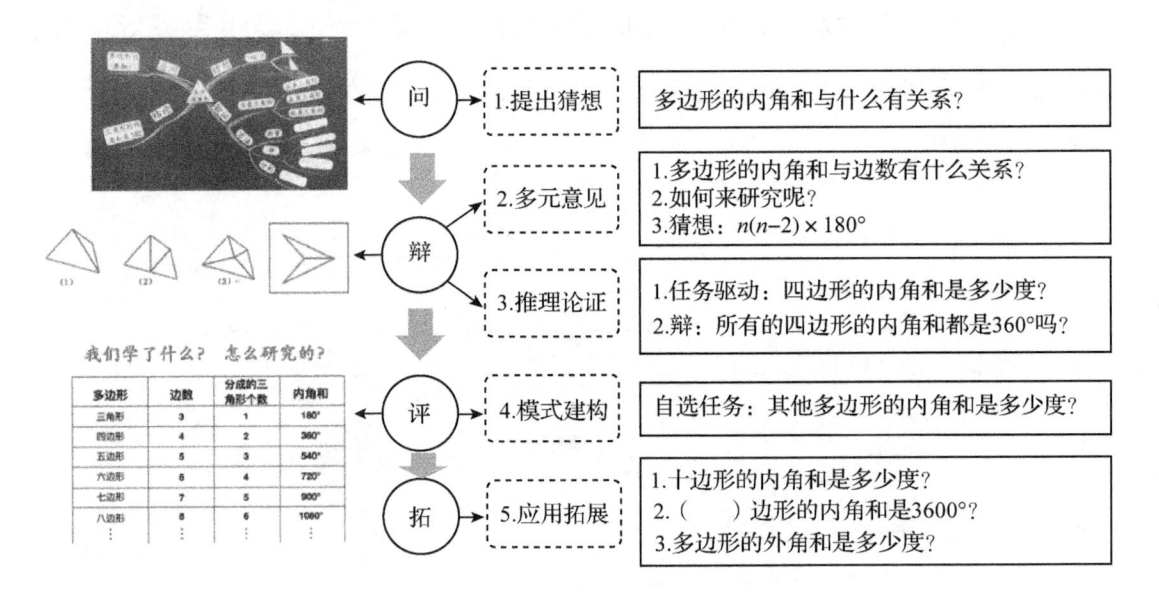

图 4-28 "多边形内角和"模式构建

《多边形内角和》一课重视积累思维活动经验，使学生形成基本数学思想，深度培养审辩式思维。通过两次深度审辩，让学生经历从特殊到一般的过程，感受化归思想，提炼基本策略，提升基本方法，构建出研究一般多边形的路径。

4. 创新审辩思维的成长评估

反思评估是审辩思维的必要环节，也是最重要的思维目标之一。以往数学教学评价的主要弊端是过于重视思维结果，忽视了对思维过程的评价。数学"审辩课堂"的反思评估不能仅局限于评价纯粹的数学知识掌握情况和解题能力的高低，而是要注意对思维过程、思维成果以及行动进行全面评估与改进，通过整理复盘来促进学生进行自我反思、约束和修正，全面评估学生的思维能力。

【案例描述】

在四年级《三角形的三边关系》课前，教师应突破原有思维定式，力图发挥审辩思维在数学教学中的作用，基于前置性学情诊断，"曝光"学生间认知差异和分歧，聚焦"三角形任意两边之和大于第三边"的数学本质，重视三边关系结论的理性分析，如图4-29所示。

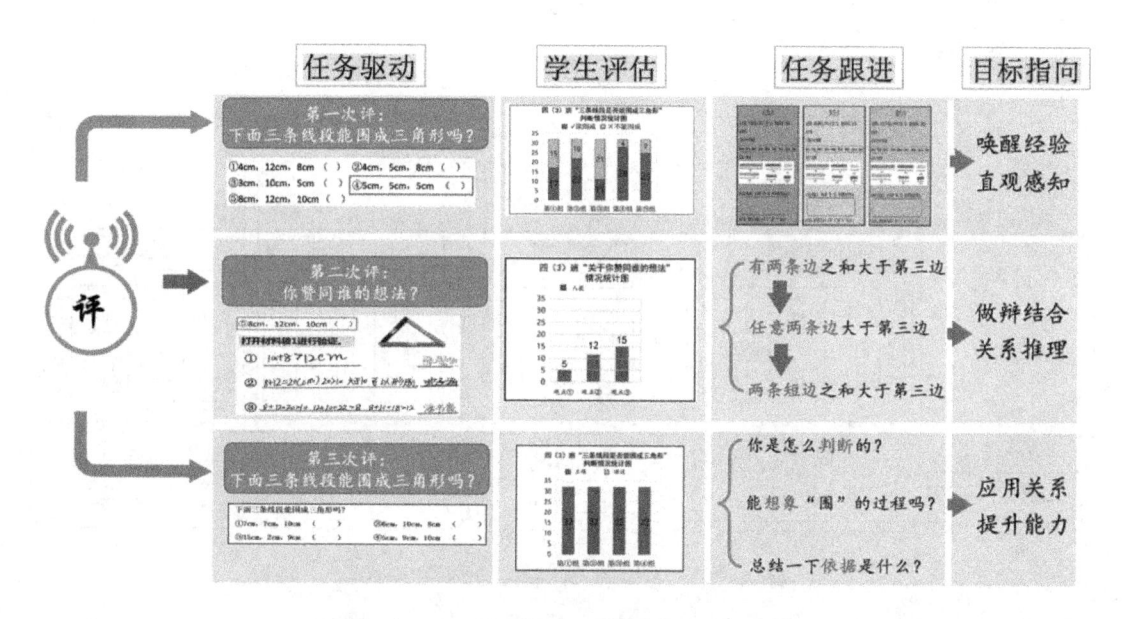

图4-29 "三角形的三边关系"三次评估

在"审辩课堂"中，相对于达标评估，我们更应关注学生的成长评估。观察和判断随着学习进程的推进，学生在不同时间所表现出来的学习水平。在以上案例中，可见学生"混沌的直觉判断→聚焦三条边的长度关系→初步认识'两边之和大于第三边'→思考'任意两边之和大于第三边'→总结'较短两边大于第三边'"的成长过程。尤其是对一些基础比较薄弱的学生，即使"达标"有些困难，也仍然可以看到他们的成长。因此，基于"差异化""个别化"的教育理念，创新"审辩课堂"的成长评估，能更精准地诊断教师的教和学生的学的质量。

四、教研变革：探寻新时代区域教研方式转型

为促进区域教育质量的高位发展，本课题提出"推进小学数学'审辩课堂'的教研转型"新命题，通过顶层设计，建立可操作的实施机制。课题坚持问题导向，聚焦"审辩课堂"理论缺失、理念转化困难、示范引领不足、教学策略匮乏、研究成果单一等共性、典型问题，提出"问询式教研""育秧式教研""支架式教研""集成式教研"。这些方式根植"审辩课堂"，凸显教研现状问题、实施策略与目标指向之间的内在逻辑关系，彰显了立体性和整体性，如图 4-30 所示。

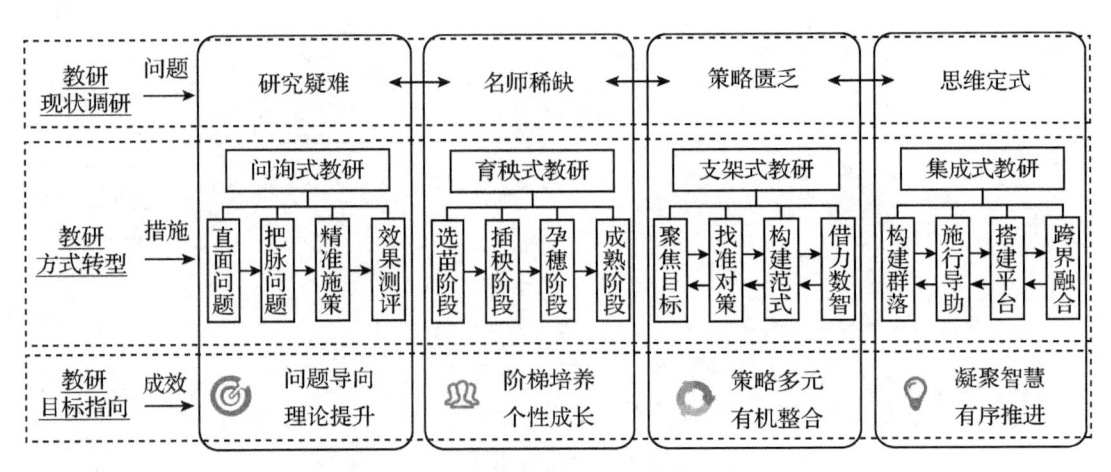

图 4-30 区域教研转型的四种方式①

（一）突破"审辩课堂"研究疑难的问询式教研

1. 操作定义

问询式教研直面"审辩课堂"实施中的疑难杂症，确定教研主题，通过直面问题、"把脉"问题、精准施策、效果测评四环节，系统设计研修活动。

2. 操作流程

问询式教研主要由以下四个部分组成，如图 4-31 所示。

---

① 批注[编者团队]：在一个研究中我们通常会提出几种模式，但是要特别注意这些模式是否在同一个维度上。用同一逻辑进行划分在研究中是十分重要的。

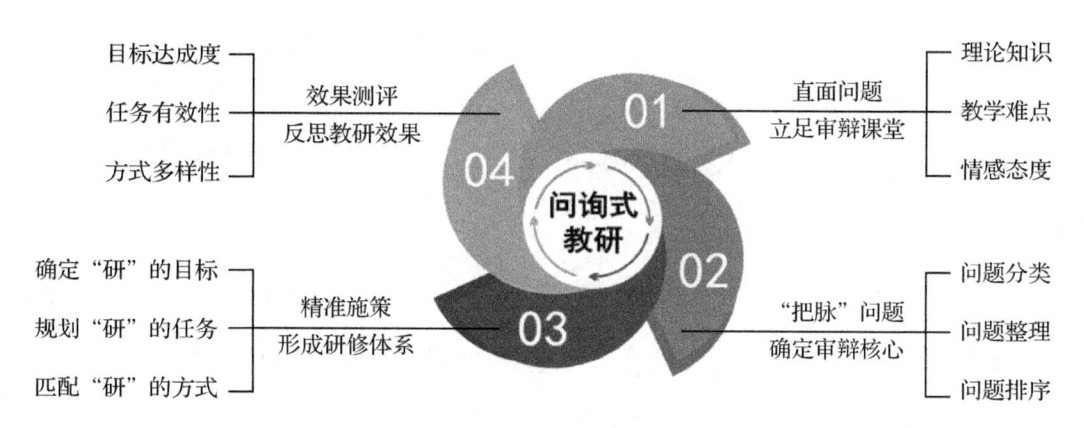

图 4-31 问询式教研流程

(1)直面问题。

为了更好地了解教师对于"审辩课堂"的研修需求，我们分别从理论知识、教学难点、情感态度三个板块进行调研。其中理论知识包括"审辩课堂"的要素、特征、基本形态三个方面。

(2)"把脉"问题。

基于现状调研，我们对问题进行分类、整理、排序，并将实际问题转化成研修的问题，为确定研修目标奠定基础。

(3)精准施策。

这一环节主要包括三个阶段：首先是基于问题确定研修的目标，接着基于研修目标规划研修任务，最后匹配相应的研修方式。

(4)效果测评。

针对目标的达成度、任务的有效性、方式的多样性对教师和学生进行效果测评。

综上，问询式教研关注教师对于"审辩课堂"理论知识的掌握程度，强调理论学习与实践研修结合，不断进行上述的四个过程，教师能够完成问询式研修的闭环。

3. 操作案例：提炼"审辩课堂"要素

在区域推进时，我们主要经历了三轮问询式的教研，每一次教研的侧重点各不相同。其中，第一轮问询式教研聚焦"审辩课堂"的要素展开。

(1)问：审辩要素知多少？

为了进一步了解教师研修的需求，我们通过问卷星征集教师的疑难问题，以下是教师的共性问题：

> ①课堂中设计了一个审辩的环节，激发了学生表达的欲望。不知道"审辩课堂"有没有一些基本的范式，或者一些环节，如辩一辩等。
>
> ②听过一些"审辩课堂"的案例，但不知它设计的理论依据是什么，或者说，审辩课堂有哪些具体的要素？只有知道了要素或者特征，才能够设计出审辩的案例。

(2)理：六问"审辩课堂"。

对问题进行整理排序，六类问题比较集中，87.9%的教师关注基本范式，56.4%的教师关注审辩要素，如图4-32所示。

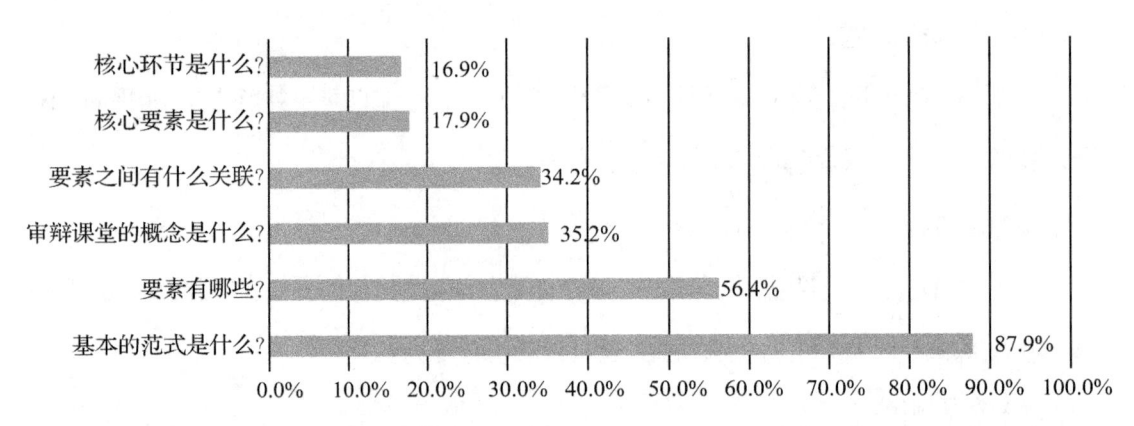

问题	百分比
核心环节是什么？	16.9%
核心要素是什么？	17.9%
要素之间有什么关联？	34.2%
审辩课堂的概念是什么？	35.2%
要素有哪些？	56.4%
基本的范式是什么？	87.9%

图4-32　2019年上城区数学教师关于"审辩课堂"的问题调查统计结果

(3)清：审辩要素提炼八步走。

明确了研修的问题，我们系统构建了研修的目标与研修任务，并且匹配了相应的研修方式，形成了如表4-10所示的研修计划表。

表 4-10　2019 学年上城区小学数学"审辩课堂"研修计划表

研修时间	研修主题	研修形式	活动地点
2019.8.26	构建"审辩课堂",把握审辩要素	专家讲座 专题引领	之江汇
2019.9.28	基于"审辩课堂",探究新型学教模式(一) ——以"数与代数"领域为例	案例实践 专家引领	金都天长
2019.11.18	以赛之名,聚焦"审辩课堂",促研促教 ——记上城区小学数学优质课比赛	课例展示 模拟课堂	胜利小学
2020.1.11	基于"审辩课堂",探究新型学教模式(二) ——以"复习课"为例	案例实践 专题引领	凤凰小学
2020.3.18	儿童视角·向下扎根·向上生长——上城区小学数学教师集体备课系列研修	专题汇报 模拟课堂 专家引领	新世纪
2020.4.22	基于"审辩课堂",探究新型学教模式(三) ——以"图形与几何"领域为例	案例实践 专家引领	抚宁巷小学
2020.5.12	基于"审辩课堂",探究新型学教模式(四) ——以"统计与概率"领域为例	案例实践 专家引领	胜利实验
2020.6.18	1."问享式学习"的"审辩课堂"教学风采展示 2.审辩案例评比	课例展示 专家讲座 专题引领	抚宁巷小学

研修聚焦审辩要素、"审辩课堂"范式展开,结合数学的四大领域,采用"专题讲座+课例展示+自主实践"的方式,逐步厘清"审辩课堂"基本要素。

(4)评:"审辩课堂"的研修总结。

从要素组成、要素核心、要素关联三方面出发,设计以赛促研的系列活动,提升教师对"审辩课堂"的认同度和参与度。

4.操作要义

(1)关注问题设计。

问询式教研的核心就是问题的收集,如引导教师针对审辩的相关理论知识提出自己的疑问,这样能使得问题集中,有利于多轮系统规划和研修设计。

(2)善于梳理问题。

收集教师的问题时,我们要善于从审辩的概念、特征、要素、课堂范式这四个方面对问题进行解码与梳理,尝试归纳、梳理研究问题,并将其转化成研修的目标。

(3)重塑教研形态。

传统的研修方式以专家引领和课例示范为主,不能将全体教师充分纳入。因此,我们要善于针对研修目标,设计多样的研修方式,促进教师进行沉浸式研修。

(二)突破"审辩课堂"名师稀缺的育秧式教研

1. 操作定义

育秧式教研依托名师示范引领,通过选拔新苗教师、组建跨校研学共同体、开展"研·训·赛"一体化研训和教学成果辐射四个步骤,展开研修活动。

2. 操作流程

区域审辩式课堂的推广依托名师的示范引领,为了培养更多的名师,我们尝试借助育秧式四阶段展开教研,尝试建立"一个人、一个团队、一个联盟、一个区域"的辐射模式,详见图4-33。

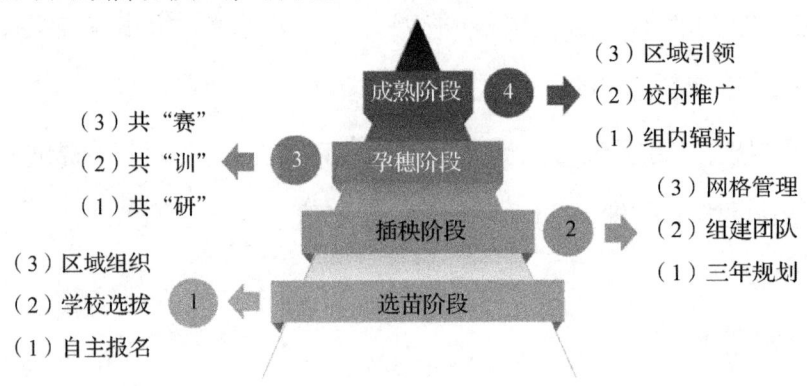

图 4-33 育秧式教研四阶段

(1)选苗阶段。

由区域组织,面向上城区教龄为5～10年的新苗教师开展"上城审辩名师"选拔。新苗教师自主申报备课团队,进行双向选择后成立研学共同体。

(2)插秧阶段。

新苗教师独立进行备课展示,学科专家进行现场深度评析,新苗教师修改调整后聚焦审辩要素和教学范式,再次进行备课和试讲。

(3)孕穗阶段。

在研学共同体内部,新苗教师聚焦"审辩课堂",通过集体备课、集体观摩、集体改课、案例评比等研修活动,初探"审辩课堂"教学范式,如图4-34所示。

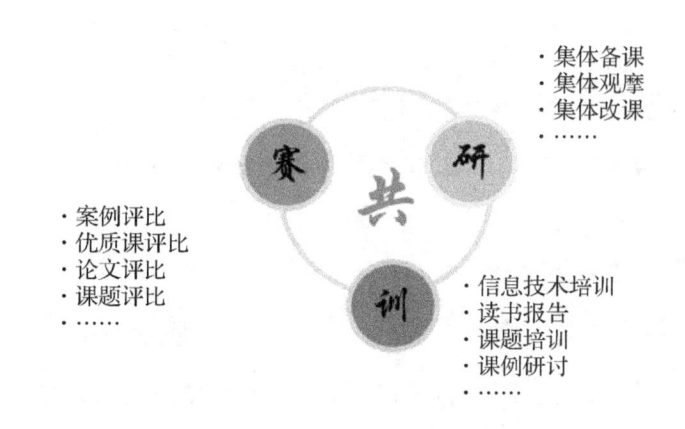

图 4-34 孕穗阶段研修活动

(4)成熟阶段。

在全区开展说课比赛、优质课评选、区教研展示等系列研评活动,以赛促研、以测促建、以评促改,建构"审辩课堂"范式,并将优秀成果向学校、区域辐射。

3. 操作案例:建构"审辩课堂"范式

为进一步促进新苗教师"审辩课堂"实践能力,自2019年以来,在区教研员的带领下,上城区陆续开展"审辩课堂"集体备课系列研修活动。本活动从审辩范式之"思"、审辩范式之"改"、审辩范式之"行"三个维度展开研究，如图 4-35 所示。

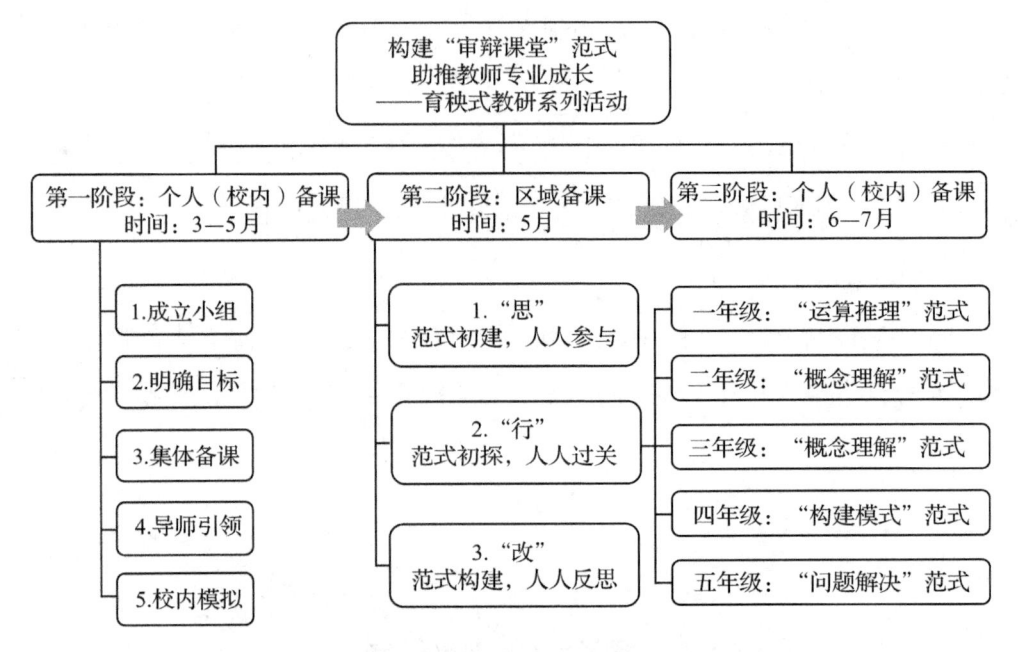

图 4-35 "审辩课堂"青年教师集体备课路径规划图

(1)思：范式初建，人人参与。

以年级组为单位将青年教师分成五个小组，明确了研修目标后进行个人备课。之后，开展校内模拟课堂活动，实现了校内的集体备课。

(2)行：范式初探，人人过关。

邀请省、市、区多位专家对"审辩课堂"进行"把脉"，并对新苗教师的课堂方案进行了二次打磨。

(3)改：范式构建，人人反思。

基于"审辩课堂"范式的建构，将研究的成果进行二次展示，由此实现了个人—学校—区域的多维互动。

4. 操作要义

(1)精心选苗择优。

选苗阶段至关重要。一要对教师进行综合考评，二要对教师进行动态评估，进行积分制优选，让选苗的过程从静态走向动态，不断吸收区内新鲜血液。

(2)尽心育苗培优。

用任务驱动教师，每学期要求教师达成三个"一"的阶段性目标：一篇审辩案例、一个审辩课例、一份审辩作业，以显性的任务驱动教师专业成长。

(3)抱团取暖推优。

成立教师合作团队，让每一个成员充分参与，通过展示课、主题汇报、读书分享等研修活动不断增强团队凝聚力，优中育优、优中推优。

（三）突破"审辩课堂"策略匮乏的支架式教研

1. 操作定义

支架式教研将复杂的学习任务分解，搭建适应不同水平学习者的"问题支架""课例支架""策略支架""技术支架"，完成对复杂概念的意义建构，切实提升教师教研质量，操作流程如图4-36所示。

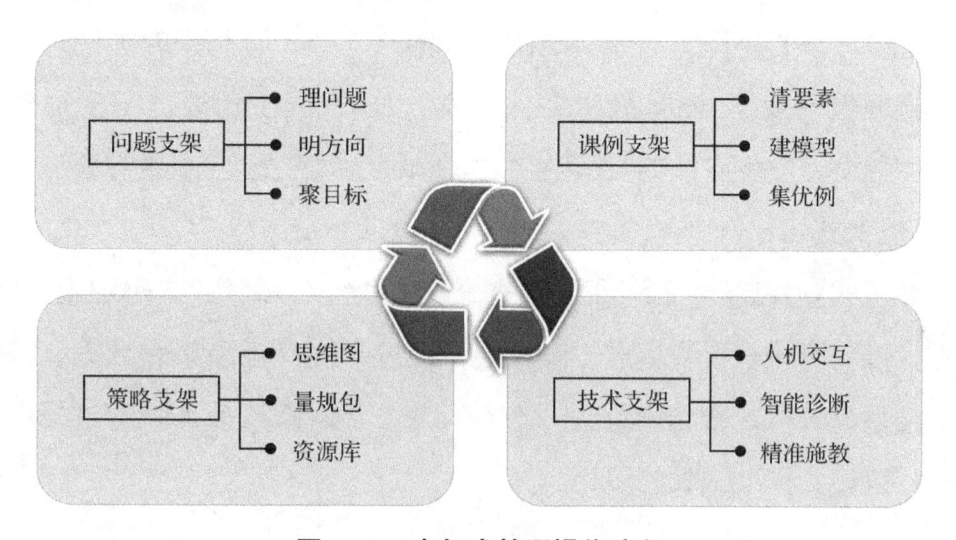

问题支架	课例支架
理问题 明方向 聚目标	清要素 建模型 集优例
策略支架	技术支架
思维图 量规包 资源库	人机交互 智能诊断 精准施教

图 4-36 支架式教研操作流程

2. 操作流程

(1)问题支架。

问题支架依据教师发展需求建立，在实施前期，课题组通过调研了解教师需求，根据教师的问题确定教研目标及主要需解决的问题，在教研活动实施过程中，教师主动思考和实践，顺着问题支架不断攀升，使问题迎刃而解。

（2）课例支架。

在实践中，课题组不断反思和完善，归纳出"审""问""辩""评""拓"的五步课堂教学流程，根据不同的课型，设计可模仿、可参照的课堂教学范例。教师在教学过程中探索课例支架的应用，感受课例支架的价值。在教研活动中，课题组有意识地给教师创造实践的机会，增强他们实践"审辩课堂"的积极性，而不是让"审辩课堂"成为教师的任务或负担。

（3）策略支架。

"审辩课堂"的实施需要相应的教学策略与教学资源，其中思维图、量规包①、资源库的开发和应用，可以帮助教师把握"审辩课堂"教学要点，掌握教学指导策略。思维图包含两层意思，一是知识之间的关联结构图，二是"审辩课堂"教学的流程图。将思维图作为策略支架，有利于教师设计与实施教学。课题组开发了"课堂教学评估量规"，从不同视角设计了教师他评的"分析性量规"、学生自评的"反思性量规"和师生共评的"生成性量规"。

（4）技术支架。

上城区成立并启动"思维课堂观察分析实验室"，聚焦"审辩课堂"、学习和思维，推动区域教学改革进一步发展，通过人机交互采集大数据，进行课堂观察与系统分析，智能诊断教师教学行为，不断修正教师教学过程中的各种问题，以达到精准施教的目标。

---

①批注[编者团队]：若使用一些原创性词汇，或者是没有普遍应用的专有名词，研究者应进行说明。此处读者并不能确定全文中只出现了一次的"量规包"是什么意思，如果能加以说明就更好了。

3. 操作案例："策略支架"的开发与实践(表 4-11)

表 4-11　不同功能的思维图示例

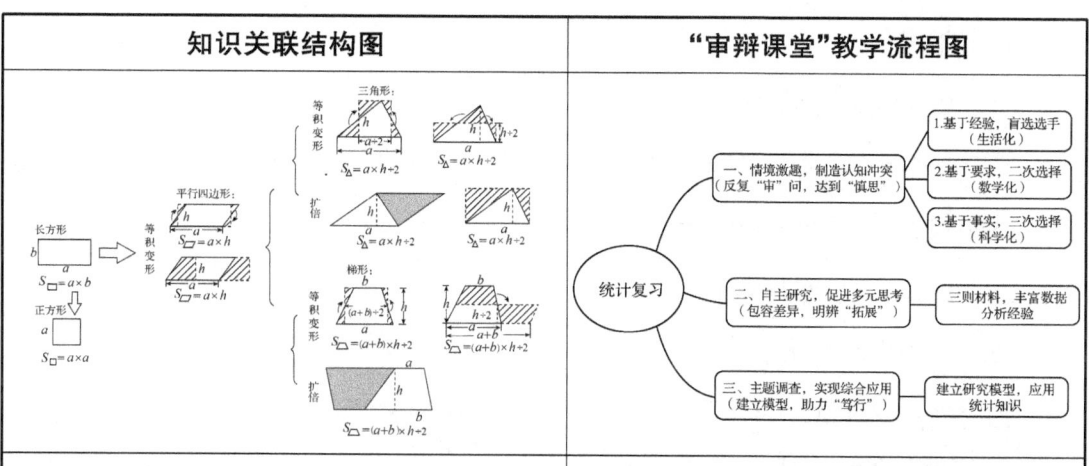

知识关联结构图	"审辩课堂"教学流程图
(图示：长方形、正方形经等积变形到平行四边形、三角形、梯形的面积公式推导关联图)	(图示：统计复习思维导图，包含三大环节：一、情境激趣，制造认知冲突（反复"审"问，达到"慎思"）——1.基于经验，盲选选手（生活化）；2.基于要求，二次选择（数学化）；3.基于事实，三次选择（科学化）。二、自主研究，促进多元思考（包容差异，明辨"拓展"）——三则材料，丰富数据分析经验。三、主题调查，实现综合应用（建立模型，助力"笃行"）——建立研究模型，应用统计知识)
针对知识的重点、学习的难点和学生的弱点，按照一定的标准把已学的知识进行梳理、分类、整合，搭建支架，沟通其间的纵横联系，把概念之间的逻辑关系生动地表示出来，从而把握整体知识结构。	"统计复习"一课，整合各类统计图表，通过设计三大学习任务，搭建教学流程支架，通过对现实生活中统计素材的观察、比较、审辩，提升多角度分析问题、推断、预测的综合思维能力，发展数据分析的观念。
"审辩课堂"教学流程图	思维可视化诊断图
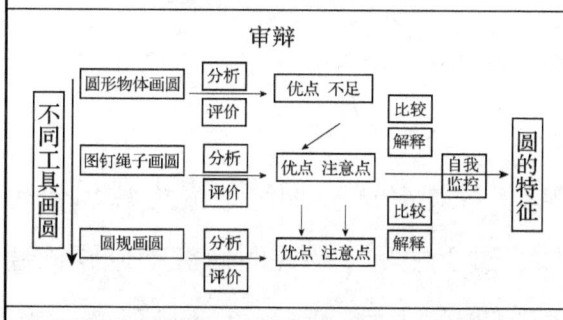 (图示：不同工具画圆——圆形物体画圆、图钉绳子画圆、圆规画圆，经过分析、评价，优点、不足、注意点，再经比较、解释，自我监控，得出圆的特征)	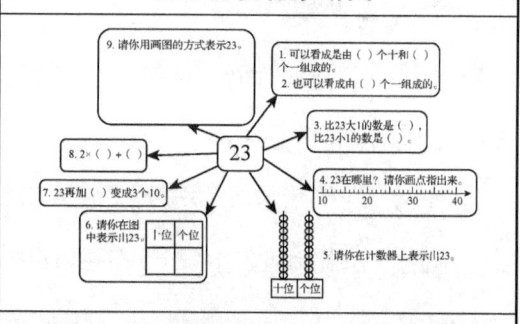 (图示：以"23"为中心的思维可视化诊断图，包含9道题目：1.可以看成是由( )个十和( )个一组成的；2.也可以看成是由( )个一组成的；3.比23大1的数是( )，比23小1的数是( )；4. 23在哪里？请你画点表示出来（数轴0—40）；5.请你在计数器上表示23；6.请你在图中表示23（十位 个位）；7. 23再加( )变成3个10；8. 2×( )+( )；9.请你用画图的方式表示23。)
审辩式思维强调有理由地质疑、讲逻辑地推理、合理公正地判断、对思维过程的自我监督。学习"圆的认识"一课，学生经历了3次用不同工具画圆的过程，反复思考所使用工具的优点、不足和注意事项，进行数学抽象和概括，掌握圆的特征。	了解学生对数的认识情况是探明教学的实际基础，设计了"数意义多元表征"的可视化诊断工具，以"单位"思想为核心，主要测试和分析两方面的能力：(1)学生对数的意义的基础认知水平；(2)应用数的意义解决问题的水平。

支架式教研将思维图作为师生互动的教学工具，让思维可视，开发思维潜能。思维图主要有三大功能：一是梳理知识之间的关联结构，帮助师

生建立完整的知识框架；二是体现基于审辩思维的教学流程，建立知识间、师生间的深度对话；三是外显学生的思维水平，作为可视化的评估工具。

4. 操作要义

(1)聚焦共性问题。

"审辩课堂"应关注教师的"最近发展区"，聚焦一线课堂实践中的共性问题，从中精选出每次教研活动的研究核心，以针对性问题为导向，让每位教师都能有所获，把控好教研方向。

(2)搭建多元支架。

围绕"审辩课堂"教研主题，以"问题"为中心，以"策略"为中介，以"结论"为终点，搭建由易到难、由浅入深的支架，促进教师在教研中领悟操作要点，提升研究能力。

(3)支持动态实施。

伴随着教师研究能力的增长，支架需动态使用，有时甚至要撤离。围绕支架的问题导向，保证每位教师都有增量，教师可动态、创造性地使用符合自己需求的支架。

(四)突破"审辩课堂"思维定式的集成式教研

1. 操作定义

集成式教研将高校专家、科研机构专家、名优教师等研究力量组合起来，解决"审辩课堂"过于注重教师个体、过于注重单一课时研究等问题，通过构建群落、施行导助举措，集成新型研究共同体。集成后，研究对象、研究内容和研究成果有机融合，能够发挥教研活动的整体效应，达到整体优化的目的。

2. 操作流程(图 4-37)

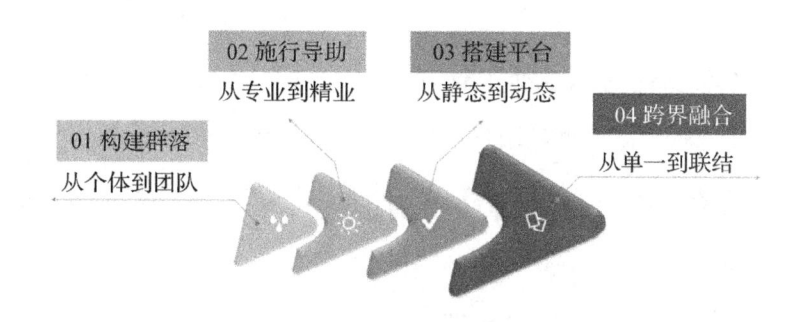

图 4-37　集成式教研流程

(1)构建群落。

群落成员可以是同质的，也可以是异质的。"审辩课堂"的研究对象有新苗、新秀和新锐教师，有"审辩课堂"联盟学校教研群体和特级教师工作室，等等。各群落定期开展活动，为不同年龄、层次、专长的教师提供学习和研究机会，提升研究动力和能力。

(2)施行导助。

集成式教研实施"双导师制"，聘请教育学院教研员、上级教研部门专家、特级教师等，担任"审辩课堂"的理论导师和实践导师，满足教师多样化的需求，帮助教师从专业到精业。

(3)搭建平台。

集成式教研搭建多元、立体平台，满足教师个性化需求，借助各类课堂展示激励教师以更加积极的状态投入到研究中去，扩大"审辩课堂"教研模式的辐射范围和影响力。

(4)跨界融合。

集成式教研开展"审辩课堂"跨学科教研。学科间进行多维融合，此时，问题解决的途径是多维的，学习伙伴是多维的，学习资源也是多维的。

3. 操作案例：异质团队开展联合教研

(1)建：组建群落，从个体到团队。

区域内某小学开展校本教研，组建新苗教师、新秀教师和新锐教师等多个研究群落，开展"基于单元整体教学视域下的审辩课堂"研讨，助推教师成长。

(2)导：整体策划，从校本到区域。

省教研员、省特级教师提前介入，从教研目标制定、内容选择、形式策划等维度进行专业导助，扩大教研辐射面，吸引区域各层次教师主动参与观点交流。

(3)融：多方融通，从单一到联结。

以五年级"多边形面积"单元为例，通过专家跟进指导和教研团队集中研讨，课题组融通多方资源，建立多元联结，促进各层次教师彼此赋能，见证彼此成长过程。

4. 操作要义

(1)融个体差异。

集成式教研活动融个体差异，借助同伴间合作，实现优势互补、共同进步，大大提高了教研效率。

(2)汇教育资源。

集成式教研活动汇聚各类教育资源，多方助力是关键，利用各种资源，不断调整优化，建成分层、分类的教研体系。

(3)通学科壁垒。

集成式教研活动基于学科交叉融合的基础教育转型变革，寻找"跨界融合"设计点，在多元化、交叉融合中实现课程创新，通过"跨界"促进教师跨学科能力的生成。

五、区域推广：促进小学数学高质量发展的共富行动

(一)专业导助机制：搭建区域支持体系

1. 成立"审辩课堂"导师团队

研究初期，课题组借力教育智库，与华东师范大学签订基于学生发展核心素养的区域教育品质提升项目战略合作协议，引入省级资深专家资源、区域内的名优教师，建立四阶导师团队(图4-38)。集合教育教学领域"大家"的智慧、能力和渠道，开展理论学习、教材解读、实践验证、检验论证等一系列活动。

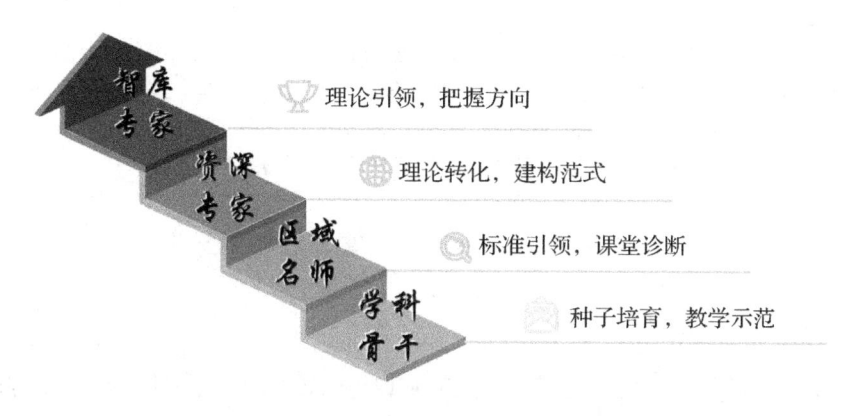

图 4-38　四阶导师团队组成

（智库专家：理论引领，把握方向；资深专家：理论转化，建构范式；区域名师：标准引领，课堂诊断；学科骨干：种子培育，教学示范）

2. 编写"审辩课堂"操作手册

研究初期，教师在"审辩课堂"的实践中面临四个方面的困难：如何制定"审辩课堂"的教学目标？如何设计凸显"审辩思维"的学习任务？如何优化"审辩思维"的方法指导？如何评估"审辩思维"的成长值？为此，课题组编写了《"审辩思维"操作手册》(以下简称《手册》)，从教学方法、教学设计、教学案例、量规应用四个部分给出了实施操作指南。

【案例描述——目标制定】

《手册》指出：从教学目标转型为学习目标，从知识技能目标转型为能力素养目标，从结果达标目标转型为过程与结果相结合的目标。例如，"认识图形周长"一课从数学学科特质和学生思维发展特征两个维度来设计，遵循"审""问""辩""评""拓"路径，挖掘思维生长点，制定审辩思维目标，如图4-39所示。

教学目标：
1. 通过折与分、描与说、审与问等活动丰富学生对周长的"形"与"数"的感知，使学生理解并内化周长的概念。
2. 在问题情境中评估反思结论的真伪，使学生理解周长的概念本质，培养学生的质疑、提问、思辨能力，发展学生的空间观念，积累数学活动经验。
3. 结合具体情境，让学生体会周长与实际生活的联系，在解决变式习题的过程中，深化学生对周长概念的理解，让学生感受数学的应用价值，提高表达能力，享受数学学习的快乐。
教学重点：帮助学生理解周长概念（封闭图形一周的长度，一周指的是边线）。
教学难点：借助概念帮助学生辨析图形内部的线不是周长的一部分。

图 4-39 "认识图形周长"教学目标制定

【案例描述——量规应用】

《手册》非常重视课堂教学量表（表 4-12）的设计与应用，从目标制定、过程展开、教学支架、教学成果、教学反思等维度展开分析评估，以实现学生思维的可视化，赋能教师教学评价。

《手册》采用线上与线下相结合的方式发布，并利用微信公众号进行专题推送。推送的内容不仅有优秀教学案例、专题研究报告，还有典型课例视频。随着研究的深入，积累的文字资料和视频资料越来越丰富。

表 4-12　2020 年上城区中小学"审辩课堂"教学评估表

年级、学科与课题：		日期：	
学习者：	执教者：	评估者：	
一级指标	二级指标	各等级最高分	评分
目标设计有审辩	1. 审辩思维发展目标与教学材料匹配度高。	A-10 B-7 C-4	
	2. 目标表述精确，明晰审辩思维要素和表现动词。	A-10 B-7 C-4	
展开过程有审辩	3. 情境创设能激发学生的审辩思维动机。	A-10 B-7 C-4	
	4. 对话探究、反思拓展的过程展开充分，更强调学生思维的表达和输出。	A-10 B-7 C-4	
	5. 问题推进、指导反馈更强调学生的审辩思维含量。	A-10 B-7 C-4	
审辩发展有支架	6. 善评价，能多层次多维度鼓励学生深度参与。	A-10 B-7 C-4	
	7. 引导有方法，能利用学生错误资源，搭建生动活泼的学习支架。	A-10 B-7 C-4	
	8. 材料、方法、导图、技术、量规等工具的应用恰当，可推广。	A-10 B-7 C-4	

续表

一级指标	二级指标	各等级最高分	评分
审辩学习有成果	9. 目标达成度高。学生审辩思维有发展，学习成果可见、可用、可迁移、可拓展。	A－10 B－7 C－4	
审辩教学有反思	10. 能科学反思"学"与"教"的全过程，有提炼、能跟进，有研究意识。	A－10 B－7 C－4	
总评	85分及以上为优秀，70分和84分之间为良好，55分和69分之间为及格，54分及以下为待评。		
整体建议或片段分析			

3. 丰富"审辩课堂"案例资源

课题组建立课题研究例会制度，按照需求驱动、试点先行、专业导助、展示引领等方式开展研究工作。同时，自2018年起，区域聚焦"审辩课堂"的要素、特征和课堂教学研究，每学年连续开展24学时和90学时的专题教师培训(表4-13)。每月开展区域学科协同教研，组织包括学校教师、学科研究员和学科骨干教师在内的研究团队共同参与研讨。

表4-13 "审辩课堂"专题教师培训

时间	24学时培训	时间	90学时培训
2018.08—2018.12	基于实证视角的数学"审辩课堂"	2019.03—2019.07	基于学科思维特征的教学目标定位与设计
2019.03—2019.06	"审辩课堂"的理论框架	2020.03—2020.07	从范式到变式——"审辩课堂"的教学实践研究
2019.08—2020.12	"审辩课堂"教学目标设计	2022.03—2022.07	基于"审辩课堂"的课堂观察与评价研究
2020.03—2020.06	"审辩课堂"教学任务设计		
2021.08—2021.12	"审辩课堂"教学实践研究		
2022.03—2022.06	"审辩课堂"观察与评价		

为促进区域小学数学教师"聚焦数学审辩，构建思维课堂"，提高教材解读能力、课堂教学执教能力，上城区每学期召开"审辩课堂"教学展示活动、"审辩课堂"案例评比活动，梳理课堂教学的成功经验和成果，进一步推进"审辩课堂"教学范式应用及课型研究，为广大教师提供可借鉴的经验，提供指向清晰的指导和方法，以课堂变革带动教学改革。

自 2019 年起，上城区每学年组织开展"审辩课堂"教学案例评比，梳理成功经验和成果，三年来共收到案例 300 多份，其中 30 多篇案例获一等奖，并在《教学月刊》《小学教学》《小学教学设计》等学术期刊发表。

4. 培养思维品质①

借助课堂观察，上城区通过思维诊断的大数据引擎对学生学习数据进行处理和挖掘，诊断学生思维弱项，明确学生审辩思维发展的现状和存在的问题，矫正和改进学生的思维方式，使学生善于提出问题、不懈质疑、合乎逻辑地论证自己的观点，并为学生提供个性化的学习支持，让技术助推师生发展。

（二）技术赋能机制：搭建数据"驾驶舱"

本课题借助审辩课堂观察实验室，对传统课堂进行技术升级，基于媒体技术创设教学情境，依托图像识别、人工智能等技术手段，建立思维观察室，开发小学数学"审辩思维"课堂观察工具和技术，运用互动反馈技术、智能学习平台对学生审辩思维的表现进行评价。

通过审辩课堂观察实验室，课题组从技术支持的思维可视、思维诊断和思维培养三个维度，诊断近 500 节课，生成了近 500 份课堂诊断报告，依托大脑"驾驶舱"分析数据、解释现象、智能交互，作出科学精准的教学评估和教学建议。

---

①批注[编者团队]：这里的"培养思维品质"的佐证材料是图 4-45，在文本中如果有注明会更方便读者按图索骥。另外，研究者在处理图片时需要关注图片是否能呈现有效信息。

1. 实现思维可视

思维可视就是通过恰当的途径让学生的思维暴露出来,促使学生的内在思维转化为外在的语言、文字、数据、图像和声音等可观察的实体,如图 4-40 所示是实现思维可视的两种方式。

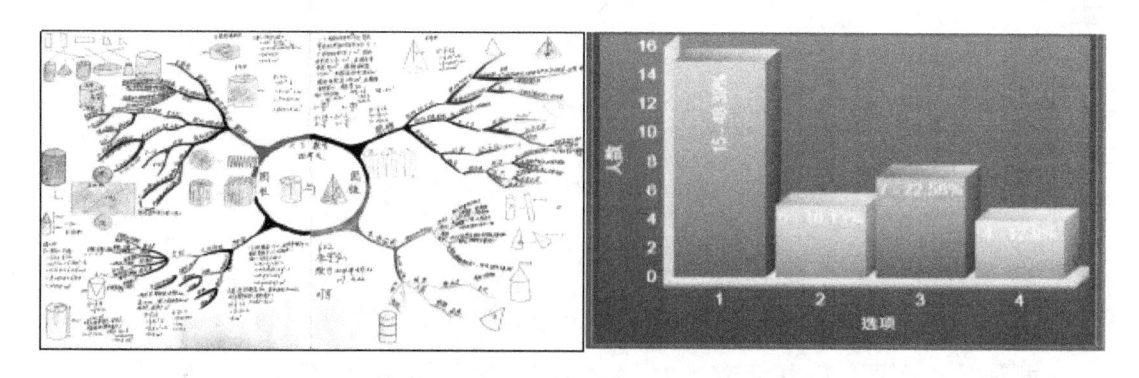

图 4-40　思维导图和 IRS 学生作业反馈投票实时结果

在传统课堂,学生的学习呈现往往只关注思维的结果,而忽略了思维的过程。基于"审辩课堂"的教研活动要求教师深度挖掘学生真实的思维过程,采用思维导图、IRS 实时反馈系统等技术手段实现思维可视,提供学生质疑批判、分析论证的素材。

2. 诊断思维水平①

利用小学数学"审辩思维"课堂观察工具和技术,课题组从教学实录、课堂提问、环节用时、师生互动、作业分析、活动反馈、课后测试等维度,拓展诊断路径和方法,设计分析载体与评价标准,为诊断学生思维的参与度、灵活度、深度提供数据支持。示例如图 4-41。

---

① 批注[编者团队]:关于"思维""意识""情感"等研究常会遇到一个较大的问题,就是成效上很难评估,所以这类课题在开题时就需要建立一些可视化指标,以便在结题时通过前后测的方式来收集客观证据。

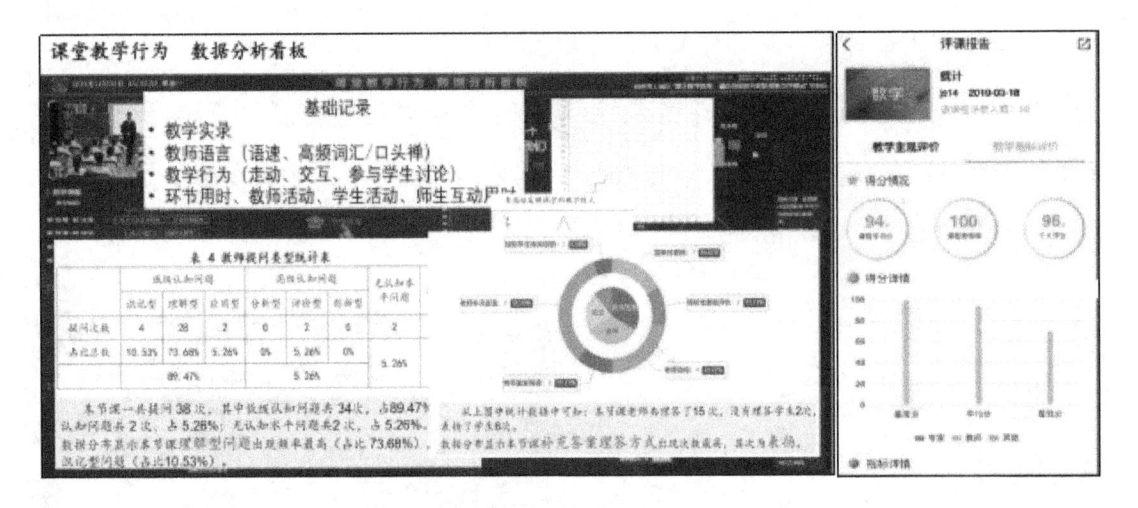

图 4-41　思维诊断示例

（三）推广辐射机制："三联七合"全域推进

提升"审辩课堂"的研究实效，不仅需要区域统筹管理，更需要全域联动，从教、科、研及资源建设等方面提供专业支持。2019 年起，上城区成立了"审辩课堂"项目组，组建"审辩课堂"研究核心团队，采用"三联七合"研究模式(图 4-42)，提供专业支持。"三联"指的是区域、片区、学校三方联动；

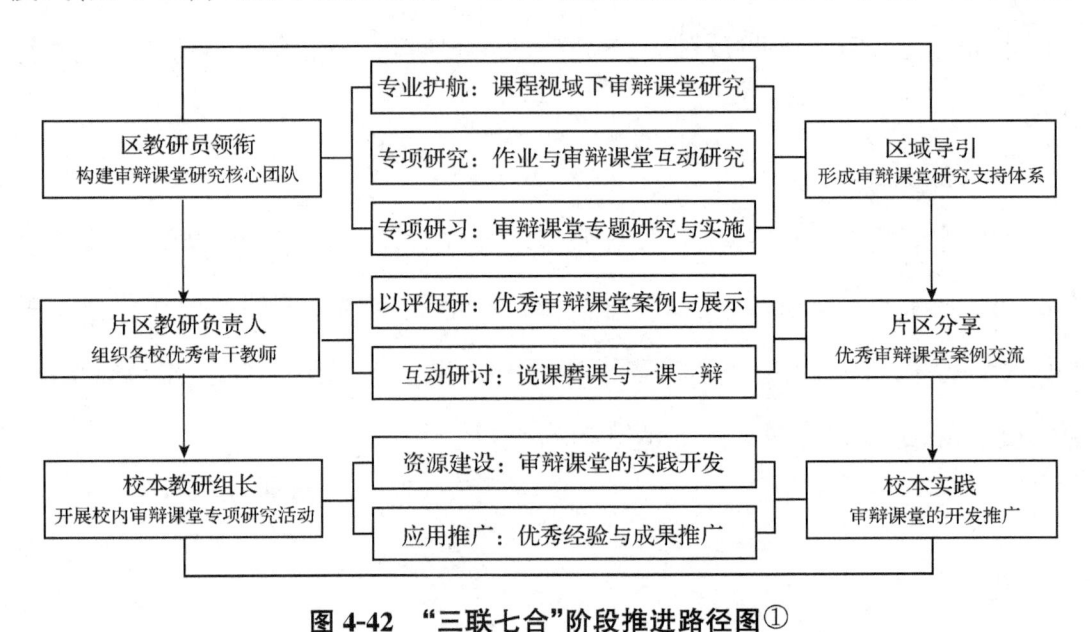

图 4-42　"三联七合"阶段推进路径图①

---

①批注[编者团队]：在画图时，可以有效利用颜色制造出更好的视觉效果，将同一类或者同一层级用同种颜色表示，再通过饱和度加以区分。

"七合"指的是通过理念导引、专项研究、专题研习、以评促研、互动研讨、资源建设、应用推广七种模式，形成教研合力，有序高效地开展研究。

1. 确立基地学校

在顶层设计、团队建设、基地孵化的基础上，课题组通过校本展示、校际交流、主题研讨，提升教师对审辩式思维课堂教学范式的教育价值的理解与认同，发展区域课堂教学范式的文化内涵。

2. 协同多方联动

课题组建立学校、校际、区域的联动协同机制，组织教师参观学习，使教师对研究的过程、操作要素、教学模式有一个直观的了解，激发一线教师参与研究成果分享的兴趣和积极性。

3. 教研特色品牌

借力高校、科研机构专家、教研员和一线名师，课题组举办全国"审辩思维"高峰论坛，围绕"审辩课堂"教学范式、教研转型、区域推广作主旨报告和教研展示，形成区域教研特色品牌。

六、研究成效[1]

历时六年的区域实践，上城区推进了小学数学"审辩课堂"的教研转型，使课堂变革、教研变革、区域联动三位一体，撬动了区域课程改革的杠杆，触发了教师群体学习方式和思维方式的变革，开创了教研方式变革之路，促进了教师团体的快速成长。

（一）促进学生高阶能力发展

1. 促进思维品质的提升

区域层面，课题组每年进行专题调研，持续跟踪先行实验的16所学校中学生审辩思维能力的表现。数据显示（图 4-43），学生在质疑能力、分析能力、推理能力、评价能力和创新能力等方面有很大改善，学生思维水平显著

---

[1] 批注[编者团队]：在成效中应首先回应研究目标是否实现，还应提供支撑结论的客观证据。

提升。学校层面，连续三年对某实验学校的同一批学生进行"思维品质表现"跟进式评估，结果显示学生思维的深刻性、灵活性、独创性、批判性、敏捷性和系统性成长表现非常好，特别是思维的批判性，学生的表现持续提升，如图 4-44 所示。

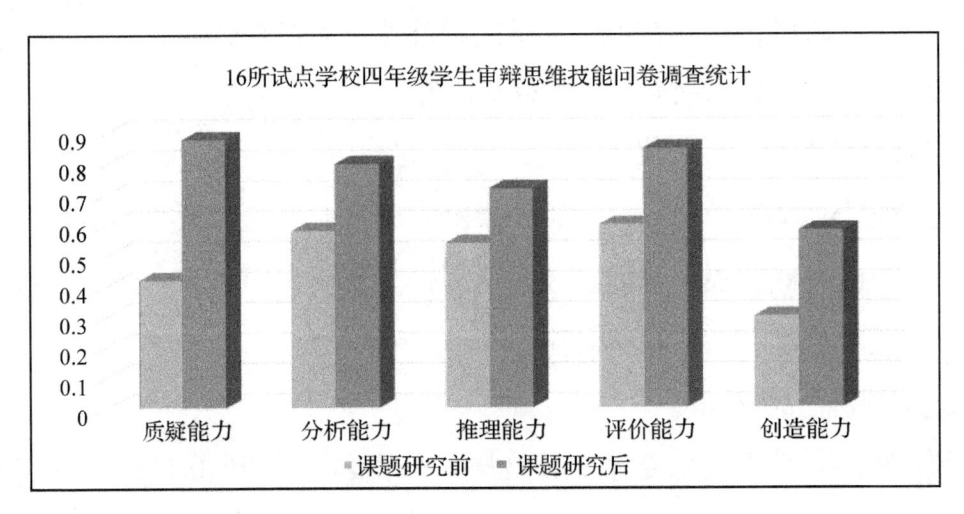

图 4-43　学生审辩思维技能问卷调查统计

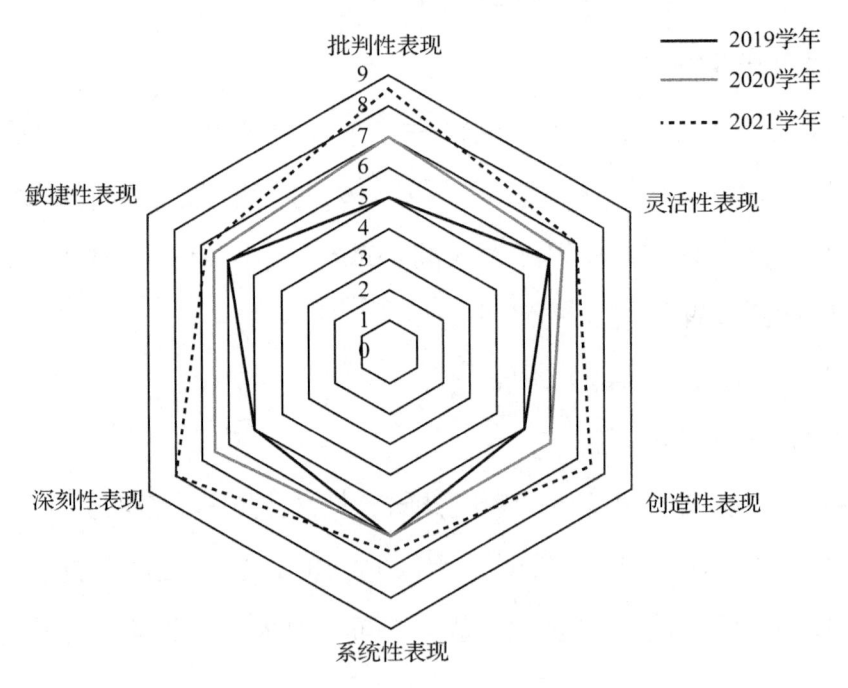

图 4-44　某实验学校近三年学生思维品质表现

2. 实现思维方式的转变

审辩课堂将主动权还给了学生，学生学习兴趣高涨，学习面貌良好，能主动探索思维水平稍高的非常规情境题，能关联解决问题所需的概念和性质，并寻求合理多元的解题策略，真正从"解题"走向"解决问题"，从浅表思维转化为进阶的高层次思维。

（二）变革数学课堂教学方式

1. 引领课堂范式的重构

课题组在学科核心素养的理念下，建构要素多元且易于操作的"审辩课堂"教学范式，推动课堂成为提升思维品质的学习场域。2019年至2021年，"审辩课堂"教学调研数据显示（图4-45），范式应用增幅较大，其中审辩思维目标制定系统化、审辩思维学习设计主体化、审辩思维指导多样化、审辩思维成长性等维度提效显著。在"审辩课堂"范式的推进中，课题组找到了数学学习与思维发展并举共生的突破口。

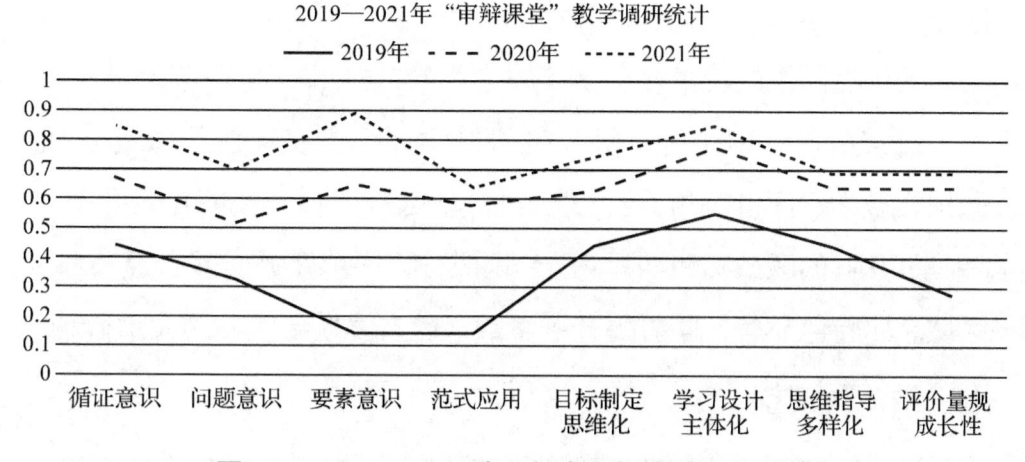

图4-45　2019—2021年"审辩课堂"教学调研统计

2. 拓宽课堂变革的视角

经过三年的区域实践和探索，2021年课题组再次对上城区的小学数学教师进行的专项调研显示，教师对"审辩课堂"的认同率和践行率从原来的32.54%和13.60%增长到90.54%和73.47%，这是显著的突破和进步。

在新时代素养教育的视域下，"审辩课堂"研究构建了理想课堂的未来样本，明晰了区域课堂教学变革的新追求，推动教师课堂教学理念的重塑，为实现具时代意义的课堂育人价值回归本质，找到了理论与实践相结合的研究点。

（三）擦亮区域教研特色品牌

1. 从教研管理走向教研治理

"上城探索"旨在传承上城教研基因，审视区域数学教育教学现状，改变原来自上而下的主题式教研，探寻新时代区域教研新样式。课题组借助"之江汇教育平台"，以"线上＋线下"形式，共享名师课堂、优课、微课资源。到2021年，网络学员数达到2493人，总访问量达到115030人次，实现跨域融合，全域卷入。

2. 全国"审辩课堂"教学研究联盟

本区域作为全国"思维课堂"教学研究联盟的成立地，吸纳了全国各地对"审辩式思维"有深刻见解的学者、教授、一线优秀教师及60多所中小学加入"思维课堂"教学研究联盟。

3. 全国中小学"审辩课堂"高峰论坛

上城区于近两年成功举办全国首届中小学"思维课堂"高峰论坛，华东师范大学、北京语言大学、省市研究机构的学者们围绕审辩思维的本质、要素、课程、教学、评价等展开深度研讨。本区教研员在高峰论坛中作"小学数学'审辩思维'的区域实践与思考"专题报告，展示区域实践、经验和成果，擦亮区域教研特色品牌，回应提升小学数学教育高质量发展的共富行动。

七、结论与展望

小学数学"审辩课堂"的教研转型回应了"全面提升义务教育质量"的时代要求，本课题首次提出了"审、问、辩、评、拓"五步教学范式，开发了"育秧式教研"等具有原创性的"学、教、研、评"方式，为推进教育教学变革，探寻了可推广、可借鉴的经验。

随着《义务教育课程方案和课程标准(2022年版)》的颁布，在"双新"背景下，课题组将聚焦素养导向、学科育人目标，迭代升级以学科实践为标志的

"审辩课堂"学教方式变革，接续开发具有普遍适用性的智慧教研和跨区域教研，并向结对区域和薄弱地区辐射推广，促进教研资源和教研智慧的分享、协同建构和优化，谱写提升小学数学教育教学高质量发展共富行动的新篇章。

独行速，众行远。教育变革之路漫长且意义重大，我们将并肩合作，一起前行。

【参考文献】①

[1]中华人民共和国教育部．义务教育数学课程标准(2022年版)[M]．北京：北京师范大学出版社，2022.

[2]孔晓玲．思维课堂：面向未来的学教变革[M]．北京：现代出版社，2021.

[3]俞晓东．突破区域教研现实困境的路径[N]．中国教师报，2020-03-18(14).

[4]孔晓玲．教师教学思维转型：从学习目标的设计开始[J]．中小学管理，2021(9)：17-20.

[5]陈银，邵虹．基于前置 审辩说理 揭示本质——"三角形的三边关系"案例分析 [J]．教学月刊·小学版(数学)，2022(1.2)：78-82.

[6]万李芳，邵虹．在质疑提问中审辩概念本质——以《认识图形周长》一课为例[J]．小学教学设计(数学)，2021(12)：16-18.

第四节　2021年度浙江省教育科学研究优秀成果奖一等奖获奖作品（2）

本案例由宁波市宁海县中心幼儿园提供，项目成员为严珊珊、伍佩佩

---

①批注[编者团队]：参考文献的格式看似无伤大雅，但实际上反映了课题研究的严谨性、科学性。本成果文本的参考文献是比较规范的，但也有不少文本参考文献随便写，格式也很不规范，拉低了印象分。

(执笔)、杨一、金珍珍、王薇、蔡蕙惠。为尽可能保证案例的原始性、真实性，我们仅对案例结构进行了统一，案例内容未做大幅修改，在"批注"中展示了评审组给出的本案例的优点和不足之处，供各位读者参考。

链式教研："钉钉子"理念下的有效教研方式探究

一、课题的提出①

（一）教研机制的改革，是为了满足新时代课改的迫切需要

教育部颁发的教基〔2019〕14号《关于加强和改进新时代基础教育教研工作的意见》明确指出："校本教研要立足学校实际，以实施新课程新教材、探索新方法新技术、提高教师专业能力为重点。"改进和完善教学研究制度和工作方式，逐步形成民主、开放、有效的教研机制，建立与新课程相适应的教研形式，是新时代课改背景下幼儿园发展和教师成长的现实要求与紧迫任务，也是深化教学改革的方向和重点。

（二）"链式教研"的提出，是为了解决普遍存在的教研问题

教研的作用在于激发教师与教师间、教师与管理者间围绕一个个问题展开的专业对话与思想碰撞，鼓励、支持教师不断发现问题、解决问题，在层层推进的问题链解决过程中萌生新的理解和共识。然而，分析以往教研工作，课题组发现教研存在以下问题。①"散"研：内容散，少统整。教研内容碎片化，缺乏以课程建设为载体、聚焦教师的真问题真困惑而形成的"问题教研"和"教研体系"。②"浅"研：探研浅，缺深化。教研内容自上而下，研者一言堂，对话交流少，存在"重形式、轻探究，重跟风、轻个性"现象。③"断"研：研教断，无成长。没有根据教师的实际需求开展教研，造成研教分

---

①批注[编者团队]：课题的提出部分应当注意以下几点。

首先，界定研究领域，即明确课题所属的学科领域和研究范围。

其次，突出研究问题，即研究中可能有什么问题、挑战，以及研究的意义所在。

最后，逻辑清晰简单明了。研究背景应该逻辑清晰、结构合理。

该课题在这些方面提供了参考范式。

离，对教师成长无促进意义。上述问题严重影响了教研的有效性，为了摒弃这些教研陋习，我园探索出一套循环往复、螺旋上升的"链式教研"模式，使教师专业认知得以提升，实践智慧得以积累，研究能力得以提高。

（三）链式教研的提出，是基于"钉钉子"理念的指导①

开展"链式教研"研究，如何真正做到破旧革新？这需要强有力的理念导引来支撑这条漫漫变革之路。习近平总书记曾说："干事业好比钉钉子，钉钉子是要一锤一锤接着敲，才能把钉子钉实钉牢。钉牢一颗再钉下一颗，不断钉下去，必然大有成效。""钉钉子"既是工作作风，又是工作方法。我们认为，以"钉钉子"工作法为指导，开展教研能有效改变园本教研存在的问题，也能为形成系统性教研起到指引作用。

基于上述认识，我园从2007年便开启了"链式教研"方式的探究之路，找准方向、持之以恒、扎实用力，做到锤锤落地，锤锤有声，把教研工作钉牢、钉实、钉深。

二、研究的设计

（一）概念界定

"钉钉子"：本课题中是指以习近平总书记提出的"钉钉子"理念为指导研发的一套提高教研有效性的程序和方法。

"链式教研"：是指运用"钉钉子"工作方法，找出课程设计、课程实施与课程评价中的焦点问题，构建"问题链""组织链""解难链""评价链"，步步深入细研直到切实解决问题，提升教研生长力、教师成长力，从而提高教育教学质量的一种教研模式。

（二）研究目标

在寻钉、把钉、锤钉、量钉过程中，结合当前课改搜寻课程设计、实施与评价中典型的真问题，探索环环相扣、步步推进的教研策略，让教研做

---

①批注[编者团队]：从上层的"钉钉子"落地延伸到学校的实际问题时，如果能够适当地引用他人的研究，来佐证、夯实课题的观点提出，将更具说服力。

准、做深、做实，提高教育教学质量，提升教研生长力和教师成长力。

基于"钉钉子"理念，创新科学有效的幼儿园"链式教研"模式，系统性地构建不断循环向上提升的教研实施模块，形成园本教研品牌，为其他幼儿园教研工作提供借鉴。

（三）研究的整体框架[①]

有效的教研活动是教育改革理念落地的关键，也是助推教师专业成长的有力抓手，为了形成具有系统性和可操作性的研究体系，让链式教研作用于幼儿园日常教研活动，我们以"钉钉子"理念为精神引领，对本课题的研究框架进行了以下三方面的思考。

1. 思考一：找准教研要素

钉钉子前要找准需要钉的位置，找到适合钉的人，觅得趁手的工具，最后检验是否钉得牢固有效。做教研就好比钉钉子，找寻需要研讨的问题就是寻找钉的位置，教研团队成员就是把住钉子的人，有效的教研工具就是锤钉工具，制定教研评价方案用来衡量钉的效果。对应钉钉子的过程，我们归纳出教研的四要素：钉什么、谁来钉、怎么钉、钉牢否。

2. 思考二：明晰教研体系

针对以上四个教研要素，我们逐一展开思考，纵向深入建构"寻钉、把钉、锤钉、量钉"链式教研体系：提取、甄别教育教学中错综复杂的真问题，并将其作为教研内容，梳理归纳成一个个纵横交错的"问题链"；教研主体是教师，但教师专业能力存在差异，需将教师队伍进行编排组织，形成多元多层级、紧密交织的"组织链"；反复思考与实践是解决教育教学问题的途径，针对不同问题有计划、有针对性地找寻层层推进的方法，从而形成一个个"解难链"；教研评价的对象、形式受多元、多维度、多层次因素影响，为了

[①] 批注[编者团队]：该课题在整体框架部分的表述具有活力，能够将抽象的理念具化为一些具象的概念来表述。语言精练的同时，重点明确，围绕"三个思考"，提出了课题组的创新点和独特之处，也论证了课题研究的可行性。借助"链式教研"的整体研究框架图对研究框架进行总结梳理，逻辑清晰完整。

使评价作用于教研活动，需要使教研评价更加具体化、详细化，形成锤锤钉实的"评价链"。

3. 思考三：制定预期目标

针对以往教研存在的"散、浅、断"等问题，本课题通过研究制订预期目标，让教研趋向于研而有标、研而有序、研而有评。

综上所述，我们初步构想了研究框架：以"如'钉钉子'般做教研"为核心理念，以"深研促慧教，提升教研生长力、教师成长力"为核心目标，围绕"钉什么、谁来钉、怎么钉、钉牢否"四问线索，层层深入寻找"问题链"，建构"组织链"，探寻"解难链"，形成"评价链"，使整个实施过程与措施形成纵深推进、循环往复的教研操作体系(见图4-46)①。

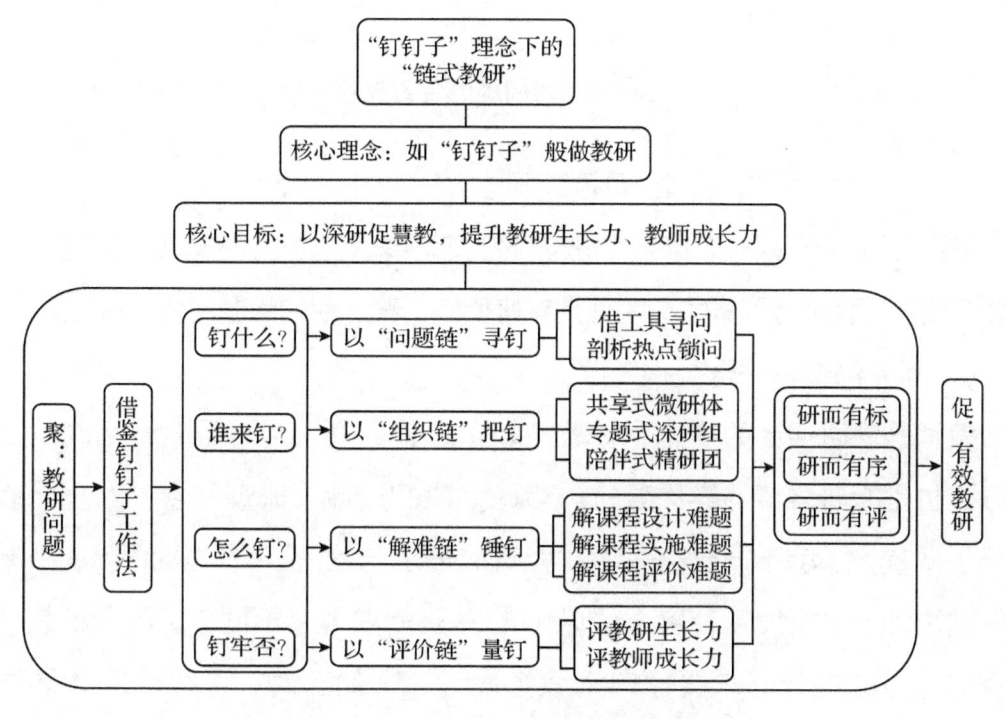

图 4-46 "链式教研"的整体研究框架图

---

① 批注[编者团队]：课题中的表格与图片需要按照格式进行相应的编号。此外，需要考虑的是，每一张图片及表格存在的意义究竟是什么？图片、表格可以是对复杂、多项概念的总结，也可以用以佐证观点。

三、实施的过程与措施

（一）"钉什么"——以问题链寻钉

以问题为索引，借助"问卷调查、便签记录、影像定格"三工具寻找问题源，采用"数据对比—链接剖析—对话分析—问题聚焦"四剖析构建问题链，形成教研内容体系。流程如图 4-47 所示。

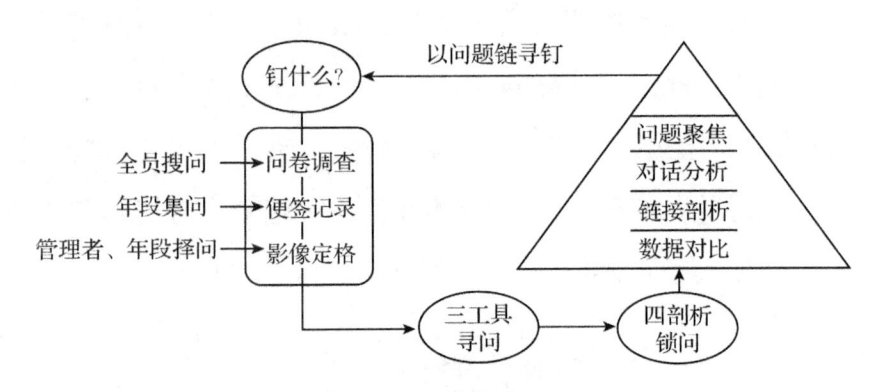

图 4-47　以问题链寻钉流程

1. 三工具"寻问"，采集"问题钉"[①]

借助三种不同工具多角度、深层次挖掘教师教育实践中的问题和困惑，梳理出教育教学过程中客观真实存在且具有典型性、普遍性的问题作为"问题钉"。

(1)问卷调查——全员搜"问"。

教师是教研活动的主体，解教师教学之困、需求之急是教研活动的主要任务，也是教研内容的鲜活素材。为此，我们设计了调查问卷，对全园教师展开了调查，了解不同层次教师对教研的需求与困惑。对收集的调查结果进行数据统计与分析发现，各层级教师的发展需求各有不同，5 年内新教师对自身能力点的提升需求更倾向于教学设计、师幼互动、课程开发和环境创

---

①批注[编者团队]：以如何采集问题为例，课题的书写如何同工作总结区分开？

工作报告是对已经完成的工作进行总结和汇报，通常包括工作的目标、过程、结果和反馈等；而课题方案是对即将进行的研究课题进行规划和设计，通常包括研究目的、问题、方法、预期结果等。

在表述的过程中，课题方案通常较为简洁地呈现研究的目的和方法，关注研究框架和策略。

设；5~10年发展型教师更注重自身各方面能力的均衡提升；10年以上的骨干型教师已有丰富的教学经验，更加注重自身内涵和能力的提升，这些数据为开展教研活动提供了真实的依据。

(2)便签记录——段组集"问"。

教师办公室创设了"教学问题便签板"(图4-48)，收集个性化、迫切的问题，各年段每周一次对这些问题进行梳理归纳，并将共性的真问题纳入教研内容。如下图是小班教师团队呈现的问题，涉及一日活动组织、环境创设、班级管理、文本撰写、家长工作、课程组织与实施等。

图 4-48 便签记录板

通过便签集问，我们初步梳理出教师眼中共同的教育教学问题，并通过梳理归类找到了问题核心所在，我们发现除了家园沟通问题外，其余问题都与课程有关，如表 4-14 所示。

表 4-14 教师问题梳理分析表

项目	教师问题	问题核心	
一日活动	如何调动幼儿在户外运动时的自主性与挑战性？	集体教学 户外活动 过渡环节 幼儿常规 区域活动 生活活动 }一日活动有效组织	规范性与开放性、自主性与发展性间的关系。
	如何在区域活动中分层投放低结构材料，解决探究兴趣与能力发展的平衡点？		
	生活活动中如何培养幼儿自主性，培养良好习惯？		
	过渡环节如何减少幼儿的消极等待，如何自主有序？		

续表

项目	教师问题	问题核心	
班级管理	新老教师的教育教学风格存在差异,如何有效管理不同风格的教学方式?		
	如何协调幼儿自主管理与规则秩序的关系?		
	班级个别幼儿的危险行为经常会带动大部分幼儿,不利于班级安全常规落实,该如何引导?		
环境创设	如何使班级环境墙面的创设与幼儿产生互动性?	自然角 主题墙 区域墙 生活墙 → 环境主体	主体性、互动性的课程环境体现。
	区域环境创设如何在兼顾美观与实用的基础上便于幼儿操作?		
	如何让幼儿在参与自然角环境创设中占据主导地位,创造属于孩子观察、实验和操作的环境?		
	环境创设除了呈现幼儿表征,是否有其他方式呈现幼儿主导参与的探究痕迹?		
文本撰写	有哪些有效的途径能够帮助教师及时了解教育新理念?	学习故事 观察记录 课程故事 论文课题 → 教学评价反思	评价反思价值意义与主题定位。
	撰写论文时,如何选题?选题内容范围太泛,如何缩小范围找准论文撰写的切入点?		
	不同类型的文体有哪些撰写要点或者格式可供参考?		
	新教师如何抓住课程实施过程中的题材撰写学习故事、课程故事?		
家长工作	家园教育理念不一致,该如何处理?	家园配合 教育理念 沟通方式 → 家园沟通	多样化、有效性家园沟通。
	如何调节班内所有家长的班级协作意识,使家长有效配合各项工作开展?		
	如何增进家园沟通?		

续表

项目	教师问题	问题核心	
课程架构实施	如何把握和聚焦幼儿兴趣点创生课程，如何有效实施课程？	课程路径 课程实施　课程架构 生成内容	课程价值点筛选、有效性生成、兴趣点探究。
	如何筛选多个生成的兴趣点以满足幼儿自主探究？		
	如何更好地围绕年龄特点架构、组织与实施课程？		
	创生课程的具体内容存在偏向某一领域的情况，如何平衡五大领域的内容呢？		

(3) 影像定格——甄别择"问"。

借助影像拍摄及时、真实地记录日常教育教学中发现的问题，将反映问题的照片或视频分类存入网络共享端，通过反复观察和推敲，提取共性存在的游戏活动问题、教学活动问题、户外活动问题与生活活动问题，形成较为全面的现场教学问题库(图 4-49)。

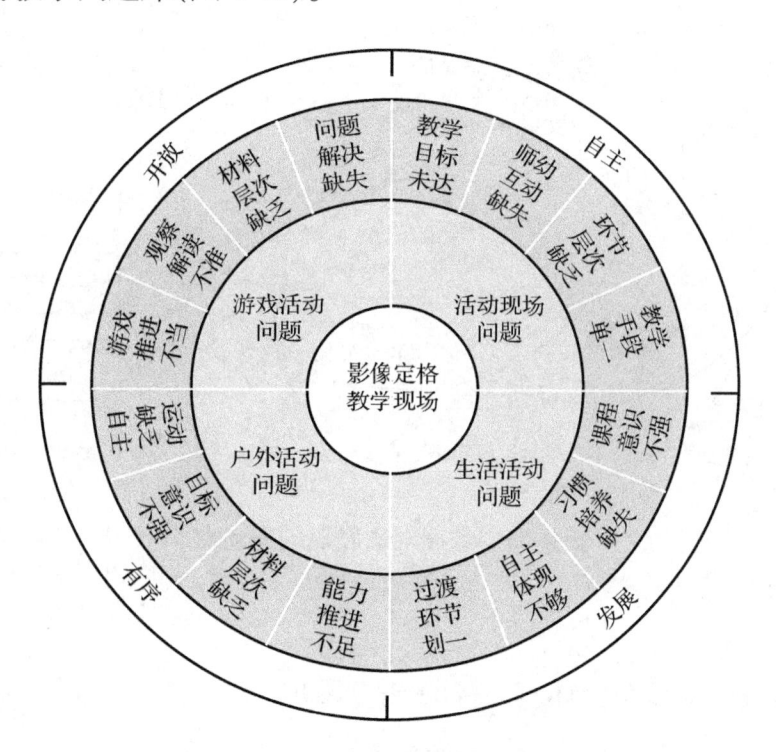

图 4-49　影像定格活动现场问题

2. 四剖析"锁问"，聚合"问题链"

由于收集到的问题多而杂、难易深浅不同，需要对问题开展进一步对比、剖析、对话、聚焦，厘清共性"真问题"，形成教研"问题链"，确保教研内容的系统性。流程如图4-50所示。

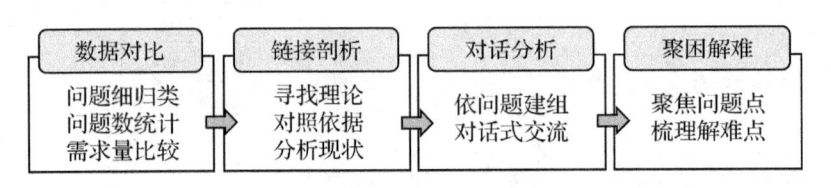

```
数据对比          链接剖析         对话分析         聚因解难
问题细归类  →    寻找理论    →   依问题建组   →   聚焦问题点
问题数统计       对照依据        对话式交流       梳理解难点
需求量比较       分析现状
```

图 4-50 四剖析"锁问"

(1) 数据对比，理问题焦点。

为了让教研问题逐步聚焦，我们对收集的问题进行多角度梳理和归类（图4-51），发现有交集的是课程设计、课程实施、课程评价三大类问题，问题由"点"成"线"及"面"，逐渐明晰。

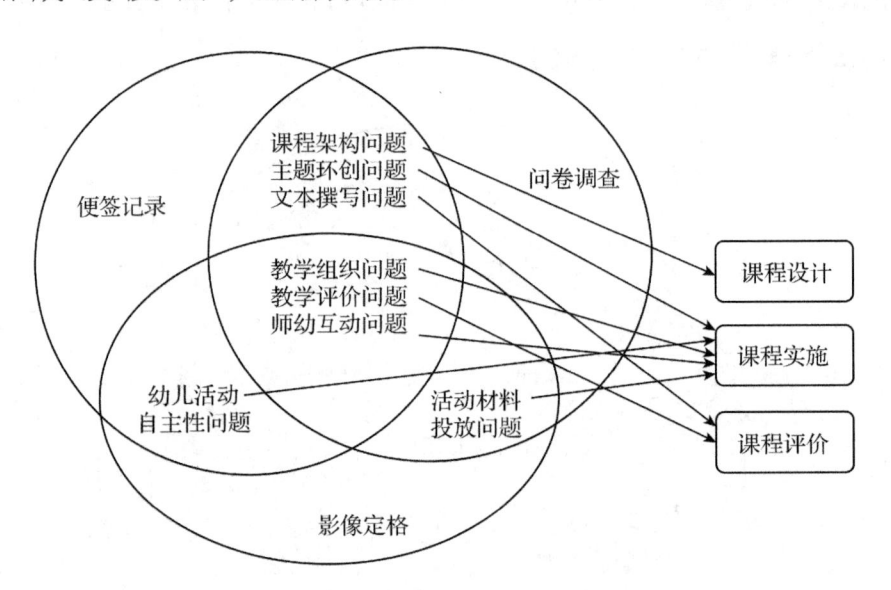

图 4-51 数据对比发现问题焦点

(2) 对照剖析，寻共性问题。

为了有效找到问题的核心，让教研活动更有方向和依据，我们研读了《中国儿童发展纲要（2021—2030年）》《3—6岁儿童学习发展指南》《幼儿园工作规程》①等纲领性文件，逐一分析问题成因，发现儿童视角缺失、对教材的依赖过强、经验解读不准等课程问题是当前教师存在的共性问题。

(3)对话分析，明问题关键。

对话是交流沟通的重要方式，能帮助群体达成共识、增进理解，找出造成问题的关键原因。因此，我们促成了教师与管理者之间的多形式对话交流，对存有交集的课程设计、课程实施、课程评价等典型性问题进行互动交流(图4-52)，围绕"问题重要吗？问题原因是什么？怎么调整？"等问题，进一步明确教研问题的关键点。

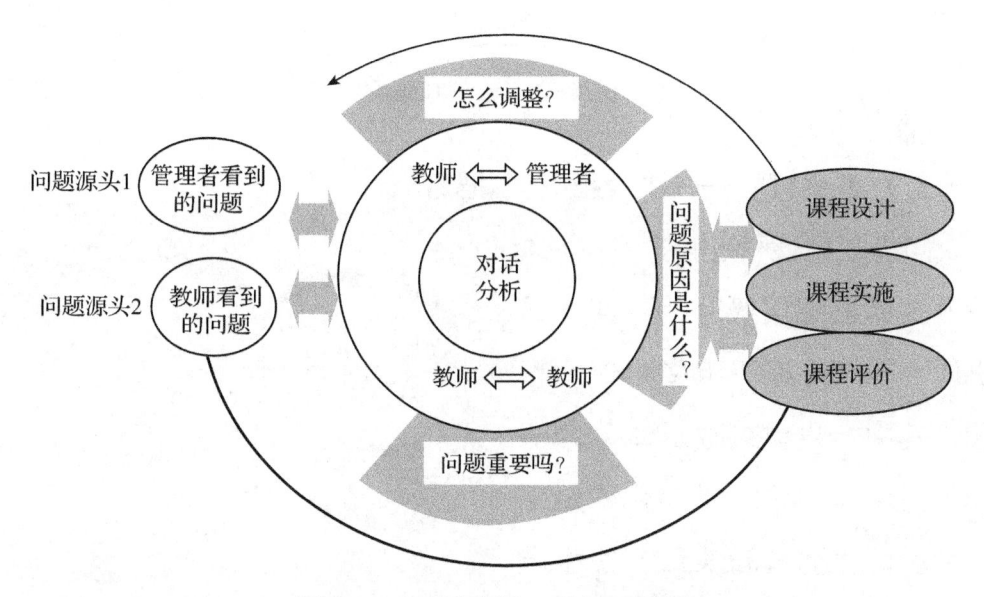

图 4-52　对话分析，明问题关键

(4)聚困解难，理教研脉络。

我们依据教师存在的儿童视角缺失、对教材的依赖过强、经验解读不准三大问题根源，围绕课程设计、课程实施与课程评价三个核心问题，逐一进行解难能力点的探寻，明晰层层阻碍解难的问题链，厘清教研脉络(图4-53)，使教研内容明细化、体系化。

---

①批注[编者团队]：此处案例原文直接使用了各文件的简称，应出版要求，我们只展示了修正后的内容，因此特在此处强调，涉及纲领性文件时应写清楚文件的全称，只在有注释说明或前文已注明全称时，才可使用简称，未说明时请勿缩写。

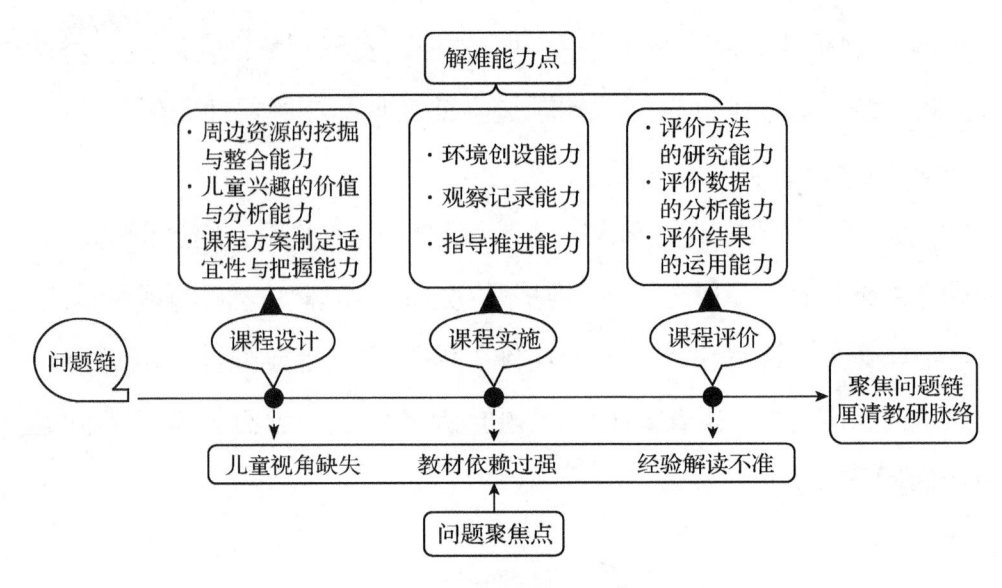

图 4-53 教研脉络图

（二）"谁来钉"——以"组织链"把钉

我们建立了教研"组织链"（图 4-54），将教研主体根据层级分为：共享式微研体、专题式深研组和陪伴式精研团，其中，共享式微研体分为班级和年段两个层级。层次化的组织链帮助教研团队扎根实践，使教研任务落实到每一钉、每一人。

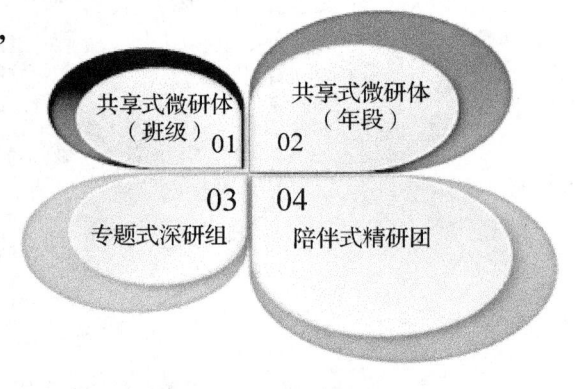

图 4-54 教研"组织链"组成

1. 共享式微研体

各年段组成共享式微研体（图 4-55），段内共性问题由"年段微研体"合力研讨，如共性课程、年段活动、周边资源等的问题，形成共识共享环；班内个性问题由"班级微研体"有针对性地解决，形成主班、配班与保育员三位一体密切配合的教研圈，既有明确分工，又有段内班级间交流分享—分头实践—反思交流—再实践的过程，解决教育教学中的急、难问题。

图 4-55　共享式微研体组成

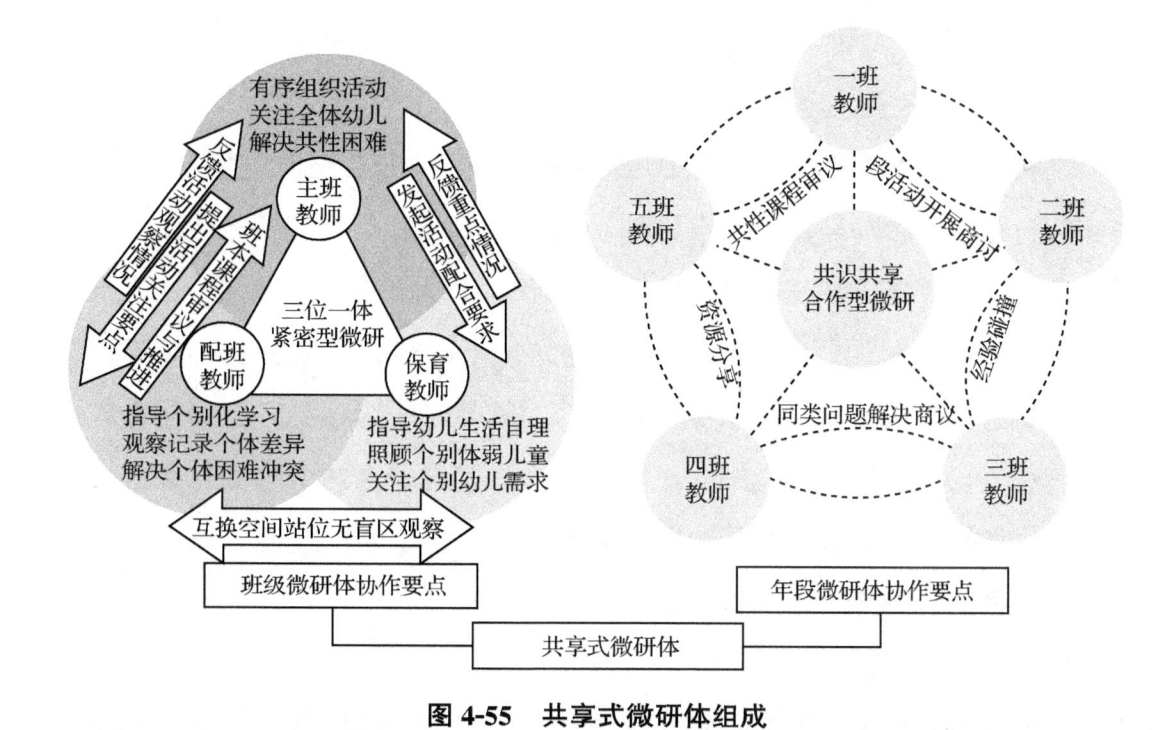

(1)共建方案理经验。

年段微研体针对段内难点问题展开循环递进式的专题研讨，借助共同智慧与力量，制定适宜的解决方案，帮助教师突破原有的思想和经验，化解难题。例如，每学期初，年段微研体聚焦班级"三位一体如何有效配合"这一共性问题展开研讨，各班首先交流了班级情况及幼儿年龄特点，探讨了针对性的保教配合措施，制定了一日活动各环节中教师的行为、语言、配合任务、注意事项等的标准，使每位教师对一日活动的实施流程与策略了然于心。①

(2)小试身手审经验。

所谓实践出真知，对照预设方案，各班小试身手、分头尝试，边实践边反思预设是否适宜，将方案要求转化为实践经验。"三位一体保教工作实施方案"为班级三位教师开展保育、教育工作提供了指导，同时，班级三位教师的共同实践也是检验方案适宜性，以及进一步调整和优化三位一体保教工

---

①批注[编者团队]：使用举例论证时，需要选择适当的例子、描述和分析，确保观点和论证之间存在逻辑，保证内容的连贯性，可以加以适当的细节展开，增强可信度和说服力。

作的重要依据。

(3)改进方案集经验。

在实践中,共同制定的方案仍会出现个别问题需要整改的情况。因此,在实践过程中,教师需要结合自身与幼儿实际情况,把共享经验活用于教育教学中,并对实施方案进行重构与优化。例如,大班教师在实施"三位一体保教工作实施方案"中发现,教室空间的方位不同造成了盥洗点心环节存在问题,有三个班级在盥洗、拿餐具、取餐、就餐时较为顺利,但另两个班按照方案进行反而增加了幼儿来回穿梭的次数。为此,这两个班级对原方案进行了路线调整,将取餐处改为值日生分餐处,生成了新的经验,根据实际情况灵活变通,圆满完成了一日活动。

2. 专题式深研组

专题式深研组是由园教研组和全体教师组成的教研团队。各年段教研组围绕课程、教学、游戏、管理、科研五类问题,① 在目标定位与关键问题研讨的基础上,将难点突破问题、段间层次问题等年段无法解决的疑难点,上升至园级教研共同解决,经园级研讨、梳理、提炼后,再将问题相关经验传递给各年段,形成反复实践、研讨的循环递进式的深度专题教研模式。专题式深研组的结构如图4-56所示。

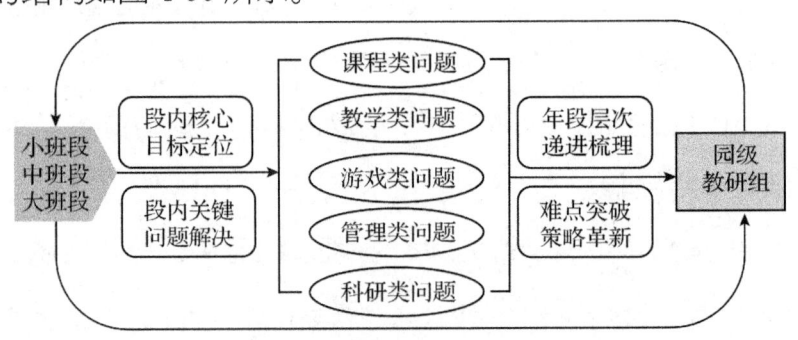

图4-56 专题式深研组结构及运作示意图

①批注[编者团队]:在对研究内容进行分类和对研究结构进行整理的过程中,应注意不同内容之间的逻辑关系。此处将课程和教学、游戏作为同一维度进行并列,然而,课程的概念大于教学和游戏,课程类问题某种程度上包含了教学类问题和游戏类问题,因此这种并列可能不太合适。

(1)全园协同炼经验。

园级教研组抓住各线教师反馈的问题，组织全员教师采用问题讨论交流、视频观摩学习、聆听专家讲座等多种形式开展专题式研讨活动，让一般性问题通过集体会诊得以解决。例如，幼儿园搬进新园之后，幼儿户外运动及特殊天气运动的组织与实施成了教师组织活动的难点，中大型运动器械拿取不方便、器械种类不丰富、幼儿自主创新性不够等问题亟待解决。为此，园级教研组聚焦问题组建研讨小组，集思广益，组间互相交流解决办法，汇集和提炼经验，形成解决方案。

(2)活动现场践经验。

专题研讨要解决的问题是幼儿园普遍存在的共性疑难问题，只有进行实际操作才能解决问题，才能生成教师自身的教育教学经验。专题式深研组经常走进活动现场，在实践中验证解决问题的方案是否可行、有效。例如，特殊天气下利用教室和走廊进行晨间运动时，教师借助初次研讨出的办法，利用桌椅布置运动场地，但在实施过程中却发现，教师预设的难度并不符合孩子的动作发展水平，因此，教师将路径设置从以中大型桌椅为主调整为加入孩子自带的玩具材料，让孩子参与场地布置，激发其运动的内驱力。

(3)寻真讲堂亮经验。

新经验的产生意味着教师不仅内化了教研活动中的指导要点和关键经验，还有效借助教研活动与实际操作提升了教育教学能力。专题式教研组及时捕捉教师创造性经验的产生，开设展示分享的平台——"寻真讲堂"，在展示教师创造性经验的同时，也激发了更多教师在实际教育教学过程中的反思与改进，促使他们作出尝试和改变。

3. 陪伴式精研团

以教研负责人为核心组织者，统筹管理年级组、课题组、教研组、教科组各线教研分工，携各线力量深入陪伴一线教师，从一对多到一对一零距离、追踪式地陪伴一线教师，深度解决关键性问题。同时，与园级管理者协调，牵线名师、名园长、高校专家、教研与科研专家进行现场诊断、经验放送、文本提炼等，解决园级层面无法突破的、经验提炼高度不及的问题。

(1)陪伴生长新经验。

园级管理者与教研负责人深入教学现场，陪伴教师一起寻找课程实施中的问题，传递课程理念，激发教师的创造潜能，促使教师在课程实施中不断生发新举措。例如，在"老缏城主题文化体验活动"前中后的不同时段，对课程实施的开放性、材料的多元性及评价的自主性展开多次一对一的探讨，引领教师把握实施方向，给予创新性的活动指导，创造了老城老游戏新玩、古戏台新剧等多个创生课程。有了正确的方向引领，教师在开展活动的过程中更加有的放矢，实践经验也得以生长。

(2)授之以渔拓经验。

所谓"授人以鱼不如授人以渔"，陪伴式精研团毫不保留地将实践成果提炼成教师能看懂、可实操的实践经验，如用于课程审议与实施推进的《三程十二式实施指南》《幼儿生活活动保教指南》《一日活动三位一体保教指南》等，使教师将经验融入行动，活学活用，大大降低了教师提升教学水平的难度。

同时，针对教师群体的不同需求，运用"三定一活"安排(表 4-15)教研活动。"三定"，即定点、定时、定内容，"一活"指教师根据需求灵活参加教研活动。

表 4-15 教研活动安排一览表

"组织链"主体		参与范围	时间	地点	次数
陪伴式精研团		部分教师	不定期	教学现场会议室	不限定
专题式深研组		全园教师	每周一中午 2 小时左右	教学现场 会议室	1 次/周
共享式 微研体	年段	年级组教师	每周四中午 1 个半小时	年段 办公室	1 次/周
	班级	班级教师	每周五中午 50 分钟	教学现场	2 次/月

（三）"怎么钉"——以"解难链"锤钉

明确了"钉什么""谁来钉"，接下来解决的是"怎么钉"，我们采用了三大锤、十小锤层层推进链(图4-57)以及工具支持的辅助链(图4-58)解决课程设计、课程实施、课程评价三类难题。

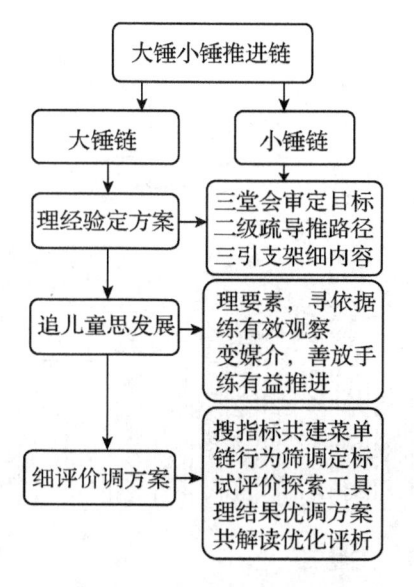

图 4-57　大锤小锤推进链结构图　　**图 4-58　辅助链结构图**

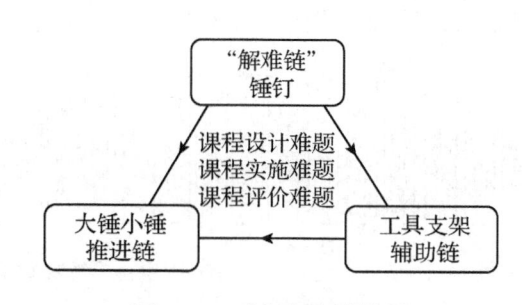

1. 大小锤推进，链接"优"课程

每一大锤对应解决课程三类难题，通过"理经验"解课程设计难题，"追儿童"解课程实施难题，"细评价"解课程优化难题。每一小锤是大锤下面的加强锤，步步锤深，做实做优。

(1)三锤理经验定方案。

我们借助层层细化的三小锤，优化深研课程方案设计。一锤：三堂会审，根据链接法链接的审议框架、幼儿经验、课程资源制定目标。二锤：采用分解法，一级疏导分解目标，二级疏导细化内容，逐层逐级推进课程。三锤：以教学指引法展开解决领域均衡问题，以区域活动指引解决个性化学习问题，以主题墙创设指引解决幼儿自主学习和自主表征问题。

例如，大班毕业前课程"离园倒计时"方案审议研讨过程为：首先，借助审主题价值、审幼儿经验、审主题内容组成的"三堂会审",确立"唤起惜别情、表达感恩意"为核心目标,预设"留恋校园时光""留住难忘时刻""憧憬美好未来"三大主题;其次,通过二级疏导,即纵向分解目标,使组织形式与内容互相匹配,形成主题网络,如图4-59所示。

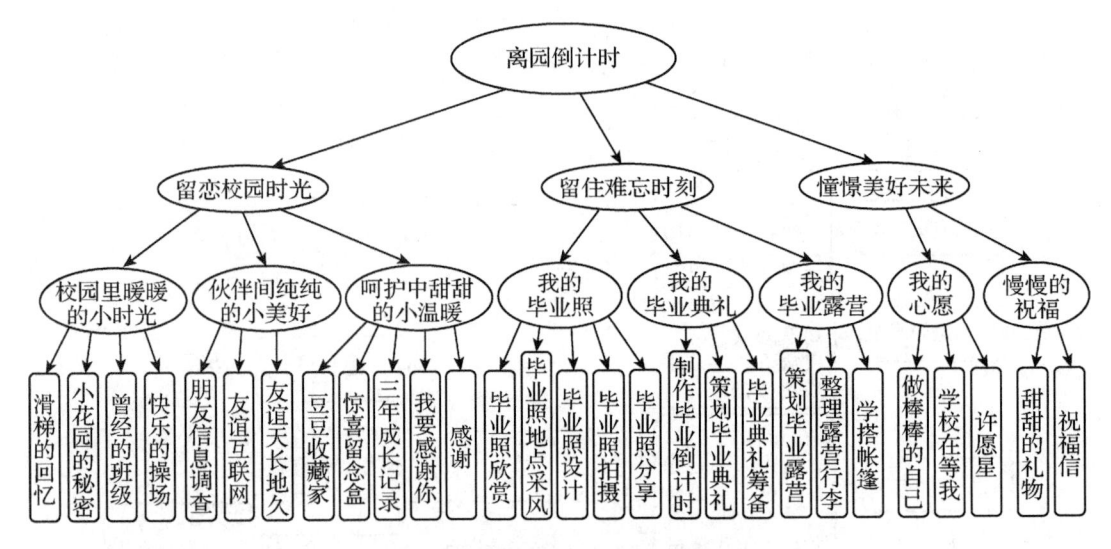

图4-59 "离园倒计时"主题链

最后,在明确目标、内容后,我们研磨了"三引支架",为教师主题实施提供指引。如图4-60为支架二,与主题相关区域活动安排协调,解决主题背景下区域个性化的教学问题。[①]

[①] 批注[编者团队]:此处的几张图表需要注意排版和内容的选取。尤其是图片大小受限而文字数量偏多的时候,应该考虑如何突出重点,精简不必要的内容,将框架中最为关键的部分保留。

例如,"三引支架"指向的主题实施,具体的"活动内容""材料投放""观察指导"是否都为必须呈现的部分?可根据文本重点来进行相应调整。

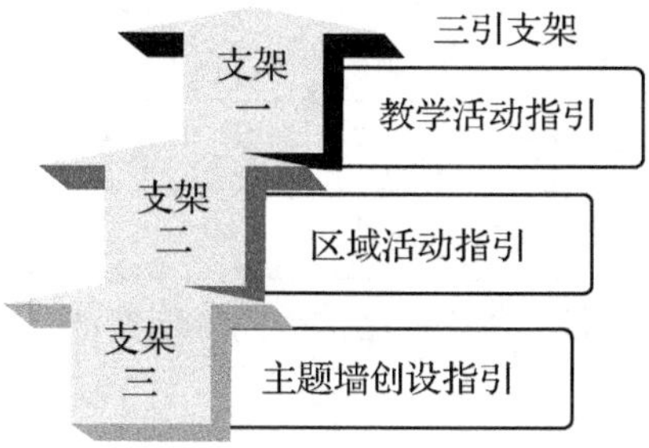

图 4-60　三引支架结构及支架二说明

以上三锤钉，使课程方案的设计逻辑性更强了，操作方向更明确了，课程目标与领域均衡问题得到了有效解决。

(2)二锤追儿童思发展。

课程方案设计仅是课程实施前的预设，在具体实施中，方案是否适宜每一个孩子，有无调整与推进，则取决于课程实施中孩子的兴趣、水平与发展需要。因此，课程实施教研聚焦的是教师如何以发展的眼光追随与支持儿童的游戏与学习，观察与推进则是课程有效落实的两大锤点。

一锤，理要素、寻依据，练有效观察。

课堂观察是教师考量课程组织有效性的重要途径，对幼儿教师而言，课堂观察主要指对活动现场的观察。在实践中，教师普遍认为对幼儿游戏的有效观察的难度最大。为此，我们将《3—6岁儿童学习与发展指南》《中国儿童发展纲要(2021—2030年)》精神、游戏理论、幼儿年龄特点、生活与课程经验四方面作为观察理论与实践的依据，① 一一梳理观察要素，让教师观察有据可依，如表4-16所示。

---

①批注[编者团队]：观察分析表的制作依据有较为系统、完整的设计流程，可推敲、能溯源。为了保证课题的完整性、科学性，可以适当加入一些对于《3—6岁儿童学习与发展指南》《中国儿童发展纲要(2021—2030年)》的注释和引用。

表 4-16 自主游戏观察要点梳理表

观察要素			具体观察要点
游戏场景		空间设置	空间是否自主开放
		材料投放	材料是否有层次
游戏内容		内容的适宜性	是否符合幼儿兴趣特点与有无生活性
		内容的发展性	有无问题及解决的路径
游戏行为	表征行为	社会角色认知力	有无角色意识表现
		游戏观察力	是否细致观察物体形状、色彩、结构等内外部特征
		游戏想象力	是否会用替代物表征
		游戏创造力	是否能用替代物改造表征
		游戏表达力	是否能用图示符号表征
		游戏有意性	是否能计划游戏内容
	构造行为	游戏创造想象力	能否有选择地用不同形状、颜色材料搭配构造
		游戏表现力	是否体现构造作品的相似性和复杂性
		游戏变通力	能否解决构造中的难题
		动作协调力	是否体现构造的准确性与牢固性
	合作行为	群体意识	是独自游戏、平行游戏还是合作游戏
		交往的主动性	会主动与人沟通还是被动沟通
		独立性	会指示别人还是跟从别人
		交往机智	是否会采用协商的办法处理玩伴关系
		情感能力	是否同情、关心别人或能否博得别人同情和关心
		语言与情感表达	有无交往合作中的沟通语言
		自我意识	是否调整自己的行为以适应他人
	规则行为	行为习惯	是否爱惜物品，坚持整理玩具
		规则意识	是否喜欢规则游戏
		自律和责任	能否创造游戏规则
		逻辑思维	所创造的游戏规则的复杂性如何
		公正意识	是否能用一定的规则解决玩伴纠纷

例如，在大班幼儿"我们去旅行"游戏中，教师结合观察要素表，根据问题梳理幼儿已知经验，并链接与游戏直接相关的游戏有意性、合作、思维、习惯等观察要素及可发展目标，作了拓展性分析，将制订旅行计划、探究收纳方法作为游戏新内容，让游戏从无意走向有意。表4-17为教师的游戏观察分析表。

表 4-17 "旅行游戏"观察分析表

问题讨论	幼儿已知经验	观察要素	可发展经验	游戏拓展
去过哪里旅行？ 和谁一起去旅行？ 想要玩几天？ 需要带哪些必需品？ 不同季节、不同天数准备的物品一样吗？ 怎样放入更多物品？	·回顾旅行经历 ·分享熟悉的旅行地 ·旅行时的快乐体验 ·记忆旅途必需品 ·收纳方式可以不一样	·游戏有意性 ·合作意识与能力 ·逻辑思维 ·行为习惯	·设计旅行计划 ·角色替代想象 ·与生活相联系的数学经验 ·感知收纳方法与数量间的关系	·旅行计划：角色联想，结合季节与出行天数准备物品 ·探究各种收纳方法

有了观察要素表的参照，教师游戏观察的目的性与科学性明显增强了。

二锤，变媒介、善放手，练有益推进。

教学实施现场就是一个"活问题库"，孩子的活动情况并不是一成不变的，其发展动向有不可预见性。因此，我们在观察的同时，以时时可变的媒介材料探索为研讨重心，提升幼儿尝试替代、组合、改造等创造性运用材料的能力及表征表达的能力，让材料帮助教师放手，充分激发幼儿的自主探究力，推动幼儿游戏与学习向更高层次发展。

例如，在旅行活动中，教师放手，最大限度留给孩子自主解决问题的空间，让孩子自主合作搭建营地、自己寻找游戏材料及合作操办"菜肴"等（图4-61）。孩子们在开放、自主的氛围中，大胆运用替代材料不断建构新经验，体验了一次愉快的户外旅行。

| 搭营地 | 布路线 | 觅食物 | 试烹饪 |

图 4-61　幼儿自主解决问题

(3)五锤细评价调方案。

我们运用五锤进行课程实施中、实施后的评价，尝试调整与优化课程方案。第一锤，搜指标共建菜单，链接课程背景下一日活动规范标准，建立活动指导菜单；第二锤，链行为筛调定标，在实践与讨论中反复探索，制定评价指标；第三锤，试行评价探索工具，根据评价指标初步尝试工具性评价，如运用表格符号、语言模板以及声像功能等辅助工具进行即时性速记，为质性评价与量化评价积累关键性依据；第四、第五锤，通过共解读提升评析水平、理结果优调方案，追随孩子的兴趣和差异，研目标、调内容、调方案。以上五锤方法，就如同钉钉子，需要经常钉一钉扶一扶、扶一扶钉一钉，进行适度调整，找到最适宜的教学内容与策略，针对教学现场问题，对症下药，使教学方案更优化。

在五锤钉过程中，考虑评价操作的简便性与客观性，我们对评价工具的使用进行了重点研讨。① 如语言模板工具，运用"我看到……""我听到……""他选择了……""她说……"等句式，反映事实性信息，使教师的评价更客观真实。又如符号工具，运用共性符号与个性符号相结合的方式，共性符号涉及通用的指标，如双圈符号代表合作行为、眼睛符号代表教师的发现，放大镜符号代表幼儿的发现等。同时还根据评价需要，设计并运用个性化符号具

---

① 批注[编者团队]：观察要素表格中常会出现一些较为主观的评价内容，如何进行相对客观的观察记录和调查分析，而避免简单随意的描述？此处提供了有效的解决方法。

体评价幼儿游戏行为，这有助于教师对幼儿行为背后的原因作更细致的解读评价，为优调方案提供有力的依据。

2. 支架点辅助，链接"精"策略

工具支架辅助链（图 4-62）是针对大小锤推进链实施中的困境，对优秀经验进行研讨与提炼，梳理出"一核四步审议链、三看三思观察链、文践相长研写链"三工具，为教师提供实践操作支架，辅助支持推进链的实施进程。

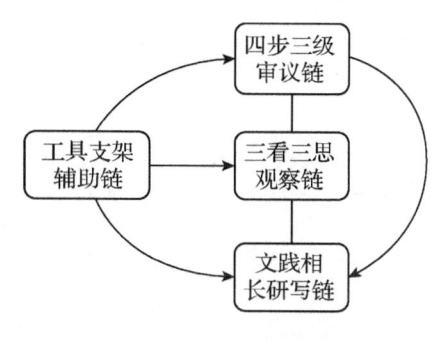

图 4-62　工具支架辅助链结构

（1）四步三级审议链。

四步三级审议链是伴随课程实施前、实施中、实施后的一条审议之路，分别从审议流程与年段梯度两个维度纵向展开具体审议策略，通过审一审、做一做建立循环上升的审议过程，寻找适合本园、本班幼儿的课程路径，为教师提供直观性、有操作性的工具指引，让课程审议有法可依、有理可循、有据可评，让课程优质优效。

四步主题审议链围绕"搜寻—联结—聚焦—拓展"的线索展开主题审议，以问题链接贯彻审议始终，对照理论支架，形成搜寻内容、编织内容、聚焦目标、拓展经验的课程推进路径，支持课程真体验、真探究，铺就一条重视学习进程和探究学习轨迹的课程之路，如图 4-63 所示。

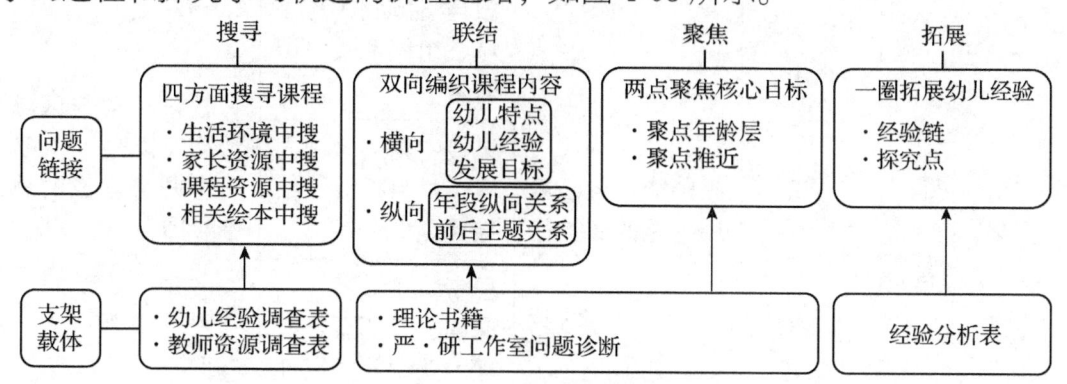

图 4-63　四步主题审议链结构

三级主题审议链为小中大三个年段分层主题审议提供了明确的指向，从问题链接、支架载体两个方向审议适合年龄段的课程内容，明晰主题目标、主题网络、主题实操。此路径能够有效提升教师对整体与分层架构课程的思考能力(具体如表 4-18)。

表 4-18 三级主题审议链

审议内容			问题链接		支架载体
三堂会审	主题目标	主题价值	思考主题核心价值与联动价值，寻找主题活动生长点	・主题核心领域 ・主题与幼儿经验链接 ・主题园本化实施资源分析	・主题核心领域纲领性理论书籍 ・教师资源分析表
		幼儿经验	思考儿童需要链接的关键经验，建构幼儿经验生长点	・了解幼儿已知与未知经验 ・查询幼儿发展建议，梳理可发展经验	・《幼儿关键经验》丛书 ・幼儿经验解读分析表
		主题内容	思考基础课程园本化实施，架构园本化课程实施点	・基础课程的适切性 ・园本化课程的融合	・基础课程利弊分析表 ・园本化课程融合指向表
三维疏导	主题网络	纵向目标	主题网络科学架构	主题行进路径	思维导图
		横向目标		主题领域均衡性	
		双向实施		组织形式与内容匹配	
三引支架	主题实操	教学活动指引	教师能否灵活运用主题的实操性	教学活动偏重领域、组织形式、课时数	・教学活动与区域活动安排表 ・主题墙创设的思维导图 ・理念书籍《孩子眼前一面墙》
		区域活动指引		链接主题的区域内容、材料投放、指导要点	
		主题墙指引		思考儿童、环境、课程三者关系，梳理一条幼儿探究性学习轨迹	

(2)三看三思观察链。

为了使观察成为创生优质课程的有力推手,成为教师评价课程的重要依据,我们运用了三看三思观察链(图4-64),让观察有法、有效。

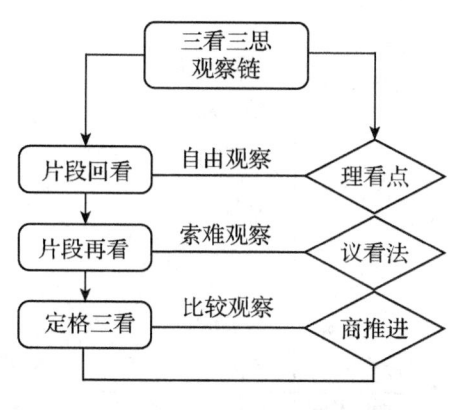

图 4-64　三看三思观察链结构

一次观察:片段回看,自由观察理看点。

初次观察采用视频回放形式,还原真实的游戏场,教师自由观察幼儿活动,梳理可看点,如游戏主题、游戏角色、对材料的选择和运用、游戏情节的发展、游戏中的语言和交往、游戏的持续时间与游戏兴趣、对游戏规则的理解和遵守等,了解幼儿游戏兴趣与游戏情况。在旅行游戏的观察中发现,角色扮演区里,大班孩子在模拟旅行的游戏中,对旅行箱非常感兴趣,在已有经验促动下有模有样地整理着行李,直到清空整理箱里的衣物,把每一个旅行箱都塞满为止。通过初次观察,教师做了如下分析(表4-19)。

表 4-19　第一次观察旅行游戏的分析表

观察内容	具体指标	幼儿行为表现	幼儿行为分析	
			已达	未达
游戏内容	·是否符合幼儿兴趣特点,是否生活化 ·有无问题及解决路径	喜欢用旅行箱整理衣物	内容符合幼儿兴趣特点,游戏生活化	无整理中的问题与整理方法提升

续表

观察内容		具体指标	幼儿行为表现	幼儿行为分析 已达	幼儿行为分析 未达
游戏行为	表征行为	・有无角色意识表现 ・是否会用替代物表征 ・有无图示符号表征 ・能否计划游戏	・再现家庭旅行中的整理经验 ・有简单的衣物分类	・将生活经验带入游戏 ・会简单整理	・少角色意识、无替代物表征与图示符号表征 ・无游戏计划，对季节、天数、收纳方法等无思考
游戏行为	合作行为	是独自游戏、平行游戏还是合作游戏	各取所需，整理衣物	平行游戏为主	同伴间交流少，合作水平欠缺
游戏行为	规则行为	・是否爱惜物品，坚持整理玩具 ・能否创造游戏规则	能物归原处	有整理习惯	未创造游戏规则

通过对幼儿行为的分析，游戏内容与游戏场景的适切性及幼儿游戏行为背后的发展点更明确了，为拓展游戏的价值起到了铺垫作用。

二次观察：片段再看，索难观察议看法。

对同片段进行二次观察，聚焦幼儿典型性行为反映的游戏问题，以在游戏中给予恰当指导为目的，梳理幼儿经验缺陷，着力进行难点剖析，如活动内容与材料是否有想象与创造空间、是否有利于学习探究、是否有游戏的生长价值等，多角度、多层次地研读幼儿发展需求，抛出有针对性的解难方法，并对还可以推进哪些能力发展等问题进行研讨，如在对旅行游戏的二次观察中，做了如下游戏问题与原因的分析(表4-20)。

表 4-20　第二次观察旅行游戏的分析表

具体指标		行为表现	原因分析
表征行为	能否计划游戏	有些能计划游戏并按计划整理；有些计划归计划整理归整理	孩子的计划与实施能力有差异
	能否用替代物改造表征	停留在整理提供的旅行箱	收纳工具为成品的居多，无创造性改造的材料
		对物品太多导致的装不下问题的解决有困难	收纳中的空间感知与数量关系认知有困难
	是否能用图示符号表征	停留在用提供的图示做游戏计划	提供的表征记录材料无层次差异

针对游戏计划进行分析，教师提出了以下跟进性策略：一是提供制作收纳工具的可改造材料，如大小不同的纸盒、袋子、旅行箱、绳子等，促进幼儿用替代物改造表征的能力提升；二是提供计划旅行的图画表征材料，如表格式、插卡式或空白的不同层次的旅行的计划单，促进幼儿图示符号表征能力与游戏计划能力的发展。

三次观察：定格三看，比较观察商推进。

表 4-21　第三次观察（定格观察）旅行游戏的分析表

游戏指标		室内游戏已经获得的经验	户外游戏可能存在的问题	还可获得的经验
合作行为	会主动与人沟通还是被动沟通。	游戏中，有家庭成员的简单分工，同伴间有针对设计旅行计划、合作整理的配合的交流与行为。	1. 随着游戏中的家庭成员扩大，对如何协商解决玩伴关系有一定困难； 2. 分工制订计划、筹备物品有很大难度。	1. 与伙伴讨论计划、设计出行清单； 2. 讨论与协商，选择家庭角色； 3. 按照清单认领准备的物品。
	是否会采用协商的办法处理玩伴关系。			
	是否调整自己的行为以适应他人。			
规则行为	能否创造游戏规则。	在游戏中结合数学经验进行整理收纳，能讨论整理与计划的规则。	1. 如何有序自主地参与户外旅行游戏为共性难题； 2. 怎样解决出行安全与游戏自主间的协调问题也是一大难题。	1. 制订出行"家规"，建立外出旅行的规则； 2. 预设出行安全锦囊，创造性设计游戏规则。
	所创造的游戏规则复杂性如何。			
	是否能用一定的规则解决玩伴纠纷。			
	是否爱惜物品，坚持整理玩具。			

定格画面观察，以寻求突破，以游戏水平的提升为核心做思辨性探讨，找到游戏推进方向与支持策略，步步创导促游戏层层深入、循环递进，推动游戏向高质量、高水平发展。如在旅行游戏第三次定格观察中，将室内旅行游戏拓展到了户外旅行体验，就怎样分组、怎么分工、有哪些可发展经验以及户外旅行可能存在的问题等做了分析，解读到还需要满足大班孩子创造性设计较复杂游戏规则、自主分工筹备及合作游戏的发展需求，为游戏进一步发展找准新的经验"生长点"，如表4-21所示。

在三看三思的观察、分析、跟进、研讨的过程中，教师的游戏观察分析与解决问题的能力逐渐提升了。

(3)"文—践"相长研写链。

针对教师观察记录、学习故事、课程故事、论文写作等过程的思路不清晰、策略方法不恰当等问题开展教研，梳理"文—践"相长四步研写支架（图4-65）。第一步，一问四索①，整理导文，梳理出各种文体的撰写支架，帮助

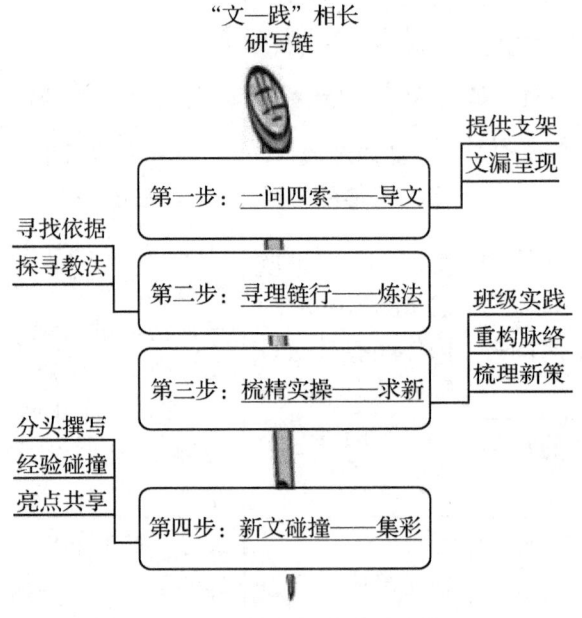

图 4-65　"文—践"相长研写链结构

---

① 批注［编者团队］：若出于高度概括的目的对词语进行重组或自创，需尽量使其简单易懂，此处"索"的字义并不明确。

教师找出文本问题。第二步，寻理链行，即炼法，由班级微研体搜索理论依据，在实践中提炼探新法。第三步，梳精实操，即求新，由教科研团队指导教师重构脉络理新策。第四步，新文碰撞，即集彩，由班级微研体研讨，共研团全员分享新文、碰撞亮点，立足实践，千锤百炼，用心撰写好文章。

例如，针对学习故事思路不清晰的问题，我们互相分享学习故事、检查文漏，从中梳理共性问题并提问：找到真正的问题了吗？你有哪些做法？你觉得这些做法怎么样？还有哪些可探寻的新方法、新空间？针对系列问题，重新构建学习故事的脉络（图4-66），从教师和幼儿的角度整理创作学习故事的新策略。

老师的话 1 → 什么样的学习可能在发生 2 → 下一步学习的机会和可能性 3 → 老师的反思 4

图 4-66 学习故事的脉络图

（四）"钉牢否"——以"评价链"量钉[①]

教研评价具有十分重要的导向功能，参与教研活动的对象均为评价者，其中，教师、管理者、教研负责人为评价主体，对内采用观察性评价，对外运用感受性评价，以提高教研生长力、提高教师成长力为目的开展评价，形成良性循环的教研评价链（图4-67），让教研问题选择"准"，研讨过程"实"，成果提炼"深"。

[①] 批注[编者团队]：以"评价"收尾总结，从多维度、立体式的思维视角来把控教研的成效。内容高度整合，贯穿之前的三大问题，逻辑自洽。与第四部分研究成效的内容相结合，相得益彰。

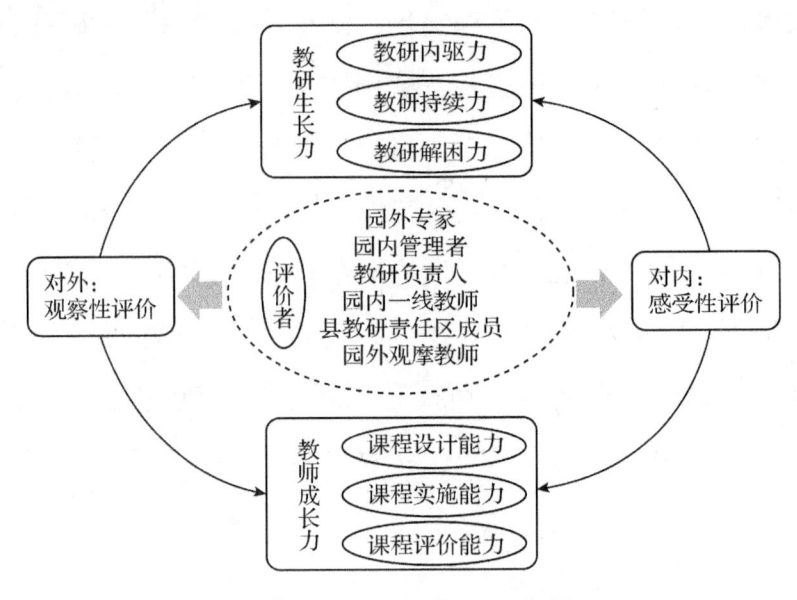

图 4-67 链式教研评价链结构

1. 一评"教研生长力"

教研生长力能够折射出一份教育的重量、一个团队的力量，是一种推动教育进步的力量，这股教研力量包括教研内驱力、教研持续力、教研解困力，因此我们分别从自我成长、线性生长、个性彰显三个层面对教师的教研生长力展开评价。

(1) 教研内驱力评价：自我超越，唤醒自我成长的内驱力。

人最难的是自我超越，作为教研群组中的个体，从适应到胜任、熟练到成熟是一个不断自我超越的过程。一名期望不断自我超越的教师需要建立进步愿景，唤醒自我成长内驱力，并在愿景、内驱力的催动下不断地学习、研修、求索、实践。

我们聚力"超越"，从教研前、教研中、教研后分别展开评价，如图 4-68 所示。教研前评价是否经常主动发起问题，从儿童视角与开放性教学角度提出质疑；教研中评价是否积极参与思维碰撞，关注教师参与程度、发言次数、思考密度、回答质量；教研后评价是否带着问题来、带着相应方案走，有无下一步实施方案。

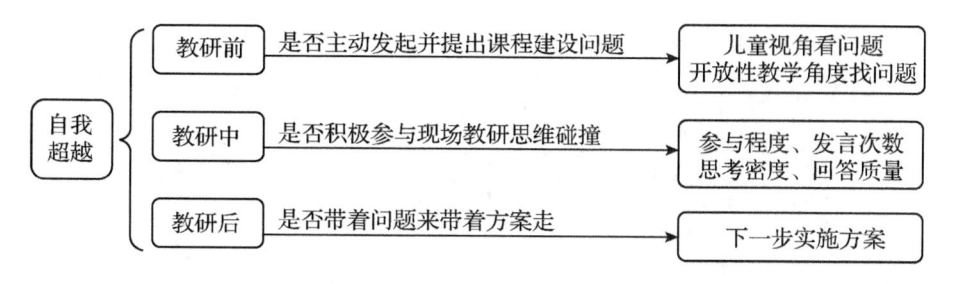

图 4-68　教研内驱力评价路径与评价要素

教研内驱力评价为有思考共鸣的、能力较强的教师，提供更开阔的思考空间，为经验迁移慢的、能力较弱的教师提供支架，帮助其提高思考质量，缩短了二者达成教研共识的距离。

(2)教研持续力评价：螺旋上升，推动线性生长的力量。

一次教研活动的结束，是下一次教研活动的开始，随着主题化、系列化的教研持续深入开展，教师深入思考的力量随之延展，教师也不断向着"儿童研究者"的身份迈进。评价教研持续力旨在不断地发现问题、研讨思考、尝试实践、改进调整，进而产生解决新问题的循环上升推进的动力，"是否有将要改变的新思考，是否有还想解决的新问题"等一系列新思考不断诞生，为下一步教研指引方向，教师积累的教研经验成果成为评价教研生产力的有力证据，教研质量得以不断提升，评价路径及要素如图 4-69 所示。

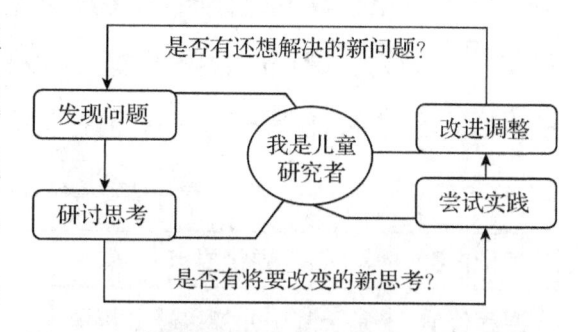

图 4-69　教研持续力评价路径与评价要素

(3)教研解困力评价：批判思维，支持个性彰显的力量。

教师作为教研的主体，是否具备批判性思维、能否做到"敢于质疑与被质疑"是考量教研解困力的关键所在。教研解困力的核心是教师立足"让儿童站在课程的中央"的课程观。教师应敢于从实践的真实场域出发，敢于用批判性的思维发现真问题，对问题进行重构，找出解决问题的途径，让课程张扬儿童的个性，彰显教学的个性，不盲从、不跟风，在一次次反思、教研、实践中生长批判性思维，形成真思、真研、真学的良好研究之风，内化"咬定青山不放松"的教研精神。教研解困力的评价路径及要素如图4-70所示。

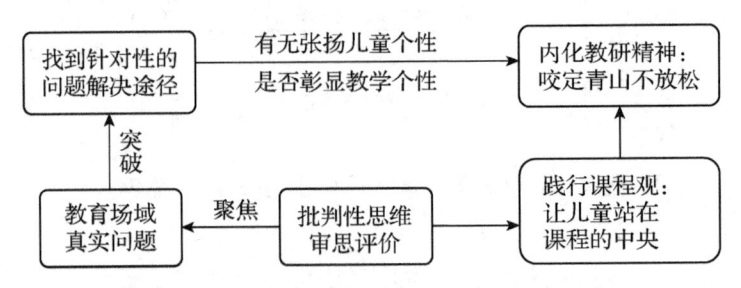

图 4-70 教研解困力评价路径与评价要素

2. 二评"教师成长力"

教师成长力是教研效能的直接反映，评价教师成长力以提升教师课程建设能力为主线，分别从课程设计能力、课程实施能力、课程评价能力三个方面进行。

(1)课程方案剖析，评课程设计能力。

本课题借助方案剖析对教师课程设计能力进行评价（表4-22），旨在通过剖析课程方案，从问题诊断、原因分析及解决的方法等层面判定教师的课程价值分析能力、课程内容整合能力与课程方案制定能力，促进教师运用先进的课程理念审视课程方案，从而提升课程设计能力。

表 4-22 课程设计评价指向表

评价内容	评价要点	具体问题分析	策略跟进
课程价值分析能力	是否基于儿童兴趣分析课程价值？	问题诊断：课程内容定位模糊笼统 原因分析：幼儿经验解读不到位	解决方法： 1. 幼儿经验识别 2. 关键经验链接 3. 可发展价值点梳理 4. 确立可操作目标
课程内容整合能力	是否挖掘周边资源，整合课程内容？		
课程方案制定能力	是否设计循序渐进的推进路径？		
	是否有发现学习轨迹的独特视角？		

(2)教学现场观析,评课程实施能力。

每一次有效教研都应有新方法的推进,每一种问题钉都应有明确的评价指标。针对教学实施,我们以问题为导向,建立了课程实施能力评价指向表(表4-23),帮助管理者与教师在现场观摩过程中准确甄别、分析问题,评价教师是否在原有基础上突破、教学质量是否提升。

表4-23 课程实施能力评价指向表

评价内容		评价要点		
1. 观察记录能力 2. 指导推进能力	自主活动	幼儿自主活动的时间有无体现?	典型问题: 1. 幼儿反映的问题是什么? 2. 教师反映的问题是什么?	跟进措施: 1. 幼儿有哪些可探究的路径? 2. 教师有哪些可支持的条件?
		幼儿自主活动时教师是否观察、支持、推进幼儿活动?		
	生活活动	是否体现年龄特点?是否体现个体差异?		
		教师是否帮助幼儿建立良好生活习惯?		
	集体活动	目标是否具体可行,是否符合幼儿年龄特点?		
		活动内容是否科学、合理?		
		教学手段在活动中的运用如何?		
	户外活动	教师是否引导幼儿参与活动设计?		
		是否调动幼儿的活动兴趣?		
		是否有满足不同能力幼儿的兼顾安全与挑战性的支持策略?		
		是否关注幼儿的活动量?		
环境创设能力		区域互动和主题墙是否与主题对应?设置的内容是否合理?		
		环境的创设、材料的投放是否支持、推进幼儿的活动?		

(3)教学成果观析,评课程评价能力。

通过观摩评析、成果交流、文本提炼等评价方式,围绕中心议题是否具有独到性、理论依据是否具有指向性、实践依据是否具有典型性、策略运用是否具有创新性、文本线索是否具有逻辑性等问题,从评价方法研究能力、数据分析能力、评价结果运用能力三方面评价教师课程评价能力,让教师开口说、动笔写,实现对教学问题的深度思考、对保教经验的深度提炼,提高课程评价能力。

四、研究的成效[①]

(一)原创了"钉钉子"理念下的"链式教研"模式,提升了教研生长力

1."钉钉子"教研精神扎根于心

回溯我园教研改革发展历程,主要经历了以下四个阶段:2007年至2012年为摸索期,教研内容开始聚焦,教研形式逐渐丰富起来;2012年至2017年进入教研转型期,教研内部机构改革,成立研训中心,下设参与式教研工作坊并细化工作坊职能,教研内容具备系统性、即时性;2017年至2019年为成型期,针对课改热点、研究弱点选择教研内容,以习近平总书记提出的"钉钉子"精神为指引,"链式教研"进程不断深化,形成的"咬定青山不放松"的教研精神深深地扎根于每位教师心中;2019年至今为推广期,教研成果向县域辐射、在省市推广,扩大了链式教研品牌的影响力,品牌内涵也逐渐成型。

2."链式教研"范式创新

我园探索出了以深研促慧教的教研新样态,有效解决了普遍存在的"散、浅、断"的教研问题,创新了如钉钉子般做教研的"链式教研"新范式,为系统开展教研提供指向(具体见图4-71)。

---

① 批注[编者团队]:书写研究成效时,需要简明扼要地总结研究结果,强调创新点和实际应用场景,引用相关研究评价研究成果并展望未来研究方向,从内到外展示研究影响。此处可作为参考范式。

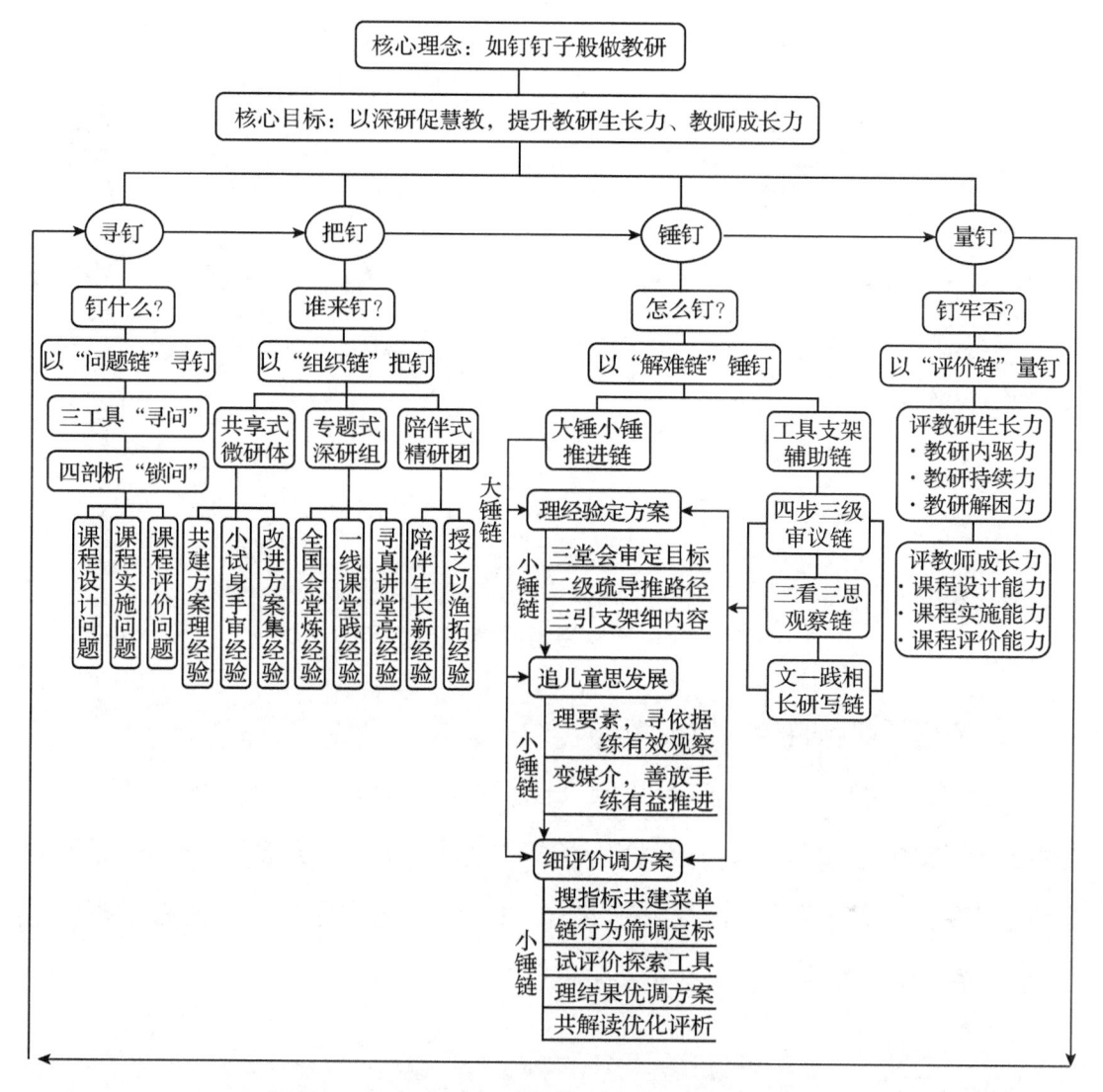

图 4-71 "钉钉子"理念下的"链式教研"模式

3."指引性"教研工具拓新

(1)建立了课程资源共享库。

我们每年都对建立的课程资源库进行更新,将每一次课程研讨与实施中的主题设计、活动方案、活动环境、活动材料、活动现场、经验反思、论文案例等入库,形成系列课程体系,为新一轮课程研究与实施打下了基础(如图 4-72)。

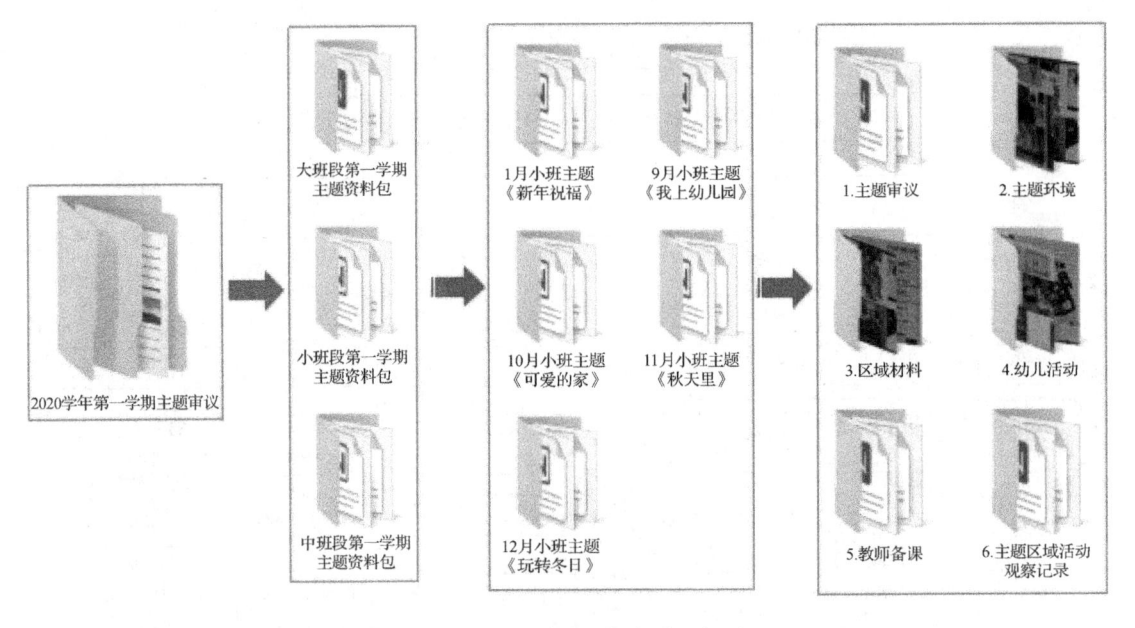

图 4-72　课程资源共享库(部分)

(2)梳理了现场教学实施指南。

多年来，我们积累了各年段"半日活动实施指南""生活活动评价指标""过渡环节实施指南""自主游戏评价指标""区域活动评价表""户外运动观察记录表"等，建立了系列教学指南(图 4-73)，为教师组织与实施教学提供了工具支持，有效提升了教育教学品质。

图 4-73　现场教学实施系列指南

例如，我们将多年研讨自主游戏的成果提炼成了"三慧"评价体系，以"慧察、慧思、慧导"作为评价策略，对幼儿自主游戏中的游戏内容、游戏场景、游戏水平进行观察评价，为帮助教师通过适宜的引导推进幼儿的游戏，制定了详细的"自主游戏评价指标"，借助三级指标细化了自主游戏过程中教师多方面观察的内容。"三慧"评价体系依照多条指标对幼儿的自主游戏进行评价(如图 4-74)。

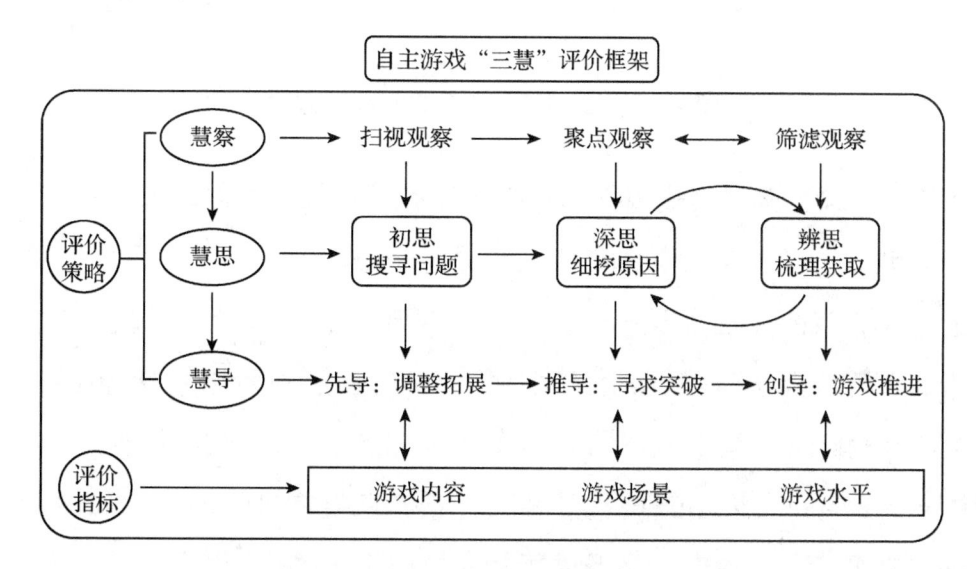

图 4-74　自主游戏"三慧"评价框架

(3)提炼了文本撰写方法与导向性工具。

我们以思维导图的方式，高度概括三"思"五"有"文本撰写框架与策略，为教师有效反思课程、提炼教学经验、撰写文本提供清晰的导向性工具(图4-75)，将课程实施经验、教研经验提炼成可推广可借鉴的优秀资料，保证教师文本撰写有质有量。

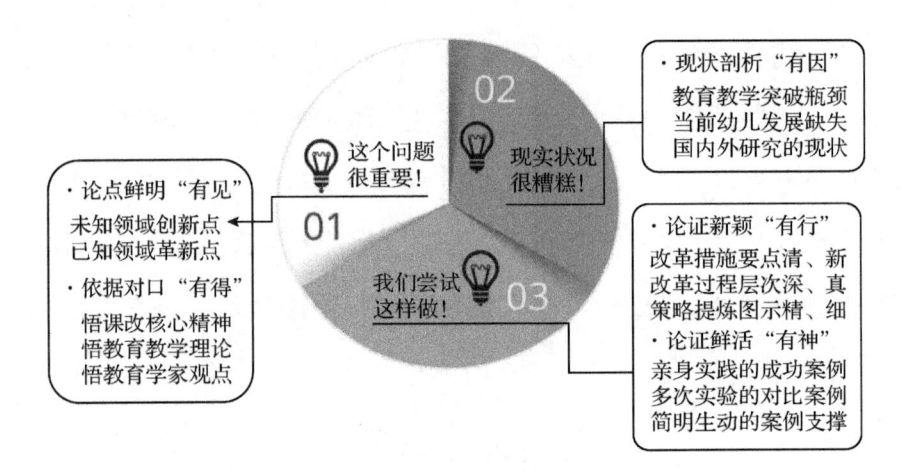

图 4-75　三"思"五"有"文本撰写方法

（二）持续实施"链式教研"，提升了教师成长力和幼儿核心素养

1. 涌现出一大批名优教师，收获了县内外好口碑

近几年，我园先后涌现出一大批名优教师：1 名市骨干园长、2 名市学科骨干、5 名市教坛新秀、4 名县名师、15 名县学科骨干、18 名县教坛新秀、3 名市教科研先进个人，培养了多名优秀园长，向全县输送了 3 名省一级园园长、2 名省二级园园长及多名副园长，在县内外形成了"人才摇篮"的好口碑。教师素养的提升，也促进了幼儿核心素养的全面发展。

2. 教育教学研究成效显著，积淀了教研"优成果"

通过多年实践，课题《链式教研："钉钉子"理念下有效教研方式探究》获得了宁波市教科研优秀成果一等奖，相关研究成果取得了丰硕的成效：园本课程"小社会美术""儿童剧编演"先后被评为浙江省精品课程，课题成果获得 1 个省一等奖、6 个市一等奖，其中 5 个为宁波市教科研优秀成果一等奖，1 个为宁波市基础教育成果一等奖。期间，教师的课程理念和教育行为明显转变，教研课程设计与实施能力、教学评价与文本撰写能力显著增强。

(1)教师的课程设计与实施能力增强了。

近年来，我们注重幼儿园周边课程资源的开发，着眼于幼儿兴趣和家乡资源，注重幼儿自主亲历探究，开发了许多培养幼儿善美品行、智慧之美的课程,如结合环境气候,创生了"垃圾去哪儿""流浪太阳"等课程;结合老城拆建,创生了"再见了,老房子""你好!兴宁路"等课程。教师捕捉课程的敏感度提高了,创生课程的经验丰富了,趋向"育美"的课程资源更丰富了(具体如表4-24)。

表4-24 "育美"课程具体情况

	主题名称	具体内容	年龄段
基于基础课程生发的主题	春天里	美丽的广玉兰	小班
		大自然的色彩	中、大班
	秋天里	银杏黄、枫叶红、橘子故事	小班
		柚"王"来了、柿子红了、火龙果印象	中班
		一棵树、树叶的畅想、玉米记、稻谷飘香、豆豆聚会、土豆站起来、青菜叶上的洞洞	大班
	顽皮一夏	有趣的色彩世界	小、中、大班
	大中国	我和红色找朋友	小班
		我爱中国红、甜甜的中国话	中班
		有礼的中国娃、有趣的中国字、十里红妆中国红	大班
	小鬼显身手	疯狂职业城:斑马摄影室、长颈鹿工作坊、巴布工程师、大象建筑队	中班
	离远倒计时	班本剧创演、幼儿园的美好时光、难忘毕业旅行	大班
	冬天来了	新年掸尘、垃圾去哪儿了	中、大班
基于周边资源拓展的主题	工地上的秘密	幼儿园来了个"大家伙"	小班
		忙忙碌碌的塔吊、小小建筑师	中班
		工地上的人(建筑工人)、工地上的车(各种各样的工程车)、工地上的工具、安全标志	大班
	再见了,老房子	老房子的故事、老巷子的故事、老房子画展、畅想未来家园	中、大班
	十里红妆	参观访问、古代婚礼调查、古代嫁妆筹备(十里红妆)、婚礼方案策划、我们的老师出嫁啦	大班
	兴宁路上的秘密	各种各样的房子、形形色色的标记、千姿百态的树、来来往往的车、兴宁廊桥	中、大班

同时，教师的课程设计与实施能力还在各项教学评优活动中得到了极大的发挥。近三年，教师在县市教学活动评比中收获了不少奖项(见表4-25)。

表4-25 近三年教学活动评比获奖统计表

时间	教师	评比活动	奖次
2019年10月	严×珊	市幼儿园优秀教学活动评比	市二等奖
2020年12月	金×怡	市幼儿园青年教师教学能力竞赛	市二等奖
2019年6月	孔×迪	市幼儿园青年教师教学能力竞赛	市二等奖
2019年1月	赵×彩	市"教坛新秀"评比	市二等奖
2020年1月	陈×	县幼儿园教师课堂教学评比	县一等奖
2020年1月	金×珍	县幼儿园教师课堂教学评比	县一等奖
2020年1月	何×凤	县幼儿园教师课堂教学评比	县二等奖
2020年11月	金×怡	县第二届幼儿园青年教师教学能力竞赛	县一等奖
2020年11月	刘×雯	县第二届幼儿园青年教师教学能力竞赛	县二等奖
2021年6月	杨×	县幼教教学活动评比活动	县一等奖
2021年12月	杨×	县幼儿园教师课堂教学评比	县一等奖
2021年12月	柴×青	县幼儿园教师课堂教学评比	县一等奖

(2)教师的成果提炼与撰写能力提升了。

教师在实践研究的过程中，不断尝试、反思与调整，积累了丰富的研究经验，相关成果在各级论文评比中名列前茅，"钉钉子"教研成果论文获得了"黄埔杯"创新教育现代化论文二等奖(表4-26)。

表4-26 近年来相关成果发表统计表

时间	成果名称	发表刊物或项目名称
2013年6月	《聚"重"破"难"，五策略支招——对幼儿园体育重难点的思考》	《幼儿教育》
2015年12月	《幼儿园儿童剧编演策略研究》	《早期教育》
2016年9月	《森林"原谅城"》	《早期教育》
2016年11月	《幼儿也能创编剧本》	《教改实验的30个样本》长三角教育科研丛书

续表

时间	成果名称	发表刊物或项目名称
2017年5月	《点单自助，让运动回归自主》	《早期教育》
2018年10月	《奏响美术交响乐，弦听幼儿乐创造》	《动漫界幼教365》
2019年8月	《珍珠链．加油站．魔方——一日活动过渡环节的有效策略研究》	《新课程》
2019年12月	《基于"生活体验"，行于快乐创造》	《教育界》
2019年12月	《陪伴着，在课改路上款款而行》	《早期教育（教育教学）》
2019年12月	《基于"生活体验"，行于"快乐创造"》	《教育界：综合教育》
2020年4月	《三·五磨课教研的实施路径》	《早期教育》
2020年9月	《幼儿园美术教学有效性的探究》	《河北画报》
2021年1月	《人在画中游，技在"画"中溜》	《中华志愿者》
2021年1月	《亲爱的小"客人"，感谢"疫"路有你》	省优秀故事征文
2021年12月	《走过墙面的一路"探痕"》	省幼儿园优秀课程案例
2021年12月	《一张"个性化表征"，打开主题墙"新视界"》	省幼儿园优秀课程案例

近三年，省、市级论文获奖及发表300余篇次，获奖数量多、档次高。2016年我县送宁波市参评的10篇学科论文中，我园所送的6篇全部获奖，并摘得两个一等奖，占全市一等奖的20%。由宁波出版社出版的课改成果《基于儿童本位的课程创生故事》一书的22篇课程故事中，我园有7篇，约占1/3。

（三）致力打造"链式教研"品牌，提升了幼儿园办园品质

1. 我园"链式教研"受到了省市教科研机构的认可和充分肯定

"链式教研"获得了省市教育部门的高度评价。2020年12月，我园被评为了浙江省先进教研组（图4-76）；2021年6月，我园分别被评为宁波市学前教育先进教研辅导园、宁波市学前教育先进教研责任区。

图 4-76　我园被评为浙江省先进教研组

浙江省教研室、浙江省教科院领导来我园指导时，对我园"链式教研"改革作了充分肯定和具体指导，并为我园颁发了省先进教研组荣誉奖牌，激励我们继续做深、做大"链式教研"。

2. 我园"链式教研"在省内外的许多活动中被推广

我园是唯一一家5次代表宁海县学前教育在宁波市课改推进会中介绍教研改革经验的幼儿园，我园教师多次在省市级研讨活动（表4-27）中分享教研、课改经验。"链式教研"知名度逐渐拓展到了省内外。

表 4-27　近年来参加省市级论坛统计表

时间	发言者	具体情况	主办单位
2018年4月	严某珊	在浙港幼儿园教师交流活动中作题为"'办家家'主题游戏中的'放'与'追'"的分享	浙江省教育厅教研室
2020年12月	严某珊	在省推进幼儿园课程改革第五次研讨会中参加"幼儿园课程评价的思与行"教研沙龙	浙江省教育厅教研室
2020年12月	伍某佩	在省推进幼儿园课程改革第五次研讨会暨2020年幼儿教育"新课程关键问题解决"研讨活动中作题为"慧察 慧思 慧导——幼儿自主游戏中'三慧'评价策略初探"的分享	浙江省教育厅教研室

续表

时间	发言者	具体情况	主办单位
2021年10月	严某珊	在省幼儿园课程改革调研活动中作题为"以美为核,以美为媒——幼儿园植美课程开发与实施"的分享	宁波市教育局教研室
2021年10月	潘某楠	在省幼儿园课程改革调研活动中作题为"遇见老物件的美好"课程故事分享	宁波市教育局教研室
2020年11月	严某珊	在市幼儿园教研组建设研讨会作题为"钉准锤深 链实教研——幼儿园钉钉教研的实践与探索"的分享	宁波市教育局教研室
2019年1月	严某珊	在市兼职教研员工作研讨活动中作题为"温暖陪伴,携民办园走在规范路上"的分享	宁波市教育局教研室
2019年12月	严某珊	在市幼儿园课程改革学术研讨会上作题为"以'美'为核、以'美'为媒的植美课程实施方案"的分享	宁波市教育局教研室
2019年10月	伍某佩	在市幼儿园课改背景下兼职教研员工作研讨活动中作题为"'钉钉子'教研 助推'联盟园'互惠共赢"的分享	宁波市教育局教研室
2020年11月	伍某佩	在市学前教育课改样本园中期研讨会上作题为"慧察 慧思 慧导——幼儿自主游戏中'三慧'评价策略初探"的分享	宁波市教育局教研室
2018年4月	伍某佩	在宁波市第四届甬江杯"观察之精要"论坛活动中作题为"明察秋毫,助游戏层层推进"的演讲	宁波市教育科学规划研究所
2022年9月	严某珊	在宁波市课改样本园展示研讨活动中作题为"'老缜城'文化体验课程的实践与研究"的分享	宁波市教育局教研室

2020年11月,在浙江省推进幼儿园课程改革第五次研讨会中,我园到会分享"链式教研"课改经验,并代表宁波市参加了学前教育现场教研展示。

2021年10月,浙江省幼儿教育优秀教学展示研讨活动在我园举行,省教研室教研员带领来自杭州、宁波、温州等全省各地市的13位资深教研员参加了此次活动，教研员们对"链式教研"创新做法、师训价值与推广意义作出了高度肯定。

2022年6月，宁波市课改样本园交流研讨会在我园举行，全市教研员、样本园园长一致肯定了我园教研改革、课程改革的实效性。2022年11月，相关经验再次向全市推广。近年来，在我园举办的省、市、县级开放活动还有许多，具体见表4-28。

表4-28 近三年幼儿园开放展示活动统计表

时间	内容	级别
2021年10月27日	2021年浙江省幼儿教育优秀教学展示研讨活动	省级
2022年6月30日	宁波市学前第二批课改行动研究项目结项研讨活动	市级
2021年4月22日	玩转"儿童剧"体验"乐编演"——"儿童剧编演"专题研讨	市级
2019年12月10日	迎同行、促发展、向美好——课程园本化研讨活动	市级
2022年1月15日	省一级园课程文化支持性学习环境创建交流评比	县级
2021年1月12日	发现儿童：走进县中心——宁海县幼儿园课改推进活动	县级
2020年12月29日	"全县民办幼儿园主题墙环境创设"现场研讨会	县级
2020年11月3日	"看见"学习——一面"课程墙"的创设观摩与评比活动	县级
2019年12月20日	"完整儿童课程"园本化实施研讨活动暨名师集体带徒活动	县级

"链式教研"还在丽水地区、辽宁大连、贵州晴隆与毕节、新疆库车等多地进行了推广，教研创新做法辐射到了省外，推动了多所幼儿园的教研改革。

3. 受到了国家级、省市级主要媒体的高度关注

央视朝闻天下、浙江卫视、腾讯新闻等多家知名媒体对我园的教研改革作了跟踪报道(表 4-29)。央视朝闻天下以《甬库团结村：援疆助力，助力新年新变化》为题作了专题报道，浙江卫视以《教研活动"关注儿童经验积累，助推儿童深度学习"》为题作了专题报道。媒体的高度关注，提升了我园"链式教研"的社会声誉，使"链式教研"逐渐成为了省内外著名的教研品牌。

表 4-29　国家、省市级主要媒体报道统计表

发表内容	级 别	发表时间	发表平台
甬库团结村：援疆助力，助力新年新变化	国家级	2019 年 1 月 3 日	央视朝闻天下
开展义卖活动，孩子们爱心无限	国家级	2010 年 5 月 29 日	央视朝闻天下
"链式教研"下的"小社会"展示活动	国家级	2016 年 12 月 27 日	腾讯新闻
课程"我们的'色彩狂欢'"	国家级	2016 年 8 月 7 日	中国教育报
课程"我们工作啦！"	省级	2017 年 2 月 14 日	浙江教育报
课程"再见了，老房子"	省级	2017 年 7 月 14 日	浙江教育报
传帮带扶：助力晴隆实习生	省级	2019 年 12 月 17 日	浙派教师
抗疫课程："亲情家书"	省级	2020 年 5 月 1 日	浙江卫视
课程"给妈妈的爱"	省级	2020 年 5 月 11 日	浙江卫视
课程"萌娃拎包入园记"	省级	2021 年 3 月 2 日	浙江卫视
课程"我们的幼儿园，搬新家啦"	省级	2021 年 5 月 19 日	浙江卫视
"中国红"主题教育活动	省级	2021 年 8 月 3 日	浙江少儿频道
"教研活动"关注儿童经验积累，助推儿童深度学习"	省级	2021 年 11 月 1 日	浙江卫视
浙江省优秀教学活动开放	省级	2021 年 11 月 1 日	浙江电视台教育科技频道
教研活动"云上种植"	市级	2020 年 3 月 12 日	宁波新闻
课程"争做小小宣传员"	市级	2020 年 5 月 29 日	现代金报
课程"翻滚吧！土豆"	市级	2020 年 6 月 10 日	学习强国

五、讨论

"链式教研"的探索，让我们重新思考了教研在推进课改进程、促进教师成长中的重要价值，在今后的研究中，"链式教研"还需不断深研，现就下一步探究作如下讨论。

1. 拓展工具链的变式

随着"链式教研"的深入实践，参与研究的教师与幼儿并不是一成不变的，他们所呈现的问题与发展动向也在不断变化。因此，在解难工具的开发中，我们仍需不断拓新、扩增、完善，聚焦不同问题，拓展相应的工具变式，并将这些变式整合为大而活的资源库，满足教师寻求有效的解困策略的需求，让教研真正扎根课程，惠及一线教师。

2. 拓宽教研联动群体

我们将扩大"联片教研"的区域范围，使紧密型教研共同体逐步拓宽至县域、省域之外，整合骨干力量与教研资源，实现经验共享、优势互补，扩大教研圈，进一步加强教研的辐射广度，通过跨省市结对、联盟、送研等形式，扩大教研空间，努力营造和谐、开放、接纳、共进的教研氛围，促进幼教事业蓬勃发展。

【参考文献】[①]

[1]朱福荣名师工作室. 一线教师说教研[M]. 重庆：西南师范大学出版社，2014.

[2]肖燕萍. 真爱教研——肖燕萍教研文集[M]. 上海：上海教育出版社，2017.

[3]线亚威，秦旭芳，高丙成，等. 学前教研工作坊的探索与实践[M]. 北京：北京师范大学出版社，2022.

[①]批注[编者团队]：结合相关概念的提出，如观察的量表选取、相关概念的确定等，参考文献可以进行更为细致的梳理。

第五节 2021年度浙江省教育科学研究优秀成果奖一等奖获奖作品（3）

本案例由温州道尔顿小学提供，项目成员为张滨雁、范怡红（执笔）、潘怡澍、祝捷、陈哲、彭丽雅。为尽可能保证案例的原始性、真实性，我们仅对案例结构进行了统一，案例内容未做大幅修改，在"批注"中展示了评审组给出的本案例的优点和不足之处，供各位读者参考。

合同作业：培育自主学习者的作业新体系①

一、问题提出

（一）研究背景

1. 国家：减负提质，关注作业价值内涵

国家在义务教育领域先后颁布多个政策文件落实"双减"政策[1][2]②，要求各地各校必须切实做好减轻学生作业负担的工作。这意味着国家对义务教育领域现有的"作业观念"和作业的设计与实施提出了更高的要求。学校和教师必须关注作业的功能和价值，实现作业应具备的育人内涵，让学生回归学校科学的教育教学节奏中，真正培养学生优秀的价值观、品格和自主学习能力。

---

①批注[编者团队]：鉴于成果篇幅较长，可以考虑使用摘要，对整篇成果的主要观点进行概括。

一个好的题目应在反映研究主要内容和范围的同时，将研究的主要贡献和特色融入其中，以凸显其独特性，从而更具吸引力。本题目明确指出研究主题（作业）和研究目的（培育自主学习者），同时凸显了研究中合同作业这一新体系的特色。

②批注[编者团队]：标注引用文献，应以脚注或尾注的形式插入所引用文献的信息，这是符合学术规范的正确做法。不过我们也要注意以正确的方式添加，应将标注置于所引用文字的末尾。

2. 区域：开展实验，引领作业体系改革

W市是全省首批全市域推进作业改革项目的实验区①，也是唯一一个研究作业体系架构的实验区。我校作为区域标杆学校和项目组核心成员，从建校起，就开始探索和创新合同作业的体系构建，五年来积极研发新的作业设计和实施方案，在校内建立新的作业系统，并应邀在全市广泛分享研究经验。

3. 学校：作业育人，培养自主学习者

秉承优秀的道尔顿教育理念，为践行本土化的"整理教育"，我校致力于培养独立自主的学习者，这也是我校课程和活动的核心目标之一。我们集全校之力，共同研究符合教育本质规律的作业，由学校顶层设计构建合同作业体系，持续性、系统性地减负提质，优化作业设计与实施，用合同作业促进学生能力发展、培育学生自主学习能力。

（二）研究现状

1. 作业负担过重，学生缺乏主动性

调查显示，不同学科教师在设计作业时难以有效沟通，由此产生的重复作业或无效作业占据学生大量时间，使总体学业负担增加。学校42.61%的高年级学生睡眠时间不达标。作业多以教师为主体进行设计、实施与评价，学生难以参与作业的全过程，多是被动接受和执行作业。教师忽略了完成作业是学生自主学习的过程本质，设计的作业无法促进学生能力的发展。93.9%的学生无法自主选择作业的数量、形式与内容，82.5%的学生不明白作业的意义。学生学习积极性和效率降低，甚至对学习产生抗拒感和厌恶感。[3]②

---

①实验区围绕建设中小学高质量素养作业体系，提升区域中小学高效能作业治理水平，研发区域中小学高品质素养作业资源，构建基于作业优化的素养课堂基本范式等内容开展区域性的作业研究。

②批注[编者团队]：这一部分呈现了现有调查研究的现状。我们在做课题成果时，还可以考虑在本校范围内进一步调研，以增加研究的实用性，提升研究的地域特色和可操作性。

2. 作业结构割裂，设计缺乏系统性

作业的内容结构单一，学科彼此割裂，作业杂乱无章。教师对于不同年龄段、不同学科作业的合理量、形式及难易程度缺乏科学认识。当前很多作业与课堂教学、学习测评的内容混淆，缺乏与教学目标相匹配的、有针对性的作业目标。教师无法构建结构化、整体性的作业。学生面对杂乱无章的作业，兴趣和效率低下。学校缺少系统性的作业建设，难以推动具体的作业改革。因此，打造结构化、科学性、校本化的系统性作业是作业变革的主要目的。

3. 作业功能单一，内涵缺失育人性

我们在调研中发现，目前的作业功能窄化，其内容和形式多只关注学科知识和技能。但完成作业本质上是学生自主学习的过程，高质量的作业体系应能够发挥积极的育人功能。通过对我校教师作业观调查问卷的统计发现，超半数教师对于作业的功能与作用的认识不够深刻且不够清晰。多数教师对作业功能的认知局限在"巩固与应用""学业诊断与导向"等基础作用，尚不能发挥作业协助学生高效学习、培养学生责任心与坚持、激发学习兴趣和信心、养成自我管理与规划等促进学生发展能力的深度的育人价值。

（三）研究价值与意义

1. 建立了学校深化课改的合同作业新体系

具有育人内涵的合同作业，是学校整合多年"整理教育"的作业实践经验，是实践"儿童中央"的教育理念的改革推手，推动了课堂教学向自主学习新方式探索，更新了教师、学生、家长的作业观念和作业实践，真正深化了校本课程改革。合同作业不仅结合了学校的校情，还融合国内外先进教育理念，强调自主学习者多维能力的培养，成为了全校师生的共识，获得了家长与学校的共同认可，形成了独具学校特色和社会影响力的作业新体系。

2. 优化了"双减"政策落地的区域作业改革新策略

合同作业体系以培养学生的自主学习能力为目标，通过师生双方共同的约定，让学生自主规划作业完成的时间、内容和方式，通过固定合同模型、要素和办法，达到减轻作业总量的目的，以自主学习为抓手，提高学生学习的成效，达到真正的减负提质。合同作业这一系统性的改革对于"双减"政策的实施落地与课堂作业的深化改革具有重要的理论与实践意义，可以有效地提升和监测作业的"质"与"量"。作为浙江省首批的"双减"优秀案例，合同作业更能为区域性的课改提供新思考和新引领。

3. 引领了以契约文化培养自主学习者的教育新思路

合同作业强调完成作业本质上是学生回归自主学习的过程，是"以学生为中心"理念的具体实践。合同作业包含着"契约文化"。师生就作业而作的"契约"有自由、平等和尊重之内涵：师生能够尊重彼此的权利与义务，打破一方对另一方的控制、规训甚至是人身依赖关系，焕发出一种民主的精神，对于学生具有深刻的意义与影响。它翻转了传统的"以教师为中心"的作业[4]，依据学情为学生的个性化学习提供形式与内容的支持，让学生形成适合自身的后设认知策略，拥有自主规划学习的权力，产生对学习历程的反思，找到适合自身发展的学习方法，提高学习成效，最终达成育人的价值目标。合同作业为创新学校教育，为新一轮课程改革的不断深入发展提供了全新的思路[5]。

二、研究设计

（一）概念界定①

1. 自主学习者

自主学习者是具有内驱力、规划力、学习力、自制力、反思力并能够自觉实现自主学习过程的学习者。具体来说，规划力体现为学生能够独立或在

---

①批注[编者团队]：该课题对题目中的重要概念都做了阐释。概念界定在课题中具有重要意义，它能确保读者对文中的关键概念或独创词汇有准确的理解。正因如此，对文中涉及的重要概念及标题中的关键术语进行阐释是十分重要的，这些阐释可以更加清晰地展示研究内涵，同时也强化了论文的学术严谨性和内容逻辑。

他人帮助下设定、安排自己的学习目标和学习标准；学习力体现为学生能够借助学校课程和合同作业等资源来达成自己的学习目标，并能完整实行自己所制订的作业(学习)计划；自制力体现为学生能够并愿意为自己的学习负责，确定学习方向和学习效率，有效控制时间、兴趣、情绪等方面；反思力体现为学生在完成作业的全过程中能够独立或借助支架进行自我反思和调整，最终形成自主学习策略。自主学习者模型如图4-77所示。

图 4-77 自主学习者模型

2. 合同作业

合同作业，又称契约作业，是以培养学生自主学习能力为目标，通过师生双方相互约定，让学生自主选择作业内容，规划作业时间的一种作业方式。"合同"意味着作业的设计者(教师)和作业的完成者(学生)之间达成契约。依据不同学段、学情、学科、学习场景、主题的需求，教师设计和实施不同模板下的作业合同。作业合同在实施时必须经过学生认可，学生有权利对作业内容和作业量提出调整意见和建议，根据自己的情况对作业进行规划。

3. 合同作业新体系

合同作业新体系综合了作业设计、作业实施、作业评价等部分并对各部分进行有机整合，最终指向的是培养自主学习者的育人新体系。作业体系由学校统筹协调、组织管理，并配套及时、动态的教师教科研培训与作业合同反馈监测机制，以最终实现对学生自主学习能力的培养。合同作业体系起到导向与监测作用，帮助学生学会学习，协助学校进行作业监测与管理。

（二）研究目标

本研究通过系统化思路、过程性调研促成学校层面的作业改革，在作业设计、作业实施、作业评价与反馈、监测分析等方面形成一个师生相互协作的双向循环的合同作业体系，提高作业设计的统整性，关注学生学习差异，改变学生的学习方式，加强学习目标引领，培养学生自主规划学习任务的能力，挖掘作业的学习意义与育人内涵。

具体的研究目标如下。

第一，研究和拓展作业的内涵与功能。搭建能够促进学生自主学习力提升的合同作业系统，用"契约"式的作业文化内涵培育学生的公民力。

第二，结合教学和学生需求，提升教师的作业设计能力，使教师具备与学生共同编制目标明确、类型多样、内容科学的各学科、各年段作业合同模板的能力。

第三，建立丰富的合同作业实施模式，满足线上、线下结合的学习与作业需求，改变学生的学习方式，激发学生自主学习能力。

第四，通过系统化、协作式的学校作业管理，减少并控制学生作业数量与完成时间，达到减轻学生作业负担的目的。

第五，开发系统、丰富、有效的作业自我反馈与评价工具。以学生为中心，联合教师、家长和学校，设置多主体参与的评价途径，促进学生养成自我反思与创新能力。[1]

（三）研究思路（图 4-78）

本项目采用"问题提出—理论建构—实践研究—动态监测"层层递进的设计思路，从作业理论搭建到教学行动实践，环环相扣，结合学校多年"整理教育"作业研究的实践经验，从学校层面对作业整体系统进行构建与完善。

从方法论视角看，项目采用质性研究和量化研究相结合的实证研究方法，通过行动研究、访谈调研等方法，对作业的设计、实施、评价与管理进

---

[1] 批注[编者团队]：该研究目标遵循作业设计、作业实施、作业评价与反馈的逻辑顺序，呈现出较明确的结构层次。研究目标需要满足明确、具体、合理、逻辑清晰等要求。在这一段落中，编制作业模板、开发作业自我反馈与评价工具等是具体明确的研究目标。

行创设和实践，获得一整套适用于义务教育阶段的作业减负提质的新体系，并通过进一步分析和反思合同作业的实施与反馈，形成学校层面的统筹监测与管理。课题组还邀请区域教研员、高校学术专家及地方教育主管部门等共同参与论证，为本课题中的各项环节的研究提供立体化的支持。

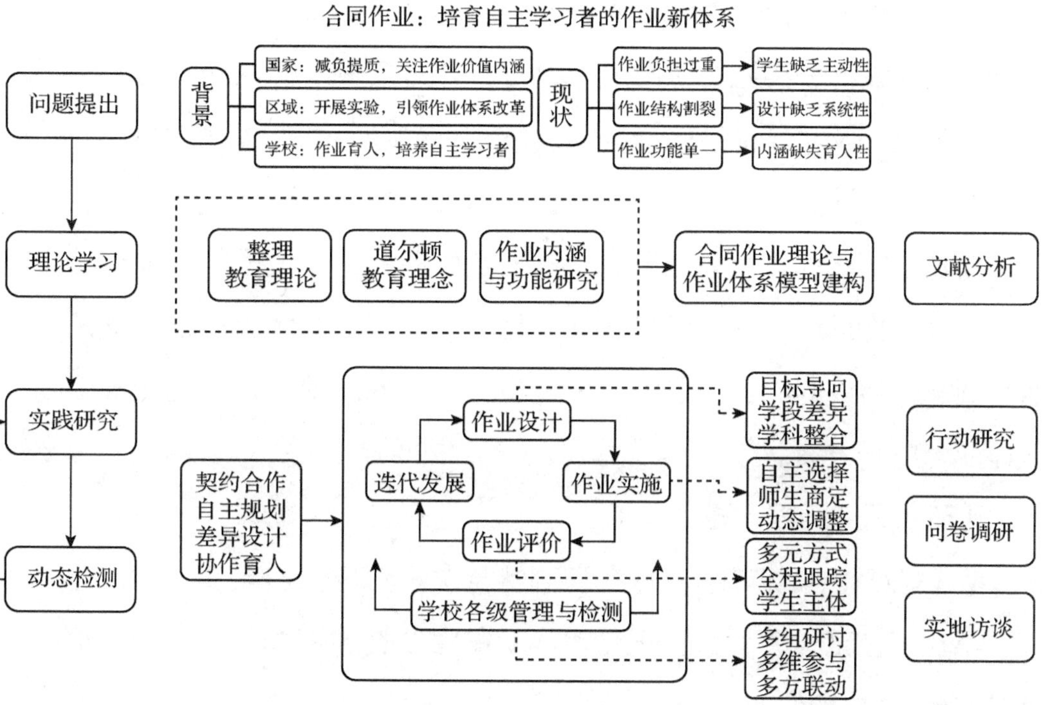

图 4-78 研究思路①

（四）研究方法

本项目以行动研究为主，调查法、个案研究法为辅，通过行动研究验证并完善学校合同作业体系的建构路径、管理与监测机制。

1. 行动研究法

在学校各个年级、各个学科、各个行政部门开展全面行动。吸收班主

---

① 批注[编者团队]：该课题的研究思路表述较为规范，将文字和研究框架图结合，使研究的思路更加清晰。我们可以学习这种研究思路图的画法。研究思路图的左侧展示了本课题研究的逻辑，右侧则呈现了本课题研究的步骤。两者结合构成了一个较完整的研究思路框架图。

任、学科教师、学术/课程中心、高校专家、学生家长及社会成员参与并组成研究共同体，自上而下与自下而上相结合，在行动中研究，在研究中行动。

2. 调查研究法

本项目运用访谈、问卷调查等调查研究方法，了解学生、教师及家长对于合同作业设计和实施的认同度和评价，并对全校学生的作业情况进行跟踪调查，将情况及时反馈给教师，以便负责的教师及时修改和完善作业设计。

3. 个案研究法

通过个案研究，特别是聚焦于某个学科甚至某一位教师实践过程的持续研究，由点及面，了解教师在学科作业设计上的心得体会、思考路径和对作业合同迭代生成的深层次思考。关注学生个体的发展，为学生量身定制个性化作业与成长方案。

（五）研究历程（图4-79）

1. 作业形态尝试期：从整理课到特色作业（实验小学到道尔顿小学）

早在学校正式成立前，研究团队就在白校长的带领下，在市实验小学进行了特色的"整理作业"研究，将学生自理、自学、自律的"整理"能力作为促进其全面发展和终身学习的基石。"整理作业"强调面向差异化、以学生为主体的作业设计，并从此开启我校关于"作业"的校本特色研究。这十余年间，团队完成了大量作业案例的积累与梳理，形成了丰富的作业设计案例与作业教学实践经验，并初步建立了专业化的教师团队。

2. 作业理论研讨期：从道尔顿制到新合同作业（2017—2018年）

在大量作业实践经验的积累下，研究团队开始对国内外作业理论进行系统性梳理与研究，包括作业的内容、形式、功能及对学生学业成就的影响。在文献梳理的同时，明确了传统作业存在的困境及与作业相关的政策要求。项目组研究了基于国际先进的道尔顿教育理念提出的道尔顿制作业及其理论基础，初步建立了合同作业的雏形，创造性地提出了一套独具我校特色的作

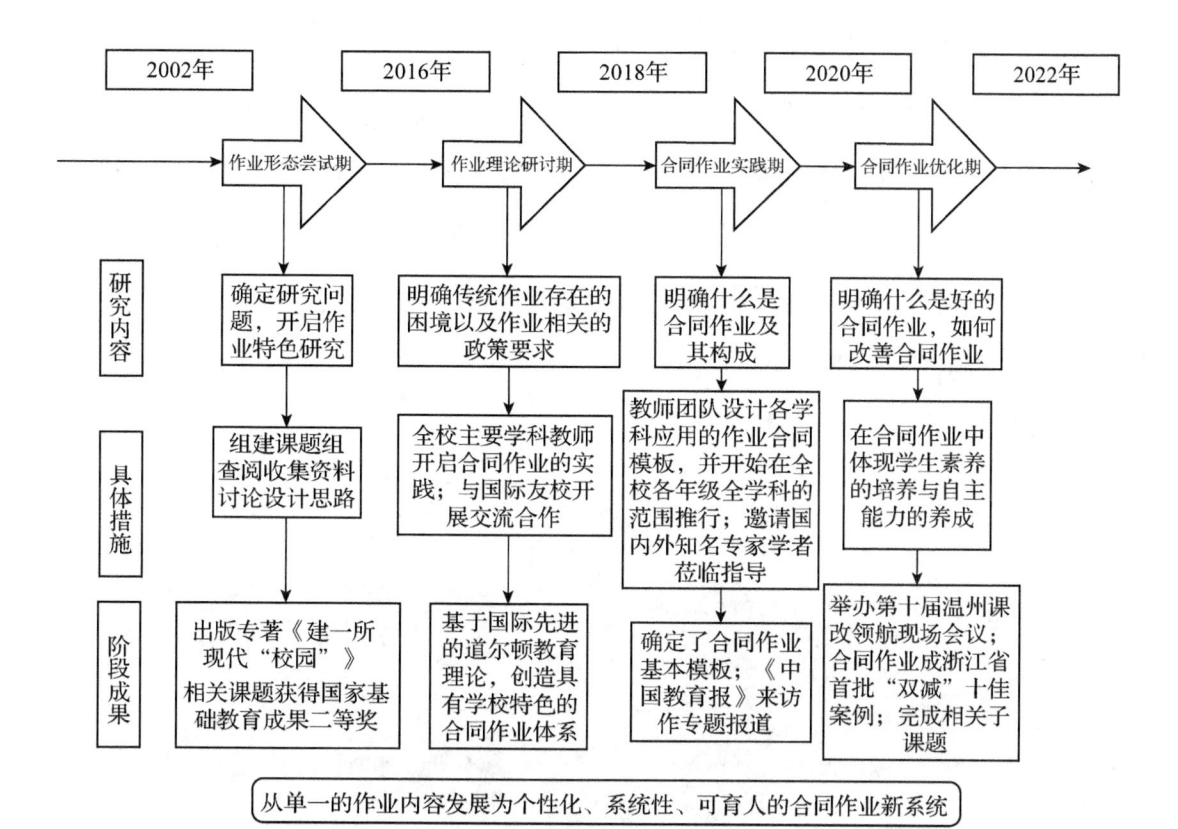

图 4-79 研究历程

时间	2002年	2016年	2018年	2020年	2022年
阶段		作业形态尝试期	作业理论研讨期	合同作业实践期	合同作业优化期
研究内容		确定研究问题，开启作业特色研究	明确传统作业存在的困境以及作业相关的政策要求	明确什么是合同作业及其构成	明确什么是好的合同作业，如何改善合同作业
具体措施		组建课题组查阅收集资料讨论设计思路	全校主要学科教师开启合同作业的实践；与国际友校开展交流合作	教师团队设计各学科应用的作业合同模板，并开始在全校各年级全学科的范围推行；邀请国内外知名专家学者莅临指导	在合同作业中体现学生素养的培养与自主能力的养成
阶段成果		出版专著《建一所现代"校园"》相关课题获得国家基础教育成果二等奖	基于国际先进的道尔顿教育理论，创造具有学校特色的合同作业体系	确定了合同作业基本模板；《中国教育报》来访作专题报道	举办第十届温州课改领航现场会议；合同作业成浙江省首批"双减"十佳案例；完成相关子课题

从单一的作业内容发展为个性化、系统性、可育人的合同作业新系统

业设计与实施模式。合同作业以签订合同的形式，给予学生较大的学习选择性与主动性，强调培养学生的自主学习能力，促进学生的实践与创新。

3. 合同作业实践期：从顶层设计到全面实施（2019—2020年）

项目进入实践探索过程，教师团队设计了供各学科应用的作业合同模板，并开始在全校各年级全学科范围内推行作业合同。这一过程中作业合同中的基本要素得以确立：合同中必须有突出学生主体的约定，有对学生作业的指导语；合同中应列明本学科作业的内容、类型和工作量，并给予学生一定的作业规划空间。在结合全校教师多年的教育实践经验的同时，我们先后邀请了国内外知名专家学者莅临指导，实现了学术上的诊断和引领、理论上的总结与提升。

4. 合同作业优化期：从体系优化到策略优化（2021年至今）

随着"双减"政策的大力实施，作业质量要求不断提升，我校合同作业各个环节趋于成熟，并在单一的作业内容的基础上，构建出个性化、系统化的学校层面的合同作业系统，进一步丰富作业的育人价值，指向学生核心素养的培养。在设计与实施的各个环节，我们都重视学生自主学习能力的养成。该阶段成果获得了各界认可与好评。在分享和交流的过程中，项目组推广了合同作业的经验，同时在反思现有做法的基础上，作进一步优化迭代。

三、研究成果（图 4-80）

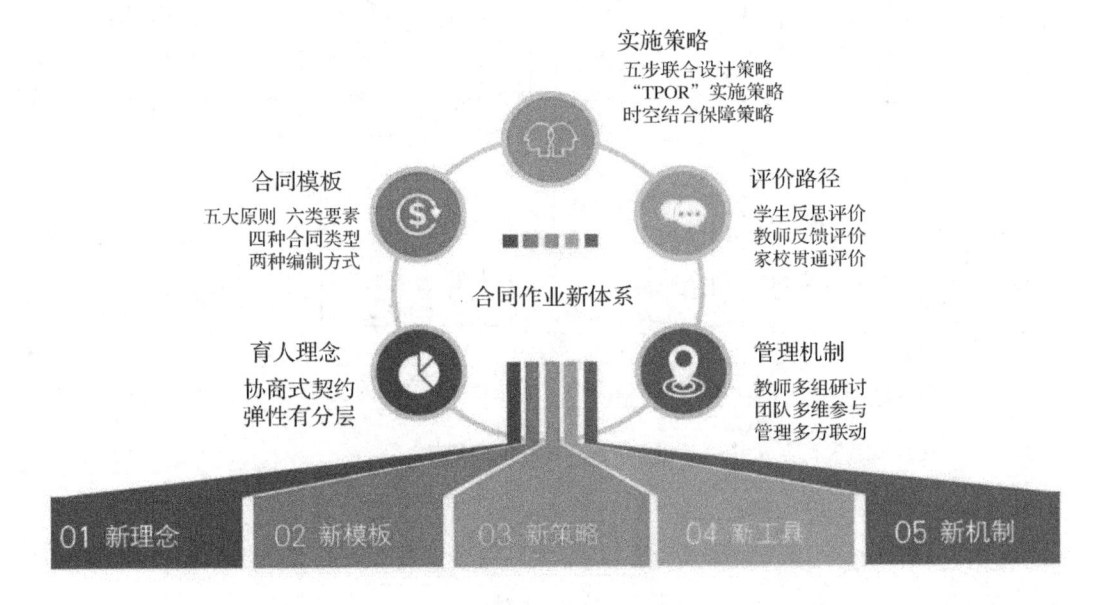

图 4-80　研究成果

（一）探索合同作业新理念

合同作业有别于传统作业，它包含了以下五项有关作业的新思考。

1. 合同作业定位：自主学习者

明确作业的基本定位是把握好作业育人功能的基础。合同作业不仅能实现学生复习、巩固、掌握已学知识和提高学科学习能力的价值，其目标还包括提高学生自主学习能力、元认知能力、自主时间管理能力等，最终指向培养具有自主"五力"（内驱力、规划力、学习力、自制力和反思力）的自主学习者，实现学校"自由、合作、自律、担当"的育人目标。

2. 合同作业文化：协商式契约

我校对"契约"中所包含的平等、诚实、守信、担当的价值追求已日益渗透到学校的各个领域之中。作业以"合同"的形式建立师生之间的沟通和合作，转化过去被动的作业关系，让学生自己承担作业责任，真正成为学习主体。例如，师生约定在开始一项学习任务前一定要尝试分析学习任务并制订学习计划，在向他人求助前自己能够思考解决问题的策略，约定不同情境下的合作形式和如何合作学习，约定合作时的音量、自主解决问题的流程等。

3. 合同作业结构：系统化建构

合同作业的结构是系统化的，包含了学科学习、作业内容、作业安排、时间规划、评价反思等不同模块。应明确每个模块的设计标准，如教师把每个学习任务的时间、范围和责任界定清楚。这些模块强调作业与学习目标间的一致、不同学科学习的统筹整合、学科内部发展的有序性。每位参与作业布置的教师需要遵循作业量、时间和内容等设计的基本原则，与学生进行合作与协商，最终用整体性、体系化的合同作业使学生完成自主学习。

4. 合同作业安排：弹性有分层

合同作业的实施强调弹性有分层(周期性)，即基于学情，允许学生有不同的发展速度，实现差异化、个性化的学习过程。具体来说，作业内容在约定前可调整，作业时间可以自主安排，学习成果可以自主选择。由师生双方共同协商确定，约定后不随意增减、"违约"。作业的工作量要科学计算和严格控制，作业的难度依据学生的个人情况作出调整，实现公平、有效的分层。

5. 合同作业选择：自主型计划

合同作业在设计、实施和评价的各个环节都强调了"自主规划"的特点。学生需要自主选择、制定学习内容、学习进度、学习方法，并完成完整的自主学习过程与自我反思。学生的选择过程是自由、自主的，教师把更多的学习管理职能"还"给学生自己，学校不再只是学习知识的场所，也是学生进入和了解社会的桥梁和纽带，给了不同学习层次的学生更大的发展空间。

（二）设计作业合同新模板

在明确合同作业的上位理念的前提下，在设计具体的合同作业材料——"作业合同单"（以下简称作业合同）时，还要遵循以下五项原则，囊括六大设计要素（如图4-81）。作业合同的编制包含定制和特制两种方式。在此框架下，大量丰富的作业合同得以设计完成，这些作业合同可以按照不同学段、不同学科、不同主题和不同对象四种分类法分类。

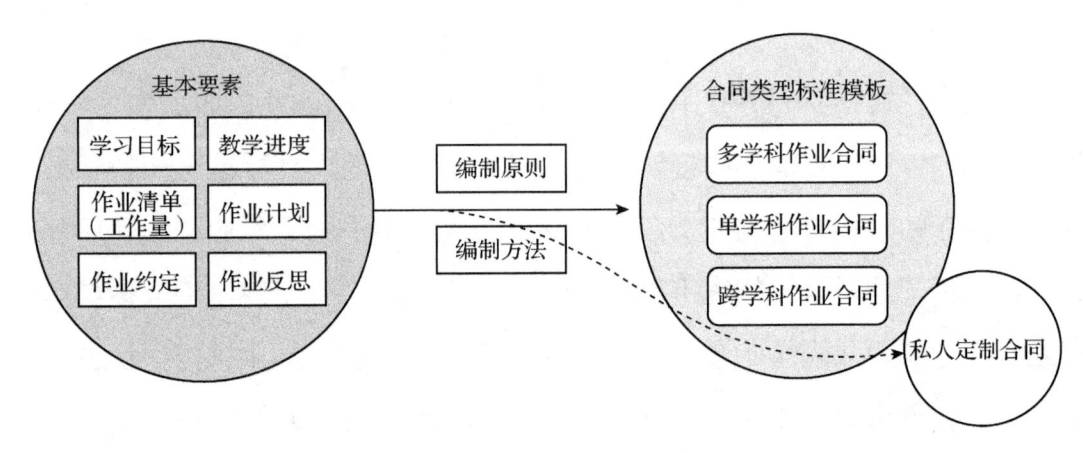

图 4-81　作业合同设计①

1. 作业合同遵循五原则

(1) 价值导向。

作业合同要遵循价值导向原则。作业是课堂教学的基本延伸和重要补充，既有引导教师了解课堂教学目标的完成情况和学生落实情况的价值，也有促进学生复习、巩固、掌握已学知识和提高自身能力的价值，还有促进家校沟通的价值。作业合同要实现长线育人目标，实现作业的育人价值。

(2) 控制总量。

作业合同要遵循总量控制的原则。使用可量化的指标，衡量减负政策实

---

①批注[编者团队]：在需要的地方适当地插入相关的图表可增强文章的可读性和可理解性。如此处结构图，将复杂的思路和信息以更简洁、易于理解的方式传达给读者，帮助读者更清晰地理解本研究的概念和逻辑。

施情况。学校统一设置作业量的计算标准,通过作业量的计算与折换算,限定每周作业总量。每项作业内容都应有对应的工作量。教师根据学生学段特点和学科需求,设定每周基本的工作量[6]①,在保证了每周基本作业量的同时避免了繁重的作业负担。

(3)协商约定。

作业合同遵循协商约定原则。强调学生对学习的知情权,学生应提前知晓下一学习周期内的学习任务与安排。教师应及时将作业合同交到学生手中,和学生共同商讨并制定作业内容,签订合同,将学生的反馈作为作业内容的基础,并提供口头或书面的调整建议和其他支持。

(4)弹性分层。

作业合同的设计遵循弹性分层原则。教师在规定的合同模板的框架下给予不同难度、数量的作业供学生自主选择与规划。学生提交作业的时间和方式也非硬性统一,以给予学生弹性的实施空间。

(5)自由选择。

作业合同在设计阶段注重考虑学生的自由选择,要求教师在设计相同目标和难度的作业时考虑学生学情的差异性,为学生提供更多样的作业形式和情境,提供不同形式的学习支架、评价工具,以保证学生自由选择的可能性。

2. 作业合同包含六要素

作业合同单设计包含了较为稳定的六要素,即学习目标,教学进度,作业清单(含工作量),作业计划,作业约定,作业反思(学生反思、家长反馈、教师反思),如图4-82所示。其中学习目标和教学进度起到目标引领、信息导航的功能,帮助学生知道学什么、达到什么目的;作业清单、作业计划和作业约定的功能在于帮助学生完成自主规划、自主学习与自主管理;作业反思要素则旨在帮助学生自主反思,使学生得到家长的助力和教师的引领[7]。

---

①每次作业工作量完成时间为半小时,高年级学生一周不能设计超过六次作业。

学习目标	教学进度
教师在设计的初始阶段就要明确学习目标，并根据学习目标有针对性地设计作业内容。	教师需要向学生解释和介绍学习进度与计划，帮助学生更好地自主规划学习。
作业清单	**作业计划**
作业内容包括作业工作量，让学生、家长和教师能够直观了解作业信息，实现作业监测。	给予学生自主规划的空间和相应的支撑，让学生能够自主设计学习计划。
作业约定	**作业反思**
学生与教师是平等、合作的，双方共同完成契约。	反思意味着深度学习的发生，学生要对学习完成情况进行反思还要对学习过程、自我管理过程进行反思，从而调整下一步学习策略。

图 4-82　作业合同六要素

3. 作业合同编制两方式

(1)定制标准化作业合同。

在多年实践的基础上，项目团队建立了一系列标准化的作业合同模板以供教师使用。教师可根据教学需要选取不同要素组合成有针对性的合同作业。

低年级多学科作业合同基本模板如下。

针对低年级学生的特点，合同作业模板通常为"多学科"的类型，力求做到直观、可操作、重评价、四科整合并融入学校的育人和整理理念。我们将低年级作业合同分成三个板块：学子特质自评区、学习内容和任务区、整理反思区，具体介绍如表 4-30 所示。

表 4-30　低年级作业合同板块

板块	介绍
板块一：学子特质自评	学子特质是育人目标的一个重要板块，我们将其直接融入合同作业之中。在每天整理课中，学生拿出作业合同就可以先进行学子特质的反思自评，再进行学业整理的流程。一年级学生的学习任务较简单，类似于打卡任务，适合用表格的形式进行统整。这样看上去清晰又明了，操作起来非常方便。

续表

板块	介绍
板块二：学习内容和任务区	在学习内容板块，我们清楚地呈现了本周三科学习内容，以便学生在规划的时候更加有目标性。学习任务一栏，每项任务前都有相应的编号，学生在规划的时候，直接填写编号即可，大大加快他们规划的速度。拓展任务中有一条是空着的，是我们给老师和学生的一个缓冲，老师可根据学情的需要适当地增补，学生可以自己布置作业。
板块三：整理反思区	对于任何一项作业，整理评价都是相当有必要的，也是不可缺的。学生不仅要在规划单中对完成的每项作业进行打钩。还要在整理反思清单中，对作业是否完成进行整理，对作业完成质量进行整理，还要有对自己学业的反思。

中年级多学科作业合同基本模板如下。

进入中年级，合同作业模板根据学生的生理和心理状态作适当调整，力求更加规范、科学，具体分为师生承诺、内容与任务、自我规划、整理反思和家校互动五个板块。板块介绍见表4-31。

表 4-31 中年级作业合同板块

板块	介绍
板块一：师生承诺区	作业合同是一份契约，因此，在每一份作业合同的封面页，都会印着一段承诺语，在经过商讨、师生双方达成共识的基础上，学生签下自己的姓名，作业合同才真正生效。这样做的目的就是让这份合同更具有仪式感，让学生更为慎重地对待这份合同。在承诺的下方，我们就早睡、运动、阅读这三项内容进行每日打卡，其目的在于培养学生良好的学习习惯、运动习惯和生活习惯，同时，我们将每月的整理日计划也融入其中。
板块二：内容与任务区	中年级的自主规划区主要指向学生的每日规划。所谓每日规划就是在整理课开始的 5 分钟规划时间，学生根据规划流程，规划今日的作业内容。遵循"订正先行、难题优先"的原则进行学习任务规划，这样做，学生就不会忘记订正这件大事了，同时学生的整理课也最大限度地起到了作用，提高了学生的作业效率。①

①批注[编者团队]：在图表较多时易出现表格内容误被替换的情况，这就需要文本撰写人员在完成后仔细检查。

续表

板块	介绍
板块三：自我规划区	中年级的自主规划区主要指向学生的每日规划。所谓每日规划就是在整理课开始的5分钟规划时间，学生根据规划流程，规划今日的作业内容，遵循"订正先行、难题优先"的原则进行学习任务规划，这样做，学生就不会忘记订正这件大事了，同时学生的整理课也最大限度地起到了作用，提高了学生的作业效率。
板块四：整理反思区	整理也分为每周整理与每日整理。每周整理是指第三面的"一周反思清单"，学生借助这一清单，对自己这一周的学习做好反思与整理，找找本周学习的亮点与不足，为下一周的学习做好准备。而每日整理指的是对当天的整理课进行自主反思，回顾这节整理课的得与失，及时整理，为回家后要开展的学习做好准备。
板块五：家校互动区	"家校留言板"作为一个家校沟通的桥梁，它至少有两个作用，一是家长利用这个留言板将孩子一周在家的学习情况反馈给老师，让老师了解孩子在家的自主学习情况；二是家长能利用这个留言板对老师的作业布置及作业合同的设计提出建议或意见，帮助全科老师更好地改进完善作业合同。

高年级单学科单元合同作业基本模板如下。

高学段单独设计有单学科单元作业合同基础模板。各学科教研组根据学科特点设计出了各科单元作业合同模板，包含学习目标、学习任务、参考资料、学习策略、评价反思等，旨在大单元整合教学设计的基础上，为学生明确学习的目标、计划、任务和评价，提供推进作业任务完成的支架，提升学生对作业的执行完成度。板块介绍见表4-32。

表4-32　高年级作业合同板块

要素	说明
标题	包括作业所属学科、主题、指导老师和学习周期，在合同最显著的位置明确写清楚。

续表

要素	说明
单元学习概述	对本周合同作业的介绍，由几个句子组成的简单描述，吸引学生对本周学习内容的兴趣。
本周学习目标	老师设计作业内容的依据，把教学目标转化为学生的学习目标，在确定单元目标的基础上，分解一周学习目标并体现在作业合同中。这个学习目标如同学习的"站点"，让学生、家长知道自己这一周要走向哪里。
教学活动安排	老师把一周的学习安排在学习开展之前告知学生，学生就享有了学习的知情权，可以更好地规划自己的学习历程。
一周学习任务	一周作业的内容是作业合同的重点部分。根据学习目标，每个目标下设计若干作业类型，学生根据自身的学习能力选择相应的作业，填写到右边的便签上。
工作量单位	每项作业内容后面附有"工作量"，这是我校将作业进行量化和可视化的做法。每一次作业的工作量时间估计为半小时。老师在布置作业时，一周不得超过7次作业。学生在选择作业时可以全选，也可以选择其中的部分来完成，但不能少于5次作业（需要与老师协商）。此外，学科之间的工作量可以相互替代。如学生写了一份数学论文，则可用数学工作量替代本周的习作工作量。
合同签约栏	学生阅读作业合同后，需要与老师共同商讨作业的量是否恰当、作业内容是否合理，如果有额外需求，可以与老师单独商量进行调整。双方达成一致意见后，郑重地签上自己的名字，即意味着这份契约式合同正式生效。
学习成果评价标准	将本周各类作业的具体评价提早给学生，让学生一开始就知道最好的样子，从而激励学生。评价内容应该与前面设计的目标和学习依据相呼应，提升教师"以评促教"的能力。
评价与反思	通过具体问题，引导学生对本周的学习进行自评和反思，帮助其及时调整下一周的学习方法。

(2)特制私人作业合同。

除常规的以班级为单位的合同外，教师还可以为学生"私人订制"合同作业。以学生学习为中心的学习方式要鼓励学生参与学习评量的设计与讨论，让学生了解学习是教师与学生共有的责任，借此培养学生自我评量的能力，也使学生学会为自己的学习成果负责。合同作业要做到以学生的学习为中心，就必须去标准化，转向个性化、定制化。

依据学生发展的个性特征，教师与学生共同商定设计学生的专属学习合同，搭建学习支架，以满足其个性化学习需要，并最终指向培养独立自主的学习者。私人定制的合同作业(如图 4-83)应体现差异化、个性化的学习内容与目标，明确个人学习策略。私人定制的合同作业使学生不需要完全按照千篇一律的标准化的学习内容来学习，学生可以自己制订学习的计划，确定学习的节奏，定制学习的内容。这加深了学生的学习深度，推动了师生关系的发展，强调了教育的核心理念。

金X卿专属学习合同（第六单元）

我承诺：我要在规定时间内，认真地、有计划地安排自己学习的任务，自己为自己负责！

学生签名：

第六单元（珍爱我们的家园）

【学习建议】

本单元的文章都从不同角度阐述了“珍惜资源，保护环境”这一永恒的主题。本单元共选编了四篇课文：《古诗三首》《只有一个地球》《三黑和土地》《青山不老》。《只有一个地球》一文运用列数字、举例子等多种说明方法，科学地介绍了地球的多方面知识，有力地说明了“只有一个地球”的事实。同时，课文多处运用比喻、拟人等修辞手法，体现了科学小品文语言的生动形象性。《三黑和土地》一诗描绘了以三黑为代表的农民，重获宝贵土地的情形，表现了农民得到土地之后的极度欢喜和无边的幸福感。《青山不老》一文语言简练生动。借助比喻、拟人等修辞手法，将山沟里绿树成荫、枝繁叶茂、错落有致的形态表现得淋漓尽致，同时展示的还有老农为创造这片绿洲所付出的千辛万苦，也从侧面表明了老农的勇敢和所创造的巨大生态价值。

学习本单元课文，要在熟读课文的基础上，抓住关键句，把握文章的主要观点，分析作者是怎样把自己的观点一步一步写清楚的。本单元每一篇课文作者都表达了自己的一个主要观点并且在课文中会用关键句子把观点直接写出来，为了说明这个观点，作者会分开几个部分叙述，每一个部分也会有关键句子来概括这个部分要表达的意思。我们阅读这些课文的时候，要学习抓住这些关键句子，来把握整篇课文或是某个部分作者要表达的主要观点。在写作的时候，我们也要学习在自己的文章中，用关键句来表达自己的观点，并围绕这个观点一步步写具体写清楚。

本单元的口语交际也是跟把握观点有关。在讨论的时候，不同的人观点会有不同，有时意见还会出现分歧，面对这样的情况，我们该怎么办？你先要学会准确把握别人的观点，还要学会换位思考，站在不同人的不同角度，去了解他为什么会有不同的意见和观点，学会理解别人、尊重别人。

本单元的习作是写倡议书，课文 P94，不仅有倡议书格式要求，还有具体范例，你要自己好好学习。这个单元的主题是保护环境，所以倡议书要求也是跟这方面有关。但倡议书是要跟实际生活紧密联系，要实实在在将你的倡议告知其他人的。所以在学这个单元之前，你就要想好，你发现了身边哪些地方哪些不文明的现象，你想选取哪一种现象来写。你的这份倡议书是要贴在学校里，还是小区里，给谁看。确定了对象之后，你就要思考好，为什么你要写这份倡议书，你希望大家怎么去行动，考虑周到了才动笔写。

【学习任务】

（一）基础部分

1、正确流利朗读第六单元所有课文，读熟所有注音词语，不会的多读几次。背诵、默写《古诗词三首》和 P96 日积月累。做到了，请在相应的课题（段落）边上签上“已朗读或已背诵”+日期。

2、完成《胡三元教写字》第六单元的字词抄写。在非常有把握的前提下，找张老师完成字词过关、古诗词默写和 P96 日积月累。

3、完成《语文作业本》第 18 课的第 1、2、3 题；语文园地六的第 1、2、5 题。做到准确无误。

（二）阅读部分

《古诗三首》

1、阅读 P95 交流平台，归纳读懂古诗词的三种方法：①________________；②________________；③________________。

2、请用以上方法，自己再说说这三首诗的意思。不懂的地方做上记号，与老师交流。

3、完成作业本 K17，做到准确无误。

4、完成《1+X 联读》P104-107。

《只有一个地球》

1、反复默读课文，从课文中画出与以下问题相对应的关键句，并在问题旁标注关键句在第几段。

(1)作者在这篇课文中要告诉我们的一个事实是什么？

(2)正因为这个事实，作者要表达的主要观点是什么？

(3)为了说明以上这个事实和观点，作者一个方面一个方面来展开叙述：

第 1-2 段，作者要表达的主要意思是什么？

第 3-4 段，作者要表达的主要意思是什么？

第 5-7 段，作者要表达的主要意思是什么？

2、按照上面的要求在课文中找到相应的关键句后，你就可以独立完成《语文作业本》第 18 课第 4 题了。

3、其实，在每一个方面的叙述中，作者也是用“先表达观点，再分开几个方面叙述”的方式展开写的。请自己去课文中找找，说说，下周五与老师一起交流。

4、完成作业本第 18 课第 5 题。

5、完成《1+X 联读》P108-112。

6、完成作业本第 18 课最后一题。

7、有什么不明白的问题，或者在学习过程中有什么困难，备注在段落旁，随时找张老师交流。

图 4-83　特制合同作业

4. 四大类作业合同

学校依不同维度设计了不同的作业类型，例如，这些作业类型按照学科来分，可以分为语文、数学、英语、科学等单学科合同和跨学科学习合同

(含项目化学习合同)；按照年段分，可以分为低段合同、中段合同、高段合同；按对象来分，可分为面向私人、面向班级、面向年段的合同。具体分类见表4-33。

表4-33 作业合同类型

分类方式	具体类型
按照年级学段	低段多学科作业合同、中段多学科作业合同、高段单学科作业合同
按照不同学科	单学科作业合同、多学科作业合同、跨学科作业合同
按照不同主题	主题学习作业合同、寒暑假作业合同
按照不同对象	私人定制合同、班级作业合同、年级作业合同

不同的作业合同指向不同的培养目标。根据学生的年龄特点，作业合同分为低、中、高三个阶段，低段和中段重在人格品质与学习习惯的培养，而高段则重视学习能力与方法；根据学科特点，作业合同又可分为单学科合同、多学科合同、跨学科合同，重在培养学生对学科的深入学习能力、实践创新与解决问题的能力；根据不同的对象，作业合同可分为班级合同、年段合同和私人定制合同，不同班级、有特殊需求的个体都可以特制属于自己的专属合同，从而实现差异化学习。

(1)多学科作业合同。

多学科合同即所有学科的作业在同一份合同内，这一形式方便班主任进行作业量的统筹，也方便学生家长了解一周的作业内容。多学科合同根据学生学段特点分为低段多学科合同和中段多学科合同。老师们之间沟通协调各科作业内容，让学生通过作业合同就能够整体了解一周内所有学科的课堂学习内容和课后作业任务。合同上还标明各项作业的提交期限和工作量。

例如，由于低年级学生识字不多，[1] 没有作业规划能力，因此多用图示

---

[1] 批注[编者团队]：本案例中提供了一些实例，为读者提供了更具体的情境，使研究更生动，也更真实。

体现，学生只需填写简单的数字或代号即可；中段的多学科合同则更自由开放，学生已具备一定的自主学习规划的能力，因此合同中增加了规划板块，如图4-84所示。学生需要根据各个学科的学习安排和学习任务，进行自主学习规划。从每日规划开始过渡到一周规划，同时，合同中还增加了一周自查清单和反思问题。

图 4-84　低年级作业合同（示例）

(2)单学科作业合同。

除了多学科合同外，我校也根据学科教学的需要和学生认知发展的情况在高年级实施了单学科单元合同作业(简称为单学科合同作业)，来进一步提升学生整理、规划、选择和合作的能力，巩固学生守信自律的良好习惯品质，培养学生的担当与责任。相较于多学科合同，单学科合同更注重作业对学生思维力、实践力和创造力的培养。具体而言，单学科合同是由“单学科作业合同＋规划单”组成，是以培养学生自我规划能力为目标，由教师和学生双方达成契约，由学生自主规划和管理完成作业的时间和内容，整合一个周期内的各项作业任务的一份材料。

例如，图 4-86 中的数学单元合同作业是围绕人教版小学数学教材第三册第一单元内容设计的，从七个方面对作业合同进行了设计(对应作业合同的七个板块)，分别是学习概述、学习目标、学习规划、任务自查、评价与反思、达成约定、核算工作量，设计方案如图 4-85 所示。

合同作业课题附件材料

三年级上册第一单元《时、分、秒》作业设计

设计者：李送梅

一、学习内容说明

一年级上册学生初步认识了钟面上的时针和分针，会认、读、写整时，二年级上册认识了几时几分，知道 1 时 = 60 分。《时、分、秒》是三年级上册第一单元，学习的内容有认识时间单位“秒”，知道 1 分 = 60 秒，结合生活经验体验时间的长短，解决与时间有关的实际问题。

因为时间非常抽象，儿童掌握时间比较困难，因此在教学中要选用贴近学生生活实际的素材，设计丰富多彩的活动，力求将抽象的时间转化为能够具体感知的“量”，让学生在亲身参与中建立对时间单位的准确感知，丰富对时间长短的体验，掌握估计时间的方法，养成守时和珍惜时间的习惯。

二、设计说明

我设计的单元作业合同共分七个板块，分别是：学习概述、学习目标、学习规划、任务自查、评价与反思、达成约定、核算工作量。

学习概述：简要回顾与本单元相关的旧知，再介绍本单元学习内容，并引出后续将要学习的知识、帮助学生整体把握单元知识脉络，引发探究兴趣。

学习目标：目标要合理，简洁、清晰，让学生知道做到什么程度才算达成目标，有利于学生客观、准确地进行自评。

学习规划：根据每周 5 课时规划单元学习，学习内容分单元开启与规划、新授课、练习与错题讲解、整理与反思四种课型。单元开启与规划，主要结合课本直观了解单元学习内容和时间安排，引导学生在课堂上根据给出的预习、练习、拓展三个方面的选项进行选择与规划，帮助学生养成自主选择，合理规划，主动探究的习惯。

任务自评：任务分必做和选做，必做任务有学历案、作业本。选做任务有数学书、口算本、练习卷、错题整理、思维导图、数学阅读、综合与实践，还提供一个空白选项供学生自主填写，体现了任务的丰富性和选择性。为了减轻学生课业负担，必做任务只有两项分别是学历案和作业本，只安排在每周 3 节新授课上完成，学历案要求当堂完成、作业本每次 1 课时在整理时光完成。另外 2 节课分别是练习与错题讲解、单元整理与反思，这两天可以在课堂上或整理时光完成选做任务。选做任务中的数学阅读和综合与实践可能会利用课外时间。必做任务因为有时间限制，学生可以根据完成情况在提前、按时、延迟三个选项中画“√”，给☆涂色表示及时订正。特别说明的是综合与实践单独列出来，给出几个有意义的研究主题，任选其一，目的是鼓励学生主动运用所学数学知识解决生活中的问题，或深入研究某个数学现象或概念，培养学科兴趣、科学精神和应用意识。

评价与反思：评价分学业规划、课堂表现和目标达成三项，其中学业规划和目标达成属于客观评价，通过统计各项任务完成情况作为学习证据进行评价。课堂表现属于主观评价，重点评价课堂上认真倾听和积极回应，并且对这两项分别给出了两个简要的评价指标，认真倾听主要是关注是否听完、听懂，一个是反映态度，一个反映能力。积极回应的两个评价指标分别是动手动脑、交流汇报，包含了多种学习方式。此项评价为学生传递了积极、正向的课堂价值观。反思则侧重于知识的理解与掌握，个人的收获与成长，为了方便学生描述，提供了简要的模板和说明。

达成约定：明确责任与义务，培养契约精神。签约时间一般放在单元开启与规划课上，学生了解了单元学习内容和任务要求之后，完成自主规划，双方签字，达成约定。

核算工作量：单元学习结束，对照任务自查表评价表、各项作业，同伴交换检查并统计，确认无误三方签字，合同履行完毕。

三、作业反馈说明

各项作业均有规定的完成时间，按时上交，及时批改，二次批改有专门的符号，便于学生和老师统计作业完成情况。每周安排有针对性的练习和错题讲解课，分析错因，总结方法，指导学习错题订正策略。综合与实践任务提供简要模板和说明，利用专门时间讲解任务要求，选择优秀范例在整理与反思课或整理日进行展评，指导学生向校刊投稿。

在评价与反思板块中统计各项作业提前、按时、延迟的次数，以及作业中 4、3、2 分的次数，这些数据将作为核算工作量加分和扣分的依据，也是对学生完成作业态度和质量的认可和鼓励，对学生起到了正向引领的作用。

图 4-85　单学科作业合同设计方案

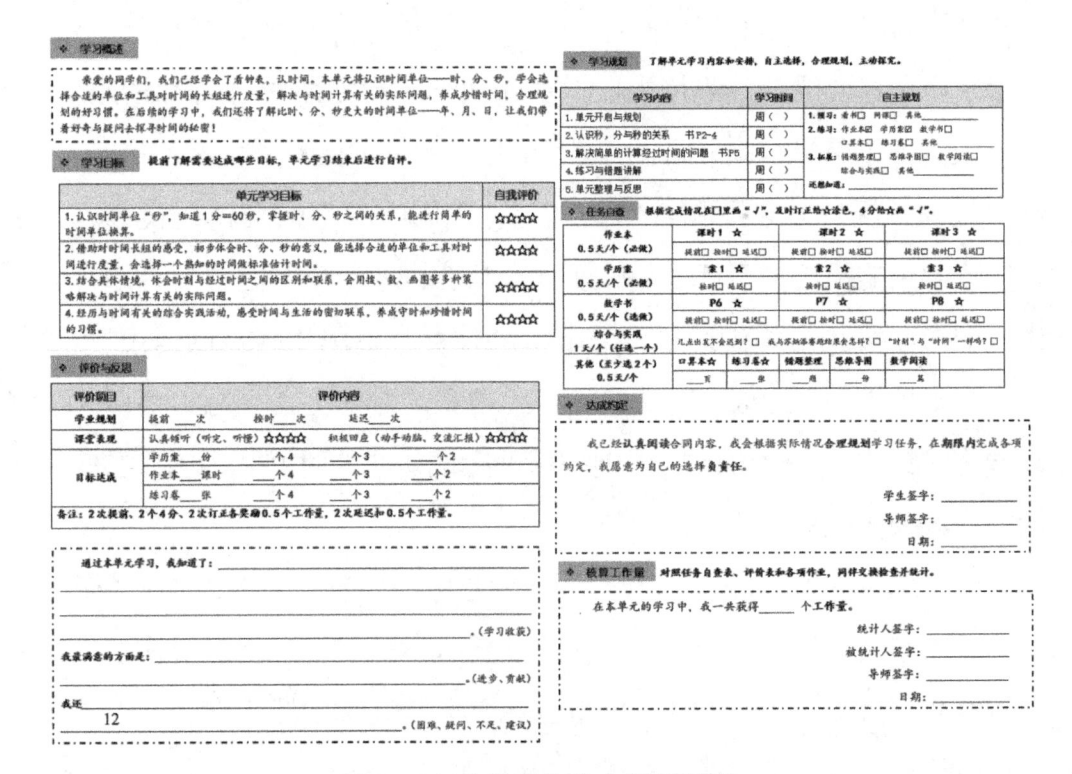

图 4-86 单学科作业合同(示例)

(3) 跨学科作业合同

跨学科作业合同与其他合同作业的最大区别在于：跨学科作业合同基于对一个复杂的驱动性问题的解决，开始将作业扩展至学生学习的全过程，既包含了课内的学习，也包含了课外的作业。跨学科学习合同是学生自主管理项目进程的塔台，它会以手册的形式在项目启动时呈现给学生，但有别于项目记录册，它并非单纯的学习记录。作业需要指引学生自主习得并迁移问题解决的路径与思维。学生的作业内容细分为每项目标下的作业任务，并将整体的作业信息整合在学习合同中，使学生获得本单元的学习内容和作业任务的自主学习途径。

例如，在疫情线上学习期间，全校开展了"逃离地球"项目，老师和学生共同研制的跨学科学习合同(图 4-87)，就包括从问题的提出到学习支架的支持、工作坊的开展，再到作业评价标准的制定、整理与反思的全过程，将一个月的学习内容、学习资源、学习规划和学习过程通过跨学科合同非常清晰而具体地呈现给学生，实现了"虽然没有老师，却胜似有老师"的学习效果最大化。

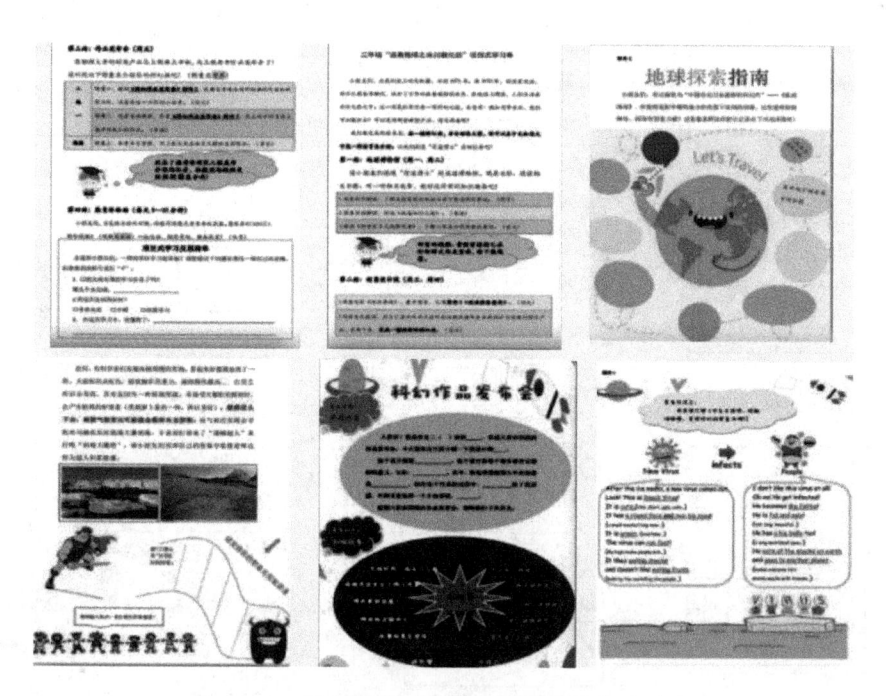

图 4-87 "逃离地球"项目跨学科学习合同

（三）形成合同作业新策略

1."五步联合"：合同作业设计策略

合同作业的设计不同于传统的作业任务的设计，它更全面地融入了对"怎么学"的引导，老师在设计合同作业时，必须要经过单元目标设计、差异作业设计、评价标准设计、作业操作设计、评价路径设计五个环节，如图 4-88 所示。单元目标设计需要综合考虑课程标准、教学实际、单元教学目标等，并将其细化为以一周为单位的作业目标；差异作业设计需要考虑学生学情、个体与学习风格的多样性；量化作业设计需要重点考虑作业量和难度、学生个体与学习风格的多样性；设计评价标准则要思考一份好的作业是什么样的、如何表述清晰；作业操作设计则要考虑学生完成作业的实际情况、学习态度和兴趣，选择学生喜闻乐见的方式方法；评价路径设计要对采用何种方式评价与反馈作业情况进行顶层设计和预判。

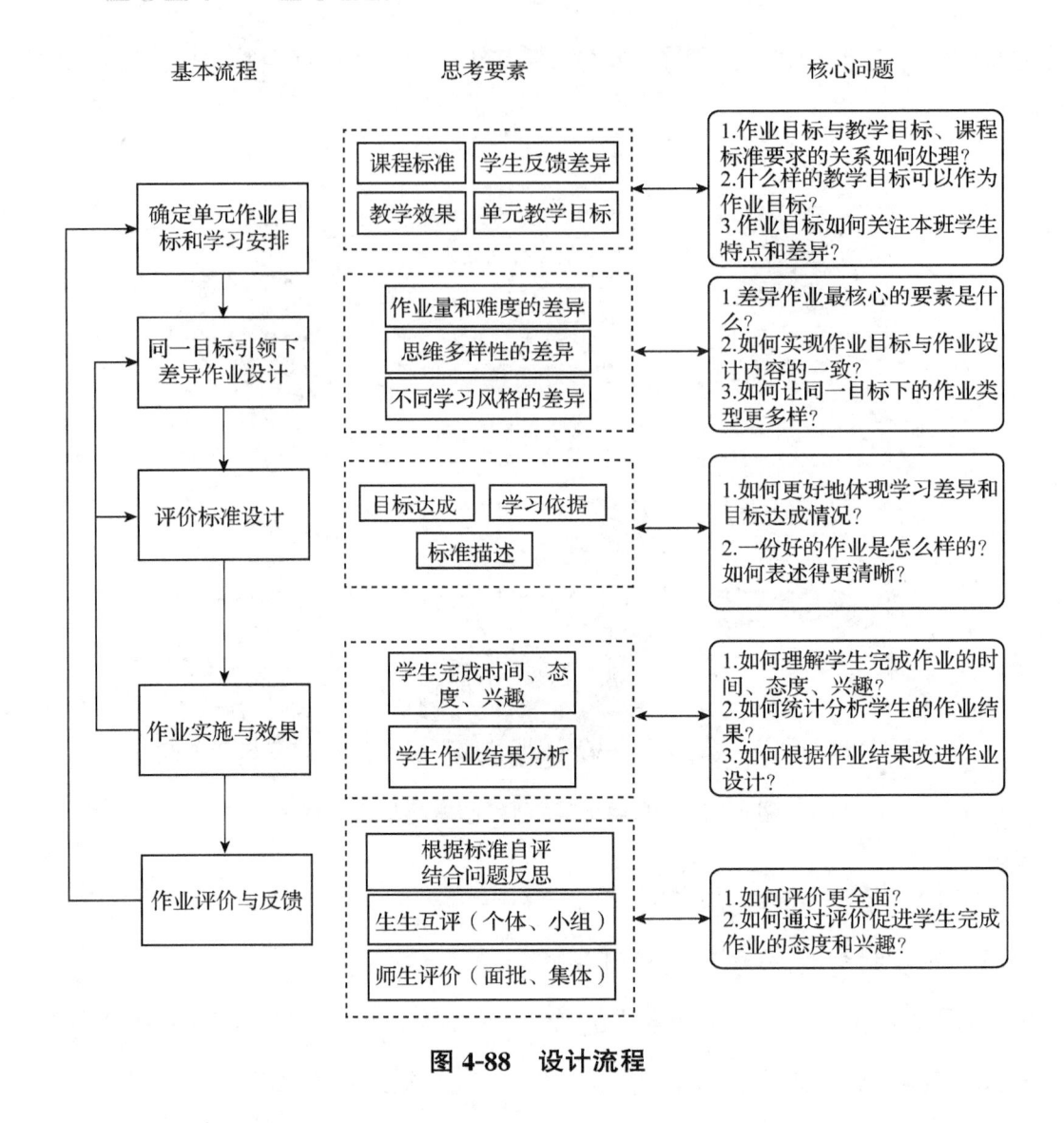

基本流程	思考要素	核心问题
确定单元作业目标和学习安排	课程标准　学生反馈差异 教学效果　单元教学目标	1.作业目标与教学目标、课程标准要求的关系如何处理？ 2.什么样的教学目标可以作为作业目标？ 3.作业目标如何关注本班学生特点和差异？
同一目标引领下差异作业设计	作业量和难度的差异 思维多样性的差异 不同学习风格的差异	1.差异作业最核心的要素是什么？ 2.如何实现作业目标与作业设计内容的一致？ 3.如何让同一目标下的作业类型更多样？
评价标准设计	目标达成　学习依据 标准描述	1.如何更好地体现学习差异和目标达成情况？ 2.一份好的作业是怎么样的？如何表述得更清晰？
作业实施与效果	学生完成时间、态度、兴趣 学生作业结果分析	1.如何理解学生完成作业的时间、态度、兴趣？ 2.如何统计分析学生的作业结果？ 3.如何根据作业结果改进作业设计？
作业评价与反馈	根据标准自评结合问题反思 生生互评（个体、小组） 师生评价（面批、集体）	1.如何评价更全面？ 2.如何通过评价促进学生完成作业的态度和兴趣？

图 4-88　设计流程

2."TPOR"：合同作业实施策略

作业本质上是没有教师指导的、学生自主学习的过程。我校合同作业遵从自主学习的四个进阶环节：明确目标(Target)、自主规划(Plan)、组织学习(Organize)和反思调节(Reflect)。这四个环节形成一个学习闭环，在这个闭环中学生得以不断调节完善，长此以往学生将养成自己选择、规划学习内容与方法的习惯，并敢于积极和教师协商交流，学生能够借助工具与支架辅助完成作业，并会反思自己的学习过程与结果，完成一个螺旋式上升的学习过程，而这一过程最终指向学生的自主学习。

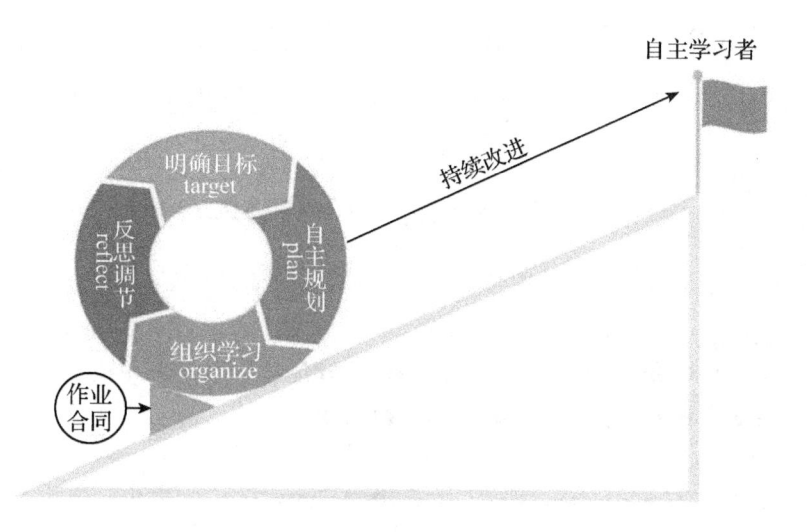

图 4-89 "TPOR"实施模型

合同作业的设计基于"TPOR"的实施模型(图 4-89),强调学生完成作业过程中的自我管理和自我学习习惯的养成。考虑到不同学生在学段年级和认知水平上的差异,合同作业的实施会依据不同学段学生身心发展的特点作出调整,建立不同年段的合同作业分层、同一年段的合同作业分层,不同的环节在不同的学段有不同的实现方式与评价标准,以合理、科学地帮助学生在"脚手架"下进行学习。

作业合同中的"生活和品行约定"关注了学生的从一年级开始就要学会自己处理的事情,比如自主使用洗手间、喝水、洗手、睡眠等,如图 4-90 所示。作业合同中也涵盖了公共意识培养,如对于教室内器材的使用与摆放意识的培养,如图 4-91 所示。这些契约从最为简单、可行的具体行为要求开

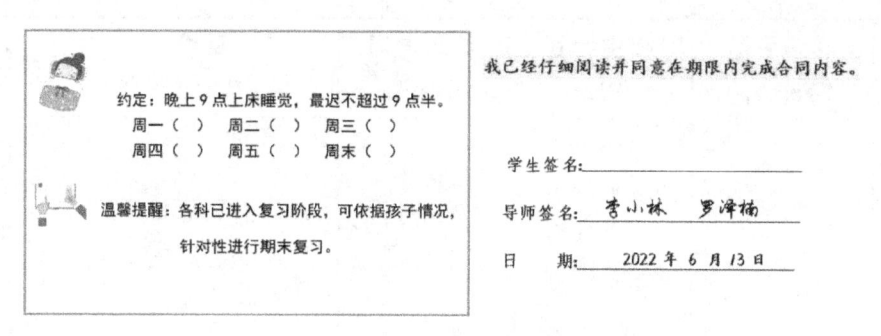

图 4-90 生活和品行约定(示例)

始，随着学生年龄与学段的发展而不断提升。这样的作业环境有利于培养学生的约定意识，道尔顿学校的学生从入校开始就开始了解契约的意义。

图 4-91 二年级全科作业合同(示例)

具体来说，不同学段的实施侧重有所不同，如表 4-34 所示。

表 4-34 "TPOR"模型学段差异

年级	明确目标 Target	自主计划 Plan	组织学习 Organize	反思 Reflect	关键能力
低年级	教师制定 学生了解	教师制定 学生施行 每日计划	在教师指导 下学习	教师引导每日反思 家长一起每周反思	☑内驱力 ☞规划力 ☑学习力 ☑自控力 ☞反思力

续表

年级	明确目标 Target	自主计划 Plan	组织学习 Organize	反思 Reflect	关键能力
中年级	教师制定 学生选择	师生协商 学生制定 教师指导 自主每日规划	在教师指导 下自主学习	利用支架每周 自主反思	☑内驱力 ☑规划力 ☑学习力 ☑自控力 ☞反思力
高年级	教师制定 学生选择/ 制定	师生协商 学生制定	学生自主 学习为主	自主反思 自我调整	☑内驱力 ☑规划力 ☑学习力 ☑自控力 ☑反思力

对于低年段的学生来说，合同作业旨在培养学生践行力、自控力等关键能力，需要教师提供更全面、系统的帮助来使学生理解和执行合同作业。教师首先需要在周五向学生解读合同中所写的内容，与学生确认合同中的内容，双方签名确认。学生在周末时间进行自主学习规划。到了周一，教师引导和组织学生进行全班交流，分配具体的导师和教师检查学习情况，最后学生根据建议进一步修改合同。流程如图 4-92 所示。

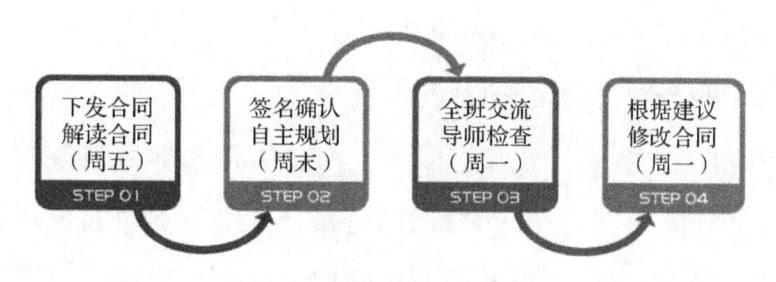

图 4-92 低年段合同作业实施流程

中高年级旨在培养学生规划力、践行力、自控力、反思力等关键能力。教师逐步"放权"给学生，只向学生解读作业合同，使学生明确作业目标与要求，明白任务意义，其余均由学生主导，这有利于激发学生的内驱力，培养学习责任感。在这个过程中，教师不是管理者，而是引导者，根据学生的个体差异，提供单元预习单、复习清单、微课视频等资源，这些资源能起到脚手架作用，帮助学生扫除学习障碍，提高自主学习的成就感与自我效能感。实施流程如图 4-93 所示。

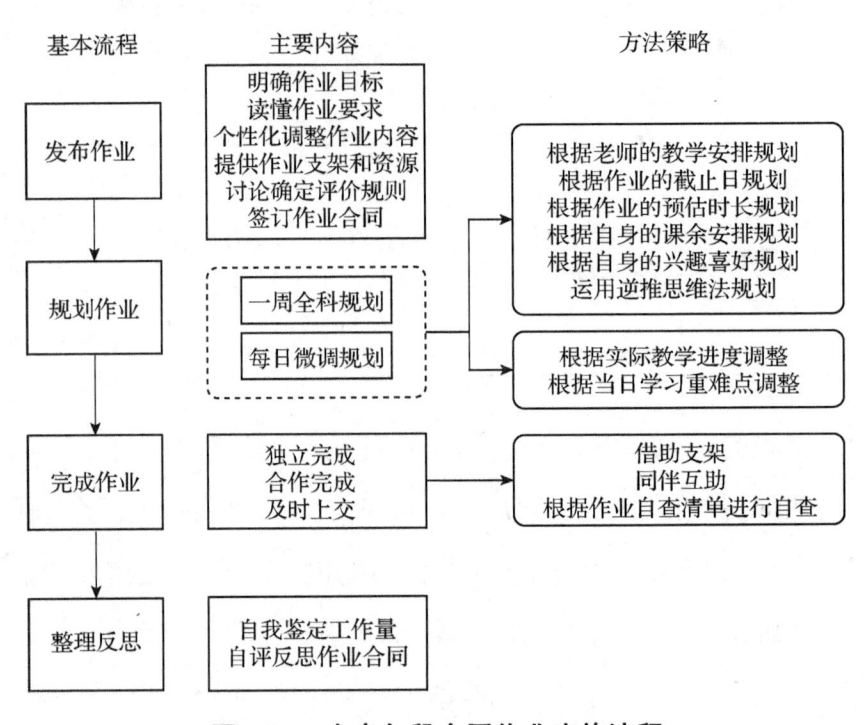

图 4-93 中高年段合同作业实施流程

3. "时空结合"：合同作业保障策略

(1) 立体化的合同作业实施时间。

在时间维度上，合同作业实施以学生为主体，为学生服务的"四时四段"时间管理环模式(图 4-94)。"四时"指的是每日、每周、每月、每学期这四个时间单位，"四段"指的是每日整理课中的自主规划、零帮助时段、求助时段和整理反思这四个时段。该模式符合学生的学习规律，并与学校已有课程协调，使得合同作业全方位、多频次参与到学生自主学习的过程中。

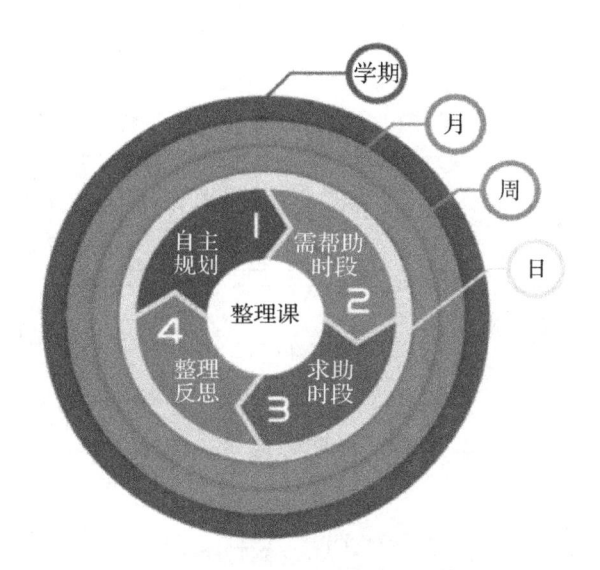

图 4-94 "四时四段"时间管理模式

合同作业的实施贯穿学生整个学期，并具体落实在每天的整理课、每周的规划反思、每月的整理日活动和每学期的个人综述中。学生在不断的自主学习实践中，建构了成为自主学习者必需的元认知能力。

每日一节的整理课是学生进行学业规划、解决问题、形成学习策略和方法、完成作业的主要场域。学生在自主整理过程中形成个性化的学习方法和学习策略。在零帮助时段和互助时段，学生可利用作业合同来进行无教师指导的自主学习或开展共同学习。

作业合同成为学生自主组织作业任务、监控学习进程和调整学习策略的支架工具。在反思整理阶段，作业合同不仅厘清了学生在校和在家任务的完成情况，还引导学生对本节课的学习效果和效率做出评价。学生通过反思评价，增加了自己的学业规划经验，提高了学业规划能力和问题解决能力。

(2)混合化的合同作业实施空间。

学校还根据学生和教学的需求，将校内空间划分与重组，建立混合化的学习空间。学校空间结合道尔顿教育特色，通过"一廊五室"的空间管理模式，如图 4-95 所示，为学生提供适合特定学习内容的学习空间，以方便学生执行合同作业的具体内容。根据不同的作业需要，学生自主选择适合的学习空间。

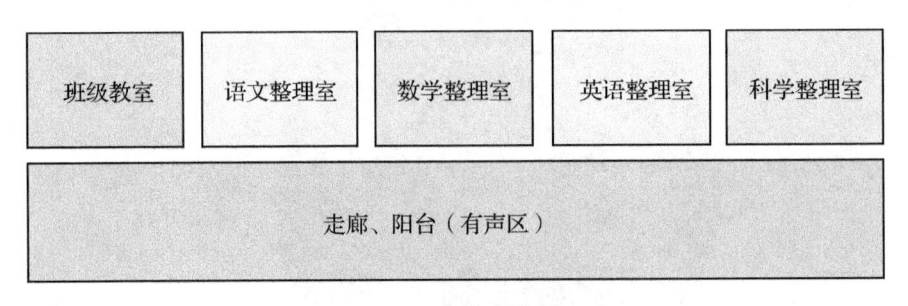

| 班级教室 | 语文整理室 | 数学整理室 | 英语整理室 | 科学整理室 |

| 走廊、阳台（有声区） |

图 4-95　合同实施空间保障

学科整理室是专业化的学习空间，其中设置、制作了许多可视化的帮助学生的"学科支架"，为学生提供拓展资源、学习设备、网络平台等来完成相应的合同作业。这些学习资源会随着学习任务的变化而不断更新。学生可以根据自己的时间安排来到学科整理室寻找需要的支持，并与同伴交流讨论。高年段学生在做项目期间，则要提前预约相应的学科整理室。学生可以选择利用学科整理室里的资源和支架，自主完成作业任务，还可以选择挑战整理室中的拓展类、综合类、实践类等类型的作业，如图 4-96 所示。

图 4-96　学科整理室实景

(3) 自主的合同作业——空中课堂。

过去三年，学校依据需要开发线上云空间——"非常道"空中课堂。在每一周空中课堂开启前的周末，将合同作业提前发放给学生，搭建特色的云空间合同作业模式(包括作业合同单、学习规划单和自主学习卡)。

线上的合同作业是学生进行居家自主学习的重要支架，包含了本周的计划安排表，在表中展示本周已有的安排和可选择的学习项目。学生通过安排表，自己制订自主学习时段的学习计划、选择参与答疑时段，自主安排学习内容，定时、自主完成阅读、运动、家务及年段其他活动的打卡。结合自评，学生能对自我行动的坚持给予肯定，形成自主管理和行动的习惯和信心。

一周学习结束，学生可通过规划单上的反思板块，分析自己的学习结果，总结经验，形成自我反馈的良好机制，不断提升自主学习的能力。通过作业合同，即使老师不在身边，学生在居家学习时也可以对学习的目标、内容和任务有清晰的认识，并通过反思自己的学习结果和策略，获得个性化的学习经验，最终实现自主学习。

（四）开发合同作业评价"新工具"①

1. 研发反思性的学生评价工具

合同作业开发了许多新评价工具，其中学习任务核查清单、学习支架清单和反思清单三类用以评价学生作业及学习品质的"质"，工作量统计表用以评价学生作业的"量"。合同作业的"三单一表"评价工具，用来帮助学生和教师跟踪了解学习的进程，监测作业的"质"与"量"，帮助学生改进自主学习的规划与成效。学生评价工具如表4-35所示。

---

① 批注[编者团队]：工具的开发是许多研究的重要组成部分，我们在设计工具时需要考虑其合理性、有效性和可靠性。为了验证工具的有效性，建议在正式使用前进行试用和测试，也可以邀请专家参与工具的评估和改进。

表 4-35　学生评价工具

工具	解释
学习任务核查清单	学习核查表和等级量表合二为一，匹配任务关键词和目标描述，并设计填空式的学习反馈记录，将单元整理清单、导师检测评价表、书写核查表等作为评价工具，这些工具适合判断动作技能及学习过程中的某些关键要素是否具备，既包含了指向程序的准则，也包含了指向概念的准则，支持学生针对学习目标进行自我检测，获取有效信息。
反思清单	连续记录每节课，供学生回顾自己在项目中的努力与成长路径，还可以将目标流程、概念和反思改进融为一体，形成阶段性反思整理单。

2. 研发及时性的教师评价方式

教师在收回上一周的作业合同后，对学生一周的学习进行一对一评价并给出建议，并对下一周的计划施行一对一的指导，如对学生的规划是否合理进行评分，引导学生及时修正不恰当的规划。在每日的整理课上，教师应根据评价工具(表 4-36)，将作业情况积极、及时地与学生进行一对一反馈，做到"不漏一人，指导到位"。作业反馈不仅仅要求教师完成全批全改，而且要求他们指出学生学习中存在的问题，通过统计分析帮助学生找到内在原因。

表 4-36　教师评价工具

工具	解释
学习支架清单	包括范例和评分规则。将学习范例按照要点维度列出具体的表现准则，并提供范例加以对照，指导自主学习，评分规则是描述性的评分量表，目的是评价和分析学生的学习结果，包括学习作品和学习过程。将评分规则赋予"支架性"功能，让学生在评分规则的描述中抓住成果创见的技术要点、突破难点。
作业工作量统计表	"作业工作量"工具的统计与折换算制度旨在评价学生作业完成的数量。在数量统计的评价过程中，学生、家长、教师都应对作业数量、作业负担做到心中有数、手中有据。不同学段、不同学习能力的学生依据一定的标准所进行的差异化评价，既体现了学习过程的公平，也考虑到了学生的个性，展示了合同作业评价的科学性与灵活性。

3. 研发贯通式的家校评价载体

合同作业联结了学生、教师和家庭，利用作业合同中的"家校留言板"板块，老师可以更加了解学生在家中学习的状态、使用合同的情况等，及时跟进、调整合同或者进行干预引导，不断修正改进作业合同的设计，使其更便于学生与家长使用。同时，合同作业利用“家校联动”板块，鼓励家长关注学生自主学习过程、参与评价学生学习品质的形成、对学校作业设计提出建议。家校协同建立起一个超越学校空间的、综合的、全方位的作业评价体系，如图 4-97 所示。

【家庭整理站】

理心	理学
放学时，我有好心情和老师、同学说再见。（　）	我因为这一整天的学习状态良好而开心。（　）
我心里很放松，今天和老师良好交流。（　）	我独立完成学习任务。（　）
我心里很高兴，我和伙伴关系良好。（　）	我学习时需要家长陪同。（　）
我愿意分享学校里有趣、快乐的事。（　）	我需要家长的监护才能认真写。（　）
回到家，清晰自己先做的事情。（　）	我书写认真，就像在学校一样整洁。（　）
无需家长提醒的自律。（　）	我认真对待所有的学习任务。（　）
学习时，书桌整齐。（　）	我书本、作业遗忘在学校。（　）
完成一项任务后马上整理，再做下一个任务。（　）	阅读和背诵，我很认真。（　）
结束任务时，做好书包、文具的整理。（　）	我做好预习。（　）
我帮助家人做家务。（　）	我睡前很安静。（　）
我整理好第二天要穿的校服。（　）	
自选课、IVY 课所需的服装、乐器等自己清楚，并做好准备。（　）	

	时间 任务	周一	周二	周三	周四	周五	周末
运动	跳绳 300 个以上						
	仰卧起坐 每天 10 个 3 组						
	高抬腿 每天 30 个 3 组						
	坐位体前屈 最远距离停 30 秒 3 组						
一周反思		本周我的学习任务： 全部完成□　部分完成□　大部分未完成□					
家长陪伴请亮		周一	周二	周三	周四	周五	周末
父母留言：							

图 4-97　家校评价工具(示例)

（五）构建合同作业运行"新机制"①

1."多组研讨"：教师培训为合同作业运行提供有力支持

学校把作业研究作为教研重点，并围绕国际道尔顿系列培训②、教师阅读工坊、教师自主学习体验、学生自主学习项目探究四个板块的内容展开培训行动。学校改变了以往传统的培训模式，以教师自主学习资料、教师自主讨论、完成教师任务单、自主分享反馈的形式，使教师深切地、浸润式地体验自主学习中"确立目标—规划选择—展开行动—评价反思"的自主行动闭环，加深教师对自主学习心理机制的体验和理解，在全校范围内推广教师自主培训的新模式。

2."多维参与"：团队研发确保合同作业运行科学有效

学校整合课程中心、教研组、年段组、班级教师各个团队来研发合同作业。团队成员积极投入，共同献计献策。在管理上，由校级层面确立目标与定位；学术指导委员会负责顶层设计，组织合同作业项目开发、研讨及跟踪反馈；课程管理中心进行合同作业的行政化管理，评价教师的合同作业设计与实施情况；教研组长和段长则组织相应教师定期参加合同作业的研讨和制定活动。管理组织结构如图4-98所示。

学校作业系统还执行信息化审批机制。基于智慧校园平台，在钉钉上特别设置了作业合同审批项目。如遇问题，审批人会退回合同，通过钉钉提出具体整改意见。老师需要重新修改再次提交，直到所有内容都审核通过，方能打印给学生使用。审批机制使作业合同更精确，有效减少了随意性、重复

---

①批注[编者团队]："双减"背景下有关作业减负的研究十分丰富。然而我们注意到，目前的研究大多集中在作业设计方面，对于后续的作业评价评估方法和管理机制等环节的研究还较为有限。

本课题选择合同作业作为切口，对整个作业减负体系进行了较为全面系统的研究。

②近年来，学校每月定期进行两次的国际道尔顿培训，带领每一位老师参与关于独立学习的讨论，以"主题工作纸"为支架工具，引领教师通过讨论、达成共识、实践、调查、反思、改进的步骤完成主题学习，已完成的主题包括"培养自主的20项约定""自主学习卡应用""自主评价单的设计""契约式作业合同设计""规划单的设计与实施""疫情下教师与学生关系的重构""高阶思维课堂设计"等。

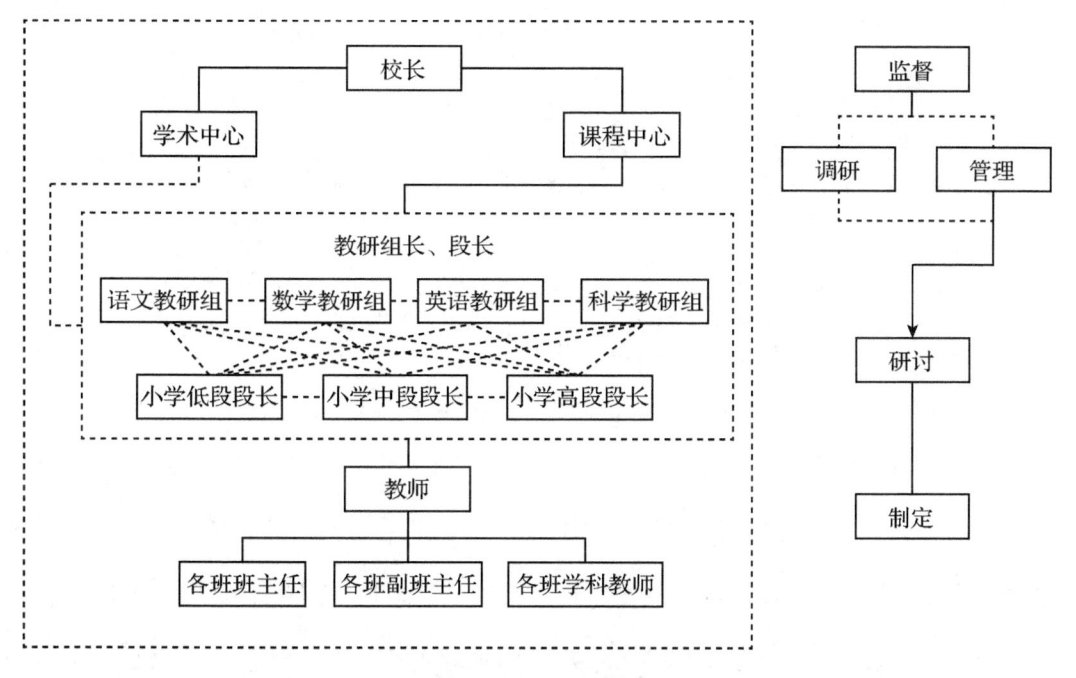

图 4-98　管理组织结构图

性的作业，切实减轻学生的作业负担。

3."多方联动"：自主调控使合同作业真正落实

强调每个学期的三个时间点(图 4-99)：学期初早规划，依据目标和教学进度制定适切的学期作业方案；学期中重研究，制定针对性的专项研究并进行优秀合同作业的评比；学期末善整理，进行学期工作整理并为下学期合同作业迭代打基础。每个学期初，各教研组制定课程纲要，包括每个学期各科的常规作业清单、各类作业的工作量标准、各项作业的提交期限及周期中学生的阅读、健康、劳动等其他作业清单。形成共识后，各学科组对年级的常规基础作业做好统一的规划，设置好每项作业的标准工作量。每月集体备课时，各学科组研制单元学习目标，编制单元作业。老师需要提前一周备课，设计并调整单元作业，这一过程由各班班主任整合协调。

图4-99 合同作业实施统一规划

1	2	3
学期初，各教研组制定标准	每月，研制编制单元作业	每周，班主任整合协调作业
制定课程纲要，规划学科单元，讨论实施方案。	集体备课，研制单元目标，编制单元作业。	个体教师备课，调整单元作业。

实行"三审"式管理流程（图4-100）。"三审"是指一份作业合同的生成需要在经历严格的三级审核后方可实施。一是本年段教研组长审核。基于本单元的学习内容和学习重难点，由教研组长把关作业内容的合理性与难度、作业形式的丰富性、作业进度的匹配度。二是本年段段长审核。段长要统筹各学科的工作量，判断其是否符合每个年段每天的工作总量的要求。三是学校行政审核。学校通过行政分工，有针对性地关注相应的年段，发现问题后，及时提出整改意见。

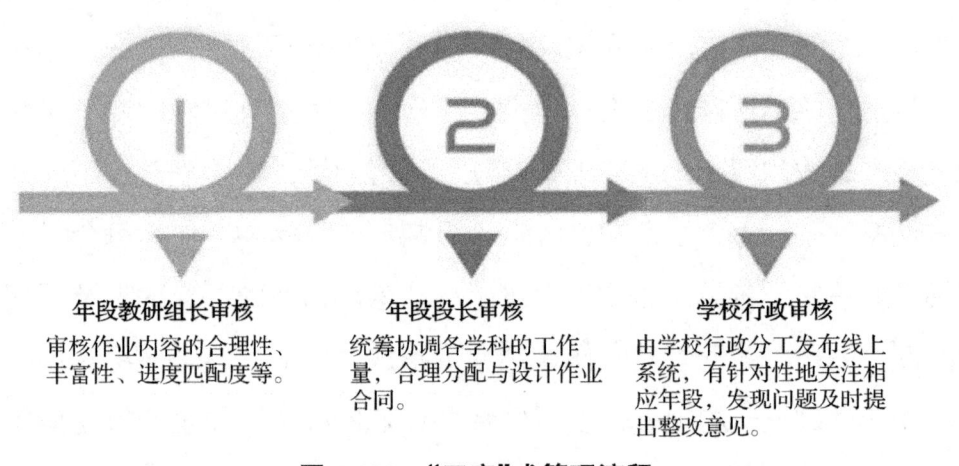

1	2	3
年段教研组长审核	年段段长审核	学校行政审核
审核作业内容的合理性、丰富性、进度匹配度等。	统筹协调各学科的工作量，合理分配与设计作业合同。	由学校行政分工发布线上系统，有针对性地关注相应年段，发现问题及时提出整改意见。

图4-100 "三审"式管理流程

四、研究成效

（一）促进学生成为自主学习者

1. 唤醒学生内驱力

合同作业的核心是"合同"，和以往单纯"老师布置的作业"不同，它是师生就作业达成的"约定"。签署合同的这种"约定"形式，赋予了学生在作业这件事上的主体地位和主要责任。而约定的过程则让学生充分感受到了尊重，唤醒了学生学习的内驱力，减轻了学生的抵触情绪和情绪负担，学生做作业的积极性和完成度有了很大提升。

在一次针对学生的有关合同作业的调研采访中，一个二年级孩子这样说："我觉得作业合同就像是一个GPS(全球定位系统)导航，不用盲目地去猜作业。包括预习和复习在内的作业都能看清楚。"一个四年级孩子则感叹道："我最喜欢的就是作业规划部分，因为这里不像其他地方这么强求，可以按照自己的进度安排，也不会落下什么作业。我还可以把自己这周校外的安排一起考虑规划进来。这样就有一种心中有数的感觉，不会害怕作业。"培养学生的自主学习和管理能力，确实是合同作业的重要功能与意义。

2. 培养学生规划力

合同作业给予学生自主规划、自行调整的弹性空间。学生可以有自己的学习节奏。学有余力的学生能提前完成计划任务或接受挑战。合同作业将作业规划权限开放给学生，学生的自主规划力可以得到激励和培养。

在这个过程中，学生主动了解作业，分析作业内容，思考如何重组和均衡一周的任务，学会利用在校时间和学校资源，优先解决难点问题。学生能够结合自身的学习兴趣、习惯和方法，合理安排和管理作业任务，并学会联系当日的学习内容调整规划。

调研显示，65%的中高年级学生养成了每天先规划再完成作业的习惯。对于35%学有余力的学生，在提前拿到合同并完成学习任务后，还会腾出时间做自己喜欢的事情，比如进行专题阅读、创客制作、戏剧社团排演等。基础薄弱的学困生，依据"TPOR"进阶目标的进程，逐渐掌握学习的自主权，其学习的自信心提升，自我效能感增强。合同作业显著地转变了其被动学习的困境，使其向自主学习者靠拢，如图4-101所示。

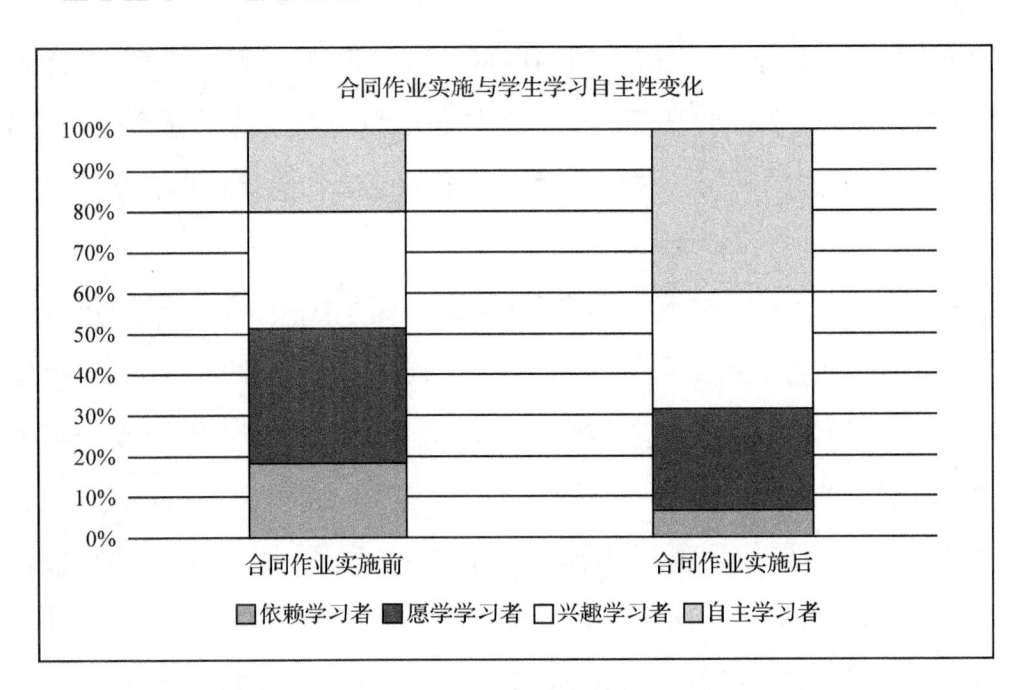

图 4-101 学生学习自主性变化

3. 夯实学生学习力

合同作业培养学生自主学习能力的价值还体现在促进学生学习执行力的发展上。通过自主规划，学生经历了目标确立、制订计划、实施行动和评价反思的自主学习全过程。从低年级到高年级，作业合同的规划由教师安排、学生执行，到教师引导、半开放学生规划，再到师生协商、学生全自主规划。学生不断地积累自主学习策略，养成了良好的学习习惯和常规。合同作业开拓个性化的学习路径，不断加深学生的学习执行能力。

数据显示，70.70%的学生认为合同作业在很大程度帮助其学会自主学习，67.69%的学生表示合同作业很大程度帮助其养成良好的学习习惯。此外，合同作业的实施也切实提高了学生学业成绩，其中53.85%的中高年级学生在使用合同作业后学习成绩显著提升，35.23%的中高年级学生学业成绩有一定程度的进步。

实施合同作业以来，87%的学生学习执行力逐步提高。此外，学生完成作业的时间也显著减少，达到了减轻作业负担的目的。以高年段学生的合同作业为例，四学科的平均作业时间均显著减少：语文作业减少约12分钟，数学减少约 10 分钟，英语减少约 7 分钟，科学减少约 5 分钟，如图 4-102 所示。各科总时间减少约 36 分钟。75.38％的高年级学生表示合同作业帮助其减轻了作业负担。同时，作业工作量的设计与实施有效保证了作业的"基础量"、控制了"超额量"。

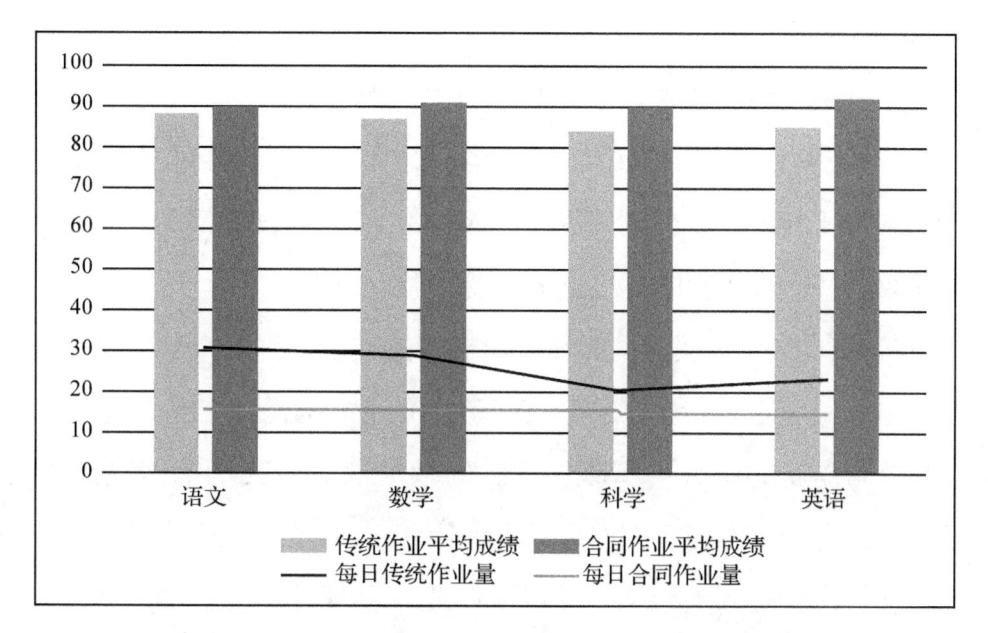

图 4-102　合作作业前后高年段学生成绩与作业时长变化

4. 提高学生自制力

使用合同作业的学生是具有自制力的"领导者"，他/她获得了一定的学习掌握权，能够自己参与决策、主动面对问题并解决问题。在这个过程中，学生必须学会情绪管理、时间管理、自我监控等自制性管理，才能够保证作业任务的顺利进行。在自主学习的过程中，学生还会发展出调控自己专注力的各项策略，如利用可视化的提醒牌、给自己安排最小任务时间、使用番茄钟等有助于学生达成作业目标和完成作业任务的调控策略。

5. 强化学生反思力

合同作业培养了学生自我反思的重要能力。通过合同上设计的反思工具，学生开展对学习内容、自我学习习惯、方法和策略的认识和反思。学生不断根据学习目标评估、反思学习方法和问题解决策略，并随时进行调整改进,在"目标确立—制订计划—实施行动—评价反思"的闭环中不断循环,迭代出更适合自己当下的学习方法,建立了一种自主学习的心理机制。

(二)引导教师成为"专长型"教师

1. 提升教师的合同作业设计和实施能力

合同作业体系提升了教师作业设计和实施的能力,助力教师的"专长"发展。在设计、实施和反思作业合同的过程中,教师经历了作业设计与实施全流程,借助全校的作业资源库,教师能够追求作业的多样化与创新,并能以合同作业作为评价工具或机制来深入掌握学生的学习发展情况,进而反思和改进课堂教学,促进了教师的专业素养提升。

2. 转变教师的教学理念,实现教学模式的转型

合同作业蕴含的"契约文化"转变了教师的教学理念,推动其教学模式的转型。在合同作业的研究与实践中,教的教学理念也在悄悄地发生着改变。教师想要设计出合同作业,就必须基于单元整组的备课、教学目标的明确和作业的统整,这就有效地杜绝了随意性作业、重复性作业。准备作业合同成为备课的关键环节,没有扎实有效的备课,就无法设计出合理的作业合同,这在某种程度上也倒逼教师改变自己的备课行为。①

3. 促进教师研究能力的更好发展

学校围绕国际道尔顿系列培训、教师阅读工坊、教师自主学习体验、学生自主学习项目应用探究四个板块的内容展开培训行动,带领每一位老师参与关于独立学习的讨论。通过改变以往教科研模式,以教师自主学习资料、教师自主讨论、完成教师任务单、自主分享反馈的形式,使教师深切地浸润式地体验自主行动闭环。2021年,学校获浙江省教科研先进集体称号,我校正式立项的市级以上课题12个,其中3个以合同作业的研究与设计为基础。县级以上获奖论文68篇,在刊物上发表的有39篇。

---

① 批注[编者团队]:在描述研究成果时最好能够保持客观性和准确性,为了增强成果的说服力,可以提供具体的数据和实际事实作为支持。

(三)打造减负提质区域特色品牌

1. 彰显学校契约文化特色

合同作业借助"契约"的形式与精神,强调学生自主发展,培养学生的核心素养。契约所呼吁的"平等和自由"的价值追求和观念对于今天的中小学具有深刻的意义与影响。在学校范围内,契约对于学生个体及教师的发展起到了重要的促进和保护作用,对契约的价值追求已渗透到学校的各个领域之中,契约文化对创新学校教育、新一轮课程改革的不断深入发展起到了重要的促进作用。

2. 形成校本合同作业体系

合同作业体系的建立使得作业设计、作业实施、作业评价与反馈、监测分析等组合成为师生相互协作的一个双向循环的新系统。合同作业具有鲜明的本土化、校本化特色,是我校整理理念和道尔顿教育理念深度融合的核心载体。我校的作业改革是结合实际情况与实践经验不断提升优化的系统性工程,为学校对作业的"质"和"量"实行有效建设和调控提供了可能。作为学校层面的高质量、体系化、校本化作业系统,合同作业体系重视对作业数据的监测,帮助学校有效统筹作业时间,加强作业内涵管理,持续实现高质量的作业设计与实施。

3. 产生作业课改区域辐射

我校合同作业新体系已形成系列成果,并向社会各界辐射影响力,受到多家新闻媒体宣传报道。由教育部主管、中国教育报刊社出版的《中国教师报》刊登专题文章报道我校作业改革新尝试。地方媒体如 W 电视台、《W 日报》《W 都市报》《W 晚报》《W 教育》《新教育》等,其他媒体如搜狐新闻、网易新闻等也多次跟踪报道我校作业改革成效与经验。此外,学校还承接多项教育改革活动与会议,如市第十二届小学"课改领航"现场会,我校多位教师在会上发表演讲,介绍合同作业与培养学生的经验。合同作业和整理课分别入选浙江省首批"双减"优秀实践案例和 2021 年全国课堂改革十大样本,并受到省市多位专家的认可。

五、研究展望与反思

（一）突破与创新

1. 突破传统作业形式，重新审视作业价值

合同作业创立了一种以培养学生自主学习能力为目标，通过师生双方双向协商约定，让学生自主选择作业内容、自主规划作业安排的作业新形式。合同作业体系的构建使作业设计、实施、评价与反馈、监测分析等方面组合成为师生相互协作的一个双向循环的系统，围绕作业塑造了新的师生关系和亲子关系，使作业的价值突破了原有局限。每一次合同作业都是教师与学生、学生与家长之间的真实相遇、交往和对话。当师生、亲子通过作业相遇、相知、相熟、相互理解时，教育就真实地发生了，生命也在此得以成长和发展。它的育人内涵指向学生的全面发展，并引领我们重新审视作业应该具有的重大价值。

2. 建立自主学习新模式，深度挖掘育人内涵

合同作业体系为学生成为自主学习者提供了理念、设计和实施路径等切实的支架与保障，真正建立了学生自主学习的新模型，解决了学生过重的作业负担，提高了作业的成效，改善了作业的困境，使学生能够逐步地获得自主规划和自我反思的技能。本课题深度开发合同作业的育人内涵，推动学生真正成为自主学习者。

3. 打造校本契约文化，建立合同作业新系统

学校构建了较为完善的高质量、体系化、校本化的合同作业体系，确保合同作业的内容质量和实施成效。合同作业所具备的"契约文化"内涵直指学生的精神文明培养。用合同作业培养学生的责任心和社会担当是打造学校"契约文化"的重要组成部分。通过契约，学生践行了社会合作的基本原则，体会和领悟了尊重、平等与合作的重要意义。合同作业使学生不仅学会了学习，更完成了"做人做事"的功课。

（二）研究反思

1. 智慧型合同作业有待研究与启动

对合同作业体系辅以更多信息化手段与技术，以智慧科技加强作业体系中评价、反馈和分析指导等环节的作用与效果，是下一步亟须研究的内容。让智慧型的合同作业协助教师进行更精准的学业诊断，了解学生自主学习能力的进程，通过及时沟通与反馈，搭建学生、家长、教师、学校之间的信息桥梁。

2. 合同作业初小衔接亟待挖掘与开发

小学、初中作为义务教育的两个阶段，在教学方法、教学节奏、学习要求、评价方式、师生交流方式等方面有很大的不同。因此，为了更好帮助毕业生适应新学校与新学段的要求，研究团队将进一步思考如何建立协同发展机制，如两学段教师和领导交流机制、教师研训机制、家校共育机制等，以保障小初衔接工作的扎实开展。下一步研究团队将在小学高年段开发融通课程资源，让学生真正学会学习，为初中学习做好心理和知识上的储备。

【参考文献】

[1]高德胜. 家庭作业的伦理审视[J]. 教育发展研究，2021，41(18)：11-22.

[2]任宝贵. 我国五省中小学家庭作业现状调查[J]. 教育科学研究，2015，(12)：49-56.

[3]赵茜，钱阿剑，张生，等. 回应"双减"要求的有效作业特征与实践策略[J]. 中国远程教育，2022，(7)：59-69，77.

[4]徐金海. 论班级契约管理[J]. 湖南师范大学教育科学学报，2006，5(6)：18-21.

[5]郭宝仙. 开展契约学习 提高自主学习能力[J]. 中国教育学刊，2006(1)：54-57.

[6]王月芬. 课程视域下的作业设计研究[D]. 上海：华东师范大学，2015.

[7]王月芬. 作业设计能力——未被重视的质量提升途径[J]. 人民教育，2018(13)：58-62.

附 录
2020—2021年浙江省教育科学研究优秀成果案例索引

案例一 "红船精神"进校园的南湖行动……89
  一、选题及问题的提出……89
  二、解决问题的过程与方法……91
  三、成果的主要内容……94
  四、研究成效……105
  五、创新之处……108

案例二 学习微进程：一种中职教学新模式的研制与实施……109
  一、课题解决的主要问题与方法……111
  二、课题的实践探索……113
  三、成果的主要内容……118
  四、主要成效……139
  五、反思与改进……148

案例三 上城区探索：推进小学数学"审辩课堂"的教研转型……150
  一、研究缘起……151
  二、研究设计……154
  三、课堂变革：建立小学数学"审辩课堂"教学范式图谱……159
  四、教研变革：探寻新时代区域教研方式转型……168
  五、区域推广：促进小学数学高质量发展的共富行动……180
  六、研究成效……187
  七、结论与展望……190

案例四　链式教研："钉钉子"理念下的有效教研方式探究……192

　　一、课题的提出……192

　　二、研究的设计……193

　　三、实施的过程与措施……196

　　四、研究的成效……224

　　五、讨论……236

案例五　合同作业：培育自主学习者的作业新体系……237

　　一、问题提出……237

　　二、研究设计……240

　　三、研究成果……246

　　四、研究成效……272

　　五、研究展望与反思……278